UTB 2523

Eine Arbeitsgemeinschaft der Verlage

Beltz Verlag Weinheim · Basel
Böhlau Verlag Köln · Weimar · Wien
Verlag Barbara Budrich Opladen · Farmington Hills
facultas.wuv Wien
Wilhelm Fink München
A. Francke Verlag Tübingen und Basel
Haupt Verlag Bern · Stuttgart · Wien
Julius Klinkhardt Verlagsbuchhandlung Bad Heilbrunn
Lucius & Lucius Verlagsgesellschaft Stuttgart
Mohr Siebeck Tübingen
C. F. Müller Verlag Heidelberg
Orell Füssli Verlag Zürich
Verlag Recht und Wirtschaft Frankfurt am Main
Ernst Reinhardt Verlag München · Basel
Ferdinand Schöningh Paderborn · München · Wien · Zürich
Eugen Ulmer Verlag Stuttgart
UVK Verlagsgesellschaft Konstanz
Vandenhoeck & Ruprecht Göttingen
vdf Hochschulverlag AG an der ETH Zürich

Manfred Wittrock
Monika A. Vernooij (Hg.)

Verhaltensgestört!?

Perspektiven, Diagnosen, Lösungen
im pädagogischen Alltag

2., aktualisierte Auflage

Ferdinand Schöningh
Paderborn · München · Wien · Zürich

Prof. Dr. rer. nat. Monika A. Vernooij ist Dipl. Psychologin, Dipl. Pädagogin und Psychotherapeutin. Nach Tätigkeit als Lehrerin für Grund-, Haupt- und Sonderschulen ist sie seit 1992 Professorin für Heil- und Sonderpädagogik. Seit SoSe 1997 Ordinaria an der Bayerischen Julius-Maximilians-Universität Würzburg. Arbeitsschwerpunkte: Beeinträchtigung im Lernen und/oder Verhalten. Veröffentlichungen u.a.: *Erziehung und Bildung beeinträchtigter Kinder und Jugendlicher* (2005), *Einführung in die Heil- und Sonderpädagogik* (8. Aufl. 2008).

Prof. Dr. Manfred Wittrock, Lehrer und Dipl. Pädagoge, war von 1994 bis 2002 Professor für Allgemeine Sonderpädagogik und Verhaltensgestörtenpädagogik an der Universität Rostock. Seit 2002 Universitätsprofessor für Pädagogik bei Verhaltensstörungen an der Universität Oldenburg. Veröffentlichungen u.a.: (Mithrsg.): *Lernbeeinträchtigung und Verhaltensstörung. Konvergenzen in Theorie und Praxis* (2002); *Sonderpädagogik in der Regelschule* (2005).

Bibliografische Information der Deutschen Nationalbibliothek

Die Deutsche Nationalbibliothek verzeichnet diese Publikation in der Deutschen Nationalbibliografie; detaillierte bibliografische Daten sind im Internet über http://dnb.d-nb.de abrufbar.

Gedruckt auf umweltfreundlichem, chlorfrei gebleichtem und alterungsbeständigem Papier ∞ ISO 9706

2., aktualisierte Auflage 2008

© 2004 Ferdinand Schöningh, Paderborn
(Verlag Ferdinand Schöningh GmbH & Co. KG, Jühenplatz 1, D-33098 Paderborn)
Internet: www.schoeningh.de

ISBN 978-3-506-71775-7

Das Werk, einschließlich aller seiner Teile, ist urheberrechtlich geschützt. Jede Verwertung außerhalb der engen Grenzen des Urheberrechtsgesetzes ist ohne Zustimmung des Verlages unzulässig und strafbar. Dies gilt insbesondere für Vervielfältigungen, Mikroverfilmungen und die Einspeicherung und Verarbeitung in elektronischen Systemen.

Printed in Germany
Satz: Rhema – Tim Doherty, Münster
Herstellung: Ferdinand Schöningh, Paderborn
Einbandgestaltung: Atelier Reichert, Stuttgart

UTB-Bestellnummer:: ISBN 978-3-8252-2523-0

Inhalt

Manfred Wittrock
„Klaus": Verhaltensgestört!? 7

Monika A. Vernooij & Manfred Wittrock
Verhaltensgestört!? – Zur Mehrperspektivität eines
Phänomens 11

Monika A. Vernooij
Tiefenpsychologische Ansätze: 15
   Psychoanalytischer Ansatz 18
   Individualpsychologischer Ansatz 35

Norbert Myschker
Interaktionspädagogischer Ansatz 61

Heinz Neukäter
Ansatz der kognitiven Verhaltensmodifikation 83

Monika A. Vernooij
Der personenzentrierte Ansatz im Rahmen der
Humanistischen Psychologie 101

Herbert Goetze
Der personenzentrierte Ansatz: Die pädagogisch-
therapeutisch orientierten Spielstunden mit Klaus 109

Roland Stein
Gestaltpädagogischer Ansatz 129

Manfred Wittrock
Ansatz der Lebensproblemzentrierten Pädagogik 151

Gisela Schulze
Der Feldtheoretische Ansatz nach Kurt Lewin 173

Monika A. Vernooij & Ursel Winkler
Systemische Konzepte am Beispiel der
Familientherapie 199

Wolfgang Mutzeck
Handlungstheoretischer Ansatz zur Explikation,
Erklärung, Diagnose und Intervention bei
Verhaltensstörungen 219

Walter Spiess
Das konstruktivistisch lösungs- und entwicklungsorientierte Denk- und Handlungsmodell 249

Irene Pütter
Ressourcen und Lösungen: der Ansatz von
M.H. Erickson 267

Monika A. Vernooij & Manfred Wittrock
Ein Resümee 287

Anhang: Grundlagen und weiterführende Literatur 295

Verzeichnis der Autorinnen und Autoren 299

„Klaus": Verhaltensgestört!?

Manfred Wittrock

Bezugspunkt aller Beiträge in diesem Buch ist die Vorstellung des „Problemschülers" Klaus.

Klaus hat Probleme und macht Probleme. Diese zu verstehen und auf der Grundlage dieses „Verstehens" Handlungsideen für die pädagogische Arbeit mit Klaus zu gewinnen, ist das Ziel professionell pädagogischen Bemühens.

Der „Fall Klaus" wird im Folgenden dargestellt aus der Sicht der zur Beratung bzw. zur Feststellung des sonderpädagogischen Förderbedarfs von der Grundschule hinzu gezogenen Sonderpädagogin.

Zeitpunkt der Beratungsanlässe in der Grundschule: November/Dezember 1994.

Klaus:

- Geboren im Februar 1987, 7 Jahre und 10 Monate alt (7; 10 Jahre)
- Größe und Gewicht: altersentsprechend, äußere Gestalt: ohne besondere Merkmale
- Er spielt Zuhause besonders gern mit technischen Spielzeug (LegoTechnic etc.)
- Er besucht die zweite Klasse der Grundschule
- Vor der Grundschule: Zwei Jahre Kindergartenbesuch (dort im Verhalten „zurückhaltend, unauffällig")
- Mutter (27 Jahre): katholisch, Hausfrau, gelernte Anwaltsgehilfin, mittlere Reife (12/1994: hochschwanger im 7. Monat)
- Vater (30 Jahre): Mechaniker bei der Bundeswehr (Berufssoldat, Unteroffizier/Feldwebel), mittlere Reife, gelernter Kfz-Mechaniker
- keine Geschwister
- Die Familie lebt in einem neuen Reihenhaus (mit eigenem Kinderzimmer für Klaus) in einem kleinen Ort nahe einer Großstadt. Die Grundschule ist zu Fuß zu erreichen. (Die Klassenlehrerin

hat im ersten Schuljahr einen Hausbesuch zum wechselseitigen Kennen lernen gemacht)
- Der Vater kommt seit einem halben Jahr nur am Wochenende (und im Urlaub) nach Hause, da er wegen der Schließung seines Fliegerhorstes versetzt worden ist (220 km entfernt).

Vorstellungsgrund:

- Klaus ist seit Beginn des zweiten Schuljahres ungewöhnlich aggressiv gegenüber Mitschülern und der Klassenlehrerin aufgetreten. Seine ursprünglich durchschnittlichen Schulleistungen lassen nach. Er ist im Klassenverband (22 Schüler) zunehmend isoliert. Bereits im ersten Schuljahr hatte er keine festen Freunde und kleinere Probleme mit Mitschülern.
- Die Klassenlehrerin (34 J., seit 7 Jahren an der Schule, „sportlicher" Typ, praktiziert eine behutsame Variante des sog. „offenen" Unterrichts, der Klassenraum ist dementsprechend schülerorientiert mit Ruhezone, Leseecke etc. gestaltet) sorgt sich um Klaus, sieht sich aber zunehmend von ihm abgelehnt.
- Klaus fällt der Lehrerin besonders dadurch auf, dass er in Krisensituationen im Unterricht bzw. in der Pause häufig hoch erregt mit folgenden Sätzen reagiert: „Ich mache euch alle tot. Ich werfe eine Bombe in die Klasse. Ich bringe ein Messer mit und ersteche dich!" Diese Reaktionen treten besonders dann auf, wenn er meint, dass er nicht (genügend) beachtet bzw. sogar abgewertet wird (z. B. in Situationen in denen er das Gefühl hat, die anderen können bzw. wissen mehr als er. Subjektives Erleben von Überforderung?). Auch fällt er dadurch auf, dass er im Kunstunterricht meistens Bilder malt, die Zerstörung, Explosionen oder Gewalt mit Messern zum Gegenstand haben.
- Dieses Verhalten zeigt Klaus tendenziell in allen Fächern und Stunden, wobei sein Verhalten bei dem einen männlichen Kollegen, der Unterricht in der Klasse hat, etwas unauffälliger, angepasster ist.
- Klaus Interessen und Stärken liegen im schulischen und häuslichen Bereich eindeutig auf technischen Themen und dementsprechend „bastelt" er in dieser Hinsicht viel und lang andauernd.

„Klaus": Verhaltensgestört!?

- Die bereits im September und Oktober von der Klassenlehrerin zu Beratungsgesprächen in die Schule gebetene Mutter, äußerte schon beim ersten Gespräch (in Gegenwart ihres Sohnes), dass er ihr schon immer, seit der Geburt, Probleme gemacht habe. (Der Mutter ging es während der ersten Schwangerschaft gesundheitlich eher schlecht.) Er wäre ein schwieriges Kind gewesen und häufig krank. Wegen ihm habe man damals heiraten müssen. Ihr Mann habe aber immer ein gutes Verhältnis zu Klaus gehabt. Noch heute würden die beiden am Wochenende viel miteinander spielen und gemeinsam etwas unternehmen. Klaus leide sehr unter der Abwesenheit des Vaters. Sie auch!
- Im zweiten Gespräch wurde deutlich, dass die Mutter sich durch die Situation überfordert total fühlt und meint, sie habe Klaus nicht mehr „im Griff". Sie deutete an, dass sie ihn in schwierigen Situationen manchmal schlägt. Sie hat Angst, er könne sonst auf eine „schiefe Bahn" kommen und man würde ihr dann die Schuld geben. Auf das erwartete zweite Kind freut sie sich und geht davon aus, dass es mit dem „besser laufen werde" und es nicht so schwierig wird wie Klaus.
- Trotz der Gespräche und der Bemühungen der Klassenlehrerin mehr auf Klaus einzugehen, eskaliert das Geschehen als Klaus Ende November ein scharfes Küchenmesser mit in die Schule bringt, Mitschüler damit bedroht und in einer Konfrontation einen Klassenkameraden mit dem Messer leicht verletzt. Die Eltern dieses Kindes und der Elternrat der Schule verlangen nun ein rücksichtsloses Durchgreifen der Schule!
- Die einberufene Klassenkonferenz fasst den Beschluss als schulische Ordnungsmaßnahme Klaus für zwei Wochen vom Unterricht auszuschließen. Unter Vermittlung des Schulamtes wird eine Sonderpädagogin als Ambulanzlehrerin mit zwei Stunden pro Woche an die Schule gegeben und mit der Feststellung des sonderpädagogischen Förderbedarfs beauftragt. Weiterhin wird der Kontakt zu einer Beratungsstelle hergestellt.
- Die Sonderpädagogin führt mehrere Gespräche mit der Klassenlehrerin und mit zwei weiteren in der Klasse unterrichtenden Kollegen und ein Gespräch mit der Mutter. Sie sammelt dabei die o.a. Informationen.
- Nachdem Klaus wieder am Unterricht teilnehmen darf, führt

die Sonderpädagogin mehrere Unterrichtshospitationen (Beobachtungen) in der Klasse durch und findet, außer in ihrer ersten Stunde, die oben dargestellten Verhaltens- und Reaktionsformen bei Klaus und seinen Mitschülern vor. Aufgrund durchgeführter Testverfahren weist Klaus einen errechneten IQ von 105 auf. Alle Teil-/Untertests weisen keine deutlichen Unterschiede auf.
– Des weiteren führt sie mehrere „Spielstunden" mit Klaus durch, der sich dabei eher angepasst und sehr zurückhaltend, aber interessiert zeigt.

Auf der Grundlage der gesammelten Daten und persönlichen Erfahrungen entwickelt die Sonderpädagogin nun ein theoriegeleitetes Konzept zur pädagogischen Arbeit mit Klaus.

(In der Nachbetrachtung am Ende dieses Buches wird Klaus und seine Lebenssituation im Dezember 2002, d.h. acht Jahre später, sowie im Juni 2005 – Klaus ist zu diesem Zeitpunkt 18 Jahre und 4 Monate alt – dargestellt werden.)

Verhaltensgestört!? –
Zur Mehrperspektivität eines Phänomens

Monika A. Vernooij & Manfred Wittrock

Im Mittelpunkt dieses Studienbuchs steht ein tatsächlicher Fall: Klaus, ein Junge, der Probleme hat und der Probleme macht. Klaus, ein Junge, der nicht nur in der Schule ein Verhalten zeigt, welches von den in unserer Gesellschaft gängigen Verhaltensnormen abweicht.

Für Pädagoginnen/Pädagogen und Sonderpädagoginnen/Sonderpädagogen in schulischen und außerschulischen Arbeitsfeldern sollten solche Verhaltensweisen bei Kindern und Jugendlichen eine Herausforderung darstellen, sowohl bezogen auf die Profession, als auch bezogen auf die eigene Person. Pädagogisches Handeln im präventiven, interventiven und rehabilitativen Sinne ist hier gefragt. Wer als fachlich ausgebildeter Sonderpädagogin/Sonderpädagoge in der Praxis mit solch einer Aufgabe konfrontiert wird, sollte über die Kenntnis unterschiedlicher theoretischer Ansätze verfügen, die jeweils ganz eigene Zugänge zum Phänomen „Verhaltensstörung" eröffnen. Je nach den konkreten Umständen wird man sich dann für einen im betreffenden Fall besonders geeignet erscheinenden Zugriff entscheiden, gegebenenfalls auch einzelne Ansätze pragmatisch zu kombinieren versuchen. Ausgehend von dieser Voraussetzung werden wir im Folgenden die wesentlichen sonderpädagogischen Erklärungs- und Handlungsansätze in Anwendung auf die Geschichte von „Klaus" vorstellen.

Durch diese besondere Darstellungsweise wollen wir den Zugang zu einer theoretisch-vertieften, mehrperspektivischen Auseinandersetzung mit Verhaltensstörungen bei Kindern und Jugendlichen eröffnen.

Gleichzeitig wollen wir verdeutlichen, dass im praktisch-pädagogischen Handeln monokausales (eingleisiges) Denken und ein enges Gebundensein an ausschließlich einen pädagogisch-therapeutischen Erklärungsansatz dem Phänomen Verhaltensstörung im Einzelfall nicht gerecht werden kann. Monokausales Denken muss

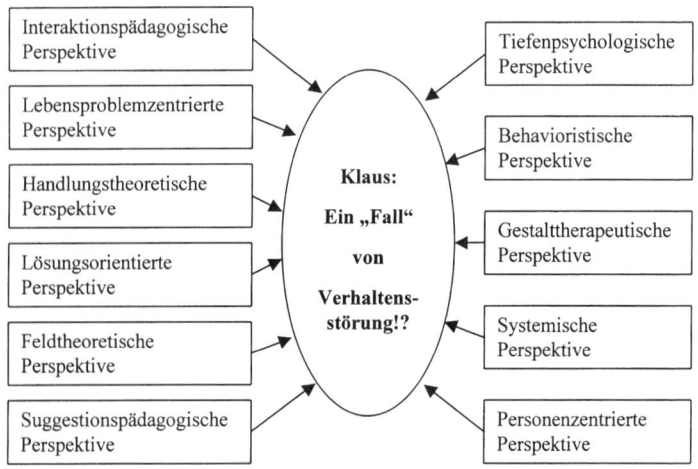

Abb. 1: Mehrperspektivische Betrachtung kindlichen
(Fehl-)Verhaltens: Der „Fall" Klaus

überwunden werden zugunsten einer mehrperspektivischen, theoriegeleiteten Methoden- und Handlungsreflexion. Dies darf jedoch nicht missverstanden werden als ein Plädoyer für das beliebige Aneinanderreihen und Vermischen von Ideen, Konzepten und Methoden. Ein solches eklektizistisches Handeln fördert nicht die (sonder-)pädagogische Professionalität, sondern stützt lediglich stillschweigend vorausgesetzte eigene Vorstellungen im Sinne von Vorurteilen.

Die Bandbreite der in diesem Band vereinigten Beiträge umfasst, wie Abb. 1 zeigt, sowohl die seit vielen Jahrzehnten in der fachwissenschaftlichen Diskussion fest verankerten Theorieansätze aus der tiefenpsychologischen Schule (Monika A. VERNOOIJ: Psychoanalytischer Ansatz und Individualpsychologischer Ansatz), aus der Humanistischen Psychologie (Herbert GOETZE: Personenzentrierter Ansatz, Roland STEIN: Gestaltpädagogischer Ansatz) und aus der Verhaltens- bzw. Lerntheorie (Heinz NEUKÄTER: Kognitive Verhaltensmodifikation) als auch die in den letzten Jahren stärker in die fachliche Auseinandersetzung eingeführten Ansätze (Norbert

… Verhaltensgestört!? – Zur Mehrperspektivität eines Phänomens

MYSCHKER: Interaktionspädagogischer Ansatz, Monika A. VERNOOIJ & Ursel WINKLER: Systemische Konzepte), sowie bislang weniger stark verbreitete Ansätze (Manfred WITTROCK: Lebensproblemzentrierter Ansatz, Gisela SCHULZE: Feldtheoretischer Ansatz, Wolfgang MUTZECK: Handlungstheoretischer Ansatz, Walter SPIESS: Lösungs- und entwicklungsorientierter Ansatz und Irene PÜTTER: Der Ansatz von M.H. Erickson).

Zum Abschluss der fachlichen Auseinandersetzung wird der konkrete Problemfall Klaus nochmals aufgegriffen und der tatsächliche Verlauf bzw. die Entwicklung des Jungen Klaus – acht Jahre später – skizziert.

Alle hier vorgestellten theoretischen Konzepte stehen in der fachwissenschaftlichen Debatte, im Ringen darum, auffälliges bzw. gestörtes Verhalten verstehbar zu machen und konstruktive Handlungswege für alle Beteiligten aufzuzeigen. Die Auswahl der Ansätze spiegelt einerseits den fachwissenschaftlichen Standort der seit Jahren eng miteinander kooperierenden Wissenschaftlerinnen und Wissenschaftler wider, andererseits stellt der vorliegende Band eine repräsentative Auswahl der in der Fachliteratur diskutierten Erklärungs- und Handlungsansätze dar (vgl. u.a. BENKMANN 1993; VERNOOIJ 2005; 2007). Gleichzeitig verdeutlicht er die von den jeweiligen Autoren vertretene Perspektive.

Aus unserer Sicht stellen Verhaltensstörungen bei Kindern und Jugendlichen pädagogische und persönliche Herausforderungen für die Erziehenden dar, denen nur durch eine mehrperspektivische Betrachtung der Probleme angemessen begegnet werden kann. Denn: Die Betrachtung eines Problems/eines Phänomens im Lichte *nur einer* Theorie führt zu Schattenbildung, wie Enno FOOKEN feststellte (vgl. AMMANN et al. 1986).

In Fortführung dieser Aussage könnte man formulieren:
- Die Betrachtung eines Problems im Lichte *unterschiedlicher* Theorien reduziert die Schattenbereiche.
- Die Betrachtung eines Problems *ohne* theoretischen Bezugsrahmen belässt es im Schatten eigener implizit-subjektiver Theorien, d.h. im Schatten eigener „Vorurteile".

Dieses Buch will dazu beitragen, das häufig anzutreffende Handeln „aus dem Schatten" heraus zu minimieren, eine bessere Ausleuchtung pädagogischer Probleme und damit theoriegeleitetes, mehrperspektivisches (sonder-)pädagogisches Handeln zu erreichen.

Oldenburg/Würzburg im Mai 2003

Monika A. Vernooij & Manfred Wittrock

Die nun vorliegende 2. Auflage wurde durchgesehen, geringfügig überarbeitet und hinsichtlich der allgemeinen Literatur sowie bezogen auf die weitere Entwicklung des Jungen „Klaus" aktualisiert.

Oldenburg/Würzburg im März 2008

Monika A. Vernooij & Manfred Wittrock

Literatur

AMMANN, W. et al. (Hrsg.) (1986). Pädagogik – Theorie und Menschlichkeit. Oldenburg.
BENKMANN, K. H. (1993). Pädagogische Erklärungs- und Handlungsansätze bei Verhaltensstörungen in der Schule. In: GOETZE, H./NEUKÄTER, H. (Hrsg.). Pädagogik bei Verhaltensstörungen. Handbuch der Sonderpädagogik, Bd. 6. Berlin, 71–119.
VERNOOIJ, M. A. (2007). Einführung in die Heil- und Sonderpädagogik. Wiebelsheim.
VERNOOIJ, M. A. (2005). Erziehung und Bildung beeinträchtigter Kinder und Jugendlicher. Paderborn

Anmerkung:

Die Beiträge der leider viel zu früh verstorbenen Kollegen Heinz Neukäter (Oldenburg) und Irene Pütter (Hannover) gehören einerseits zum klassischen pädagogisch-psychologischen Repertoire von (Sonder-)Pädagogen (Kognitive Verhaltensmodifikation), andererseits zu den aktuell diskutierten Konzepten (Suggestionspädagogischer Ansatz nach Erickson). Beide Perspektiven dürfen in einem Band wie dem vorliegenden nicht fehlen.

Tiefenpsychologische Ansätze

Monika A. Vernooij

1. Einführung

1.1 Ausgangslage und Fallanalyse

1.1.1 Ausgangslage

Ein ursprünglich unauffälliger, eher zurückhaltender Schüler, Klaus, mit zufriedenstellenden bis guten Leistungen in der ersten Grundschulklasse, verändert sich zu Beginn der zweiten Klasse in negativer Weise. Neben einem allgemeinen Leistungsabfall zeigt sein Sozialverhalten stark aggressive Tendenzen, sowohl zu Mitschülern als auch zur Klassenlehrerin.

Offenbar handelt es sich im Wesentlichen um verbale Aggressionen, die in massiven Drohungen (totmachen, Bombe werfen, mit Messer erstechen) gipfeln. Nach den ersten Beratungsgesprächen mit der Mutter durch die Klassenlehrerin verschlimmert sich die Situation dahingehend, dass Klaus seine Drohungen teilweise in die Tat umsetzt: Er verletzt einen Mitschüler geringfügig mit einem von Zuhause mitgebrachten Küchenmesser. Zwei Wochen Unterrichtsausschluss sind die Folge.

Die Verhaltensänderungen des Schülers Klaus, sowohl im Leistungsbereich als auch im Sozialbereich, sind offenbar kontinuierlich fortschreitend in Richtung Verhaltensstörung bzw. Fehlentwicklung.

1.1.2 Fallanalyse

Mit Klaus Veränderungen
- Leistungsabfall,
- Verhaltensauffälligkeiten in Form von erhöhter (verbaler) Aggressivität und destruktiven Gemälden,
- Verschlechterung der Beziehung zur Lehrerin

fallen zwei äußere Gegebenheiten zusammen:
- die völlige Abwesenheit des Vaters an 5 Werktagen der Woche;
- die Schwangerschaft der Mutter und damit die Erwartung eines weiteren Kindes in der Familie.

Beides scheint für Klaus erhebliche Auswirkungen auf sein seelisches Gleichgewicht zu haben.

Nach Aussagen der Lehrerin sind für Klaus Krisensituationen in der Klasse solche Situationen,
- in denen er nicht genügend Beachtung erfährt,
- in denen er sich abgewertet fühlt,
- in denen er Leistungsmisserfolge hat (andere Schüler scheinen besser zu sein als er).

Hier spielt natürlich der Grad an unbewusst subjektiv-realitätsverzerrender Wahrnehmung eine gravierende Rolle.

Nach Aussagen der Mutter war Klaus der Heiratsgrund. Das Verhältnis des Vaters zu Klaus war von Anfang an gut. Das Verhältnis der Mutter zur Klaus war offenbar von Anfang an schwierig:
- gesundheitliche Probleme während der Schwangerschaft
- Überforderung mit dem Kind seit der Geburt („Er hat mir schon immer Probleme gemacht.")
- offenbar völlige Überforderung in der aktuellen Situation, auch aufgrund der tagelangen Abwesenheit des Ehemannes

Als zusätzliche Informationen sind von Bedeutung:
- Klaus war auch vorher sozial nicht gut integriert.
- Im Unterricht bei männlichen Kollegen ist er etwas unauffälliger.
- Seine Interessen liegen im technischen Bereich.
- Seine Aggressionen sind in hohem Maße destruktiv.

1.2 Tiefenpsychologische Grundkonzepte und Grundannahmen

Die Tiefenpsychologie versucht jene seelischen Prozesse zu erforschen, die dem Bewusstsein nicht direkt zugänglich sind, die aber dennoch für das Erleben und Verhalten von Menschen bestimmend sind bzw. bestimmend sein können.

Ursprünglich als Seelenkunde bezeichnet und als medizinisch-psychiatrisches Heilverfahren entwickelt, entstanden um 1900 verschiedene Richtungen der Tiefenpsychologie, die neben eigenen Theorien zum Seelenleben des Menschen auch je spezifische Methoden zu dessen Erforschung entwickelten.

Tiefenpsychologie ist also ein Oberbegriff für verschiedene Theorien, deren wesentliche Gemeinsamkeit es ist, in der menschlichen Psyche ein Unbewusstes anzunehmen, welches ihren Forschungsgegenstand darstellt.

Heute sind unter dem Begriff Tiefenpsychologie eine Vielzahl von Konzepten und Schulen zu subsumieren, bzw. sind von ihr wesentlich beeinflusst.

Alle diese Einflüsse gehen zurück auf drei Wissenschaftler, deren Namen und Konzepte unlösbar mit den Anfängen der Tiefenpsychologie verknüpft sind.

Sigmund Freud (1856–1939)	Lehre: Psychoanalyse
Alfred Adler (1870–1937)	Lehre: Individualpsychologie
Carl Gustav Jung (1872–1962)	Lehre: Komplexe Psychologie bzw. Analytische Psychologie

Abb. 1: Begründer der Tiefenpsychologie und ihre Konzepte

Obwohl diese drei Konzepte sich in wesentlichen Punkten unterscheiden, lassen sich doch einige *gemeinsame Grundüberzeugungen* herausstellen:
- Der Mensch hat neben seinem verfügbaren Bewusstsein nicht verfügbare unbewusste Anteile in seiner Psyche.
- Diese bestimmen sein Verhalten (vgl. HENSLE/VERNOOIJ 2002, 232f.) in hohem Maße mit.
- Verhaltensänderungen sind ohne die Bewusstmachung dieser unbewussten Anteile (= Analyse) nicht zu erreichen.
- Für die Persönlichkeitsentwicklung sind die ersten 5–6 Lebensjahre von entscheidender Bedeutung.

Die große Bedeutung, die tiefenpsychologisch gesehen unbewussten Anteilen, Motiven und Tendenzen beizumessen ist, bezogen auf menschliches Erleben und Verhalten, führt zu der Konsequenz, dass Interventionsmaßnahmen, die sich ausschließlich auf äußerlich sicht- und beobachtbares Verhalten konzentrieren, einem Problemkomplex mit innerpsychischer Dynamik nicht gerecht werden können.

Dabei ist offenkundig, dass nicht nur das Kind mit Verhaltensstörungen in seinem Verhalten und Erleben von unbewussten inneren Prozessen beeinflusst oder gar gesteuert wird, sondern dass auch die mit ihm in Kontakt stehenden Personen ihre eigene unbewusste Psychodynamik in die Interaktion mit einbringen. Dies wird in der Pädagogik vergleichsweise selten, und wenn, nur in Ansätzen bei Interventionen bezogen auf das Kind beachtet.

Für die Betrachtung des Falles Klaus möchte ich die beiden erstgenannten Grundkonzepte (s. Abb. 1), die *Psychoanalyse* und die *Individualpsychologie* heranziehen. Aufgrund der außerordentlichen Verschiedenheit beider erscheint es mir sinnvoll, jedes Konzept gesondert darzustellen und anschließend auf den Fall Klaus zu beziehen. Beide Konzepte wurden in der (Sonder-)Pädagogik in vielfältiger Weise adaptiert, im Gegensatz zur Theorie C. G. Jungs, die wesentlich in der Therapie Erwachsener Anwendung findet.

2. Das Psychoanalytische Konzept Sigmund Freuds

2.1 Die Psychoanalyse als Begriff

„Psychoanalyse ist die allgemeine Bezeichnung für die Lehre, das Lebenswerk Sigmund FREUDS. Er selbst definiert den Begriff folgendermaßen: „Die Arbeit, durch welche wir im Kranken das verdrängte Seelische zum Bewusstsein bringen, haben wir Psychoanalyse genannt" (G.W. XII, 184).

Sein Schüler, Freund und Verehrer Ernest JONES (1982) umreißt drei Bedeutungen des Begriffs:
- Spezielle medizinische Behandlungsmethode für die Heilung einer bestimmten Art von neurotischen Störungen;
- Spezialmethode zur Erforschung der tieferen Seelenschichten;
- Wissenschaft vom Unbewussten (vgl. JONES, 196f.).

2.2 Die Psychoanalytische Theorie

2.2.1 Die Trieblehre

Nach FREUD ist die „eigentliche Lebensabsicht" des Menschen, „seine mitgebrachten Bedürfnisse zu befriedigen" (FREUD 1938, G.W. XVII, 70). Die Kräfte, welche Bedürfnisspannungen hervorrufen, nennt FREUD Triebe, die quasi als „körperliche Anforderungen an das Seelenleben" wahrnehmbar werden (vgl. a.a.O.). Recht früh (ab 1915) hat FREUD zwei Grundtriebe,
– den Lebenstrieb (auch Eros genannt),
– den Destruktionstrieb (auch Todestrieb genannt),

als Gegensatzpaar im Sinne zweier einander entgegenwirkender Triebkategorien dargestellt (vgl. G.W. X, 213 ff.; G.W. XVII, 71 f.; auch HENSLE/VERNOOIJ 2002, 327).

Zu den Lebenstrieben zählen, neben den Sexualtrieben alle Strebungen, sich, seine Art, sein Umfeld etc. zu erhalten. Die Energie des Lebenstriebes nennt FREUD Libido. Für die Energie des Destruktionstriebes wurde von FREUD kein analoger Terminus vorgeschlagen. Ausdruck des Destruktionstriebes sind, wie der Name verdeutlicht Formen von Aggression und Zerstörung gegen sich selbst und gegen sein Umfeld (Menschen, Tiere, Natur, Kultur), wobei die extremste Form der Destruktion gegen sich selbst die Selbstzerstörungen, der Suizid wäre (vgl. FREUD, G.W. XVII, 71). In der letzten Fassung von 1938 geht er vom Eros als einem Grundtrieb aus, der bestrebt ist, Vorhandenes zu erhalten, größere Einheiten und Bindungen herzustellen, während der Destruktionstrieb immer darauf ausgerichtet ist, Einheiten aufzulösen, vernetzte Gebilde zu zerstören. Im günstigsten Falle bewirken die Triebe aufgrund ihres kombinierten oder ausgewogen gegensätzlichen Wirkens ein momentanes Kräftegleichgewicht, welches immer wieder neu hergestellt werden muss, je nach Stärke und inhaltlicher Tönung des jeweils aktivierten Triebes.

Das bedeutet nicht nur für den pädagogischen Rahmen, dass der Mensch, gleichgültig ob Kind oder Erwachsener, in einem doppelten Spannungsfeld steht:
– aktuell im Zwiespalt von Triebbedürfnis und Triebbefriedigung, d.h. im Zwiespalt von erstrebter Lust und (i.d.R. von außen)

auferlegter, gebotener Unlust, im Sinne der Zurückstellung, Verdrängung, Bearbeitung des Bedürfnisses;
– generell im Spannungsfeld von Selbsterhaltung und Selbstzerstörung, von sozialer Lebensgestaltung und Isolierung, von Lebensfreude und Todessehnsucht.
(vgl. VERNOOIJ 1989, 59; 2002, 327 f.)

Unter der Prämisse, dass Triebwünsche und Bedürfnisse für den Menschen/das Kind häufig nicht bewusst sind, werden bestimmte Verhaltensweisen erst dann verstehbar, wenn ihre unbewussten Anteile zumindest teilweise aufgedeckt werden können.

2.2.2 Der psychische Apparat

Die Wirkungsweise bzw. Zusammensetzung des Seelenlebens vergleicht FREUD mit der eines Apparates, der von drei Kräften oder Instanzen „betrieben", bzw. beherrscht wird:
– dem Es,
– dem Ich,
– dem Überich.

Das Es stellt die älteste Instanz dar und beinhaltet alles Ererbte und konstitutionell Festgelegte. In den Bereich des Es gehören z. B. die menschlichen Urtriebe, die „einen ersten uns in seinen Formen unbekannten psychischen Ausdruck finden" (FREUD 1938, 9 f.).

In welcher Ausprägung z. B. Bedürfnisse nach Zärtlichkeit, Nähe, Wärme, Nahrung etc. in uns vorhanden sind, wissen wir häufig als Erwachsene noch nicht wirklich. Das führt in bestimmten Situationen zu Überraschungen bzw. wir werden von der Stärke bestimmter Bedürfnisse gelegentlich plötzlich überrollt, ohne dass uns klar war, dass wir dieses Bedürfnis in dieser jetzt erfahrenen Ausprägung haben.

Die Triebregungen aus dem Es streben immer nach Befriedigung.

Das ÜBERICH orientiert sich ausschließlich an den bestehenden Normen der Gesellschaft bzw. an den Normen und Werten, die dem Kind in seiner frühkindlichen Sozialisation durch Erziehung, Traditionen und Erfahrungen vermittelt wurden.

Tiefenpsychologische Ansätze: Psychoanalytischer Ansatz

Diese Instanz bildet sich aus dem Ich (s. u.) heraus und ist als dritte Kraft häufig eine Gegenkraft gegen die beiden anderen.

Sowohl gesellschafts- und kulturspezifische, sowie milieuspezifische Einflüsse als auch Normen und Werte, die von Erziehern, Vorbildern, verehrten Idealen übernommen werden, finden im Überich ihren Niederschlag. Je länger und intensiver ein junger Mensch in Abhängigkeit von Eltern oder Erziehungsberechtigten lebt, desto ausgeprägter und wirkungsvoller sind die Kräfte des Überich auch noch im Erwachsenenalter.

Im Zusammenhang mit Es-Impulsen hat das Überich eine Kontrollfunktion. Angst, Skrupel, Schuldgefühle sind Folgen dieser Funktion des Überich.

Es würde sicher zu weit führen, zu konstatieren, das Überich sei generell lustfeindlich. Als direkte Gegenkraft zu den Bedürfnissen des Es wirkt es allerdings eher als in übernommenen Konventionen verhaftet und damit moralisierend und verhindernd bezogen auf Lustgewinn.

Das ICH entwickelt sich, so FREUD, im Laufe unserer frühkindlichen Entwicklung unter dem Einfluss der Außenwelt aus der Rindenschicht des Es. Hier werden z. B.
- Erfahrungen gespeichert,
- Vermeidungsmechanismen für zu starke Reize entwickelt,
- Anpassungsformen an mäßige Reize ausprobiert und manifestiert oder modifiziert.

In dieser Instanz ist das Selbsterlebte und Akutelle vorherrschend.

Seine wesentliche Aufgabe besteht darin, das Verhalten zu kontrollieren unter dem Aspekt der Sicherheit. Dabei erscheint es wichtig
- „die Außenwelt in zweckmäßiger Weise zu seinem Vorteil zu verändern" (FREUD 1938, 55),
- die Kontrolle über die Triebansprüche des Es zu gewinnen und zu behalten,
- und zu entscheiden, unter Einbezug der gegebenen Realität, ob die Befriedigung eines Bedürfnisses
  - zugelassen werden kann,
  - verschoben werden oder
  - das Bedürfnis gänzlich unterdrückt werden sollte.

Im Spannungsfeld zwischen Lust und Unlust erfolgt die Verhaltenskontrolle nicht, wie im Es, unter dem Primat des Lustgewinns, sondern unter dem Primat der Sicherheit in der aktuell gegebenen Situation:

> „Eine Handlung des Ich ist dann korrekt, wenn sie gleichzeitig den Anforderungen des Es, des Überich und der Realität genügt, also deren Ansprüche miteinander zu versöhnen weiß" (FREUD 1938, 10).

Die Instanz des Ich hat also im innerpsychischen Geschehen zum einen die Rolle des Realitätsprüfers bezogen auf vorhandene Bedürfnisse und deren Befriedigung, sowie bezogen auf die Befriedigungseinschränkenden Impulse des Überich. Zum anderen hat sie die Funktion, aufgrund einer wohlerwogenen Entscheidung ein Verhalten zu erwirken, welches situationsangemessen maximale Lust und minimale Unlust zur Folge hat.

Dabei kann die Unterdrückung des Bedürfnisses oder dessen Aufschub, was zunächst Unlust, Frustration verursacht, dennoch minimale Unlust sein, gemessen an den Folgen, die eine sofortige Bedürfnisbefriedigung haben würde.

Es und Überich repräsentieren im Erwachsenenalter die Einflüsse von Mitgegebenem (bei der Geburt) und Aufgenommenem (im Sozialisationsprozess), d.h. sie repräsentieren die Einflüsse der Vergangenheit, während das Ich durch Eigenerleben, Gegenwartsbezug und Pragmatik gekennzeichnet ist.

Sehr vereinfacht kann man sagen: Die vom Es angemeldeten Bedürfnisse werden aufgrund der Vorgaben, Regeln und Normen des Überich wenn nicht verworfen so doch eingeschränkt bzw. skeptisch betrachtet. Aufgabe eines stabilen, gut ausgebildeten Ich ist es, zwischen beiden infolge sachlicher Realitätsprüfung so zu vermitteln, dass eine Befriedigung oder Triebbefriedigung auf günstige bzw. gefahrlose Weise möglich wird, oder die Triebenergie auf andere, unlustvermindernde Weise genutzt werden kann.

Angesichts dieser Konstruktion des Seelischen wird bereits deutlich, dass die entstehende innerpsychische Dynamik außerordentlich hoch, die entstehenden Konfliktsituationen äußerst intensiv sein können.

2.2.3 Die frühkindliche Entwicklung

In der Psychoanalyse wird die frühkindliche Entwicklung in engem Zusammenhang gesehen mit der Entwicklung der Sexualfunktionen, wobei FREUD zwischen den Begriffen „sexuell" und „genital" unterscheidet. Sexuell ist für ihn ein sehr weit zu fassender Begriff, der viele Tätigkeiten umfasst, die mit den Geschlechtsmerkmalen, den Genitalien nichts zu tun haben (vgl. FREUD 1938, 74 ff.). Im Gegensatz zur allgemeinen Auffassung seiner Zeit, nach der erst mit Eintreten der sogenannten Geschlechtsreife während der Pubertät der Geschlechtstrieb in Funktion trete, ging FREUD davon aus, dass – gemäß seines weitgefassten Sexualitätsbegriffs – bereits kurz nach der Geburt sexuelle Äußerungen deutlich wahrnehmbar werden.

Dabei ist für ihn alles als sexuell zu bezeichnen, was die Funktion hat, „Lustgewinn aus Körperzonen" zu ziehen (vgl. a.a.O.). Für FREUD hat die Sexualität des Menschen einen zweizeitigen Entwicklungsansatz:
– zum einen die gesetzmäßige Entwicklung in der frühen Kindheit, etwa von der Geburt bis zum Ende des 5. Lebensjahres
– zum anderen die Phase der Pubertät, in der die Geschlechtsreife erfolgt, verbunden mit physischen und psychischen Entwicklungen und Veränderungen

Zwischen beiden liegt eine Pause von ca. 7–10 Jahren.

FREUD erforschte wesentlich die gesetzmäßige Entwicklung früh auftretender sexueller Phänomene und kam zu einem Phasenmodell, in dem jede Phase durch eine andere Körperzone als Lustzone gekennzeichnet ist.

1. In der oralen Phase
   ist die erogene Zone der Mund.
   Alle Bestrebungen gelten der Befriedigung dieser Zone, was sowohl durch Nahrungsaufnahme als auch durch Lutschen oder Lecken ohne Nahrungsaufnahme geschieht.
   Für FREUD richten sich in dieser ersten Phase libidinöse Energien auf den Mund und verbinden so die Hauptstrebungen des Lebenstriebes:
   – Selbsterhaltung und
   – Lustgewinn.

2. In der anal-sadistischen Phase
wird Lustgewinn zum einen aus der Ausscheidungsfunktion und der dazugehörigen Körperzone gesucht, zum anderen aus mehr oder weniger ausgeprägten aggressiven Impulsen.
Dass diese Impulse nicht der Energie des Destruktionstriebes zugeordnet werden sondern der Libido, begründet FREUD damit, dass es sich bei diesen ersten Aggressionen um Vorformen des Sadismus handelt, der aus seiner Sicht eine Triebmischung darstellt von „rein libidinösen und rein destruktiven Strebungen" (vgl. FREUD 1938, 16), die bei vielen Tätigkeiten zum Zweck des Lustgewinns vorhanden ist und bleibt.

Beispiel Nahrungsaufnahme:
Bevor eine Speise hinuntergeschluckt werden kann, muss sie in der Regel zerkaut, zerbissen, zermalmt werden, d.h. dies ist eigentlich ein destruktiver Akt, denn Materialien, Formen, Nahrungsmittel werden zerkleinert, zerstückelt, zerstört. Dennoch dient der Akt der Nahrungsaufnahme der Selbsterhaltung, und er ist in der Regel eine lustvolle Tätigkeit.

3. In der phallischen Phase
wird der Lustgewinn über die Genitalien erreicht (Penis oder Klitoris). FREUD konstatiert beim Kind Vorformen der Masturbation, die ein Lustgefühl erzeugen, häufig aber zu erzieherischem Einschreiten führen.
Für FREUD ist diese 3. Phase der Höhepunkt in der frühkindlichen Sexualität, deren Entwicklung danach in der Latenzphase zu ruhen scheint, bis zur

4. genitalen Phase,
in der sich während der Pubertät die endgültigen Sexualformen eines Menschen, seine Vorlieben und Neigungen konstituieren.

Bevor ich jedoch zu einer Zusammenschau dieses zweizeitig sich vollziehenden Entwicklungsprozesses komme, muss zur phallischen Phase noch ein Nachtrag erfolgen, der vielfach das einzige Wissen ist, welches Menschen von der FREUDschen Theorie haben: die Ödipusphase.

Während der Beschäftigung mit seinem Genital kommt es bei Jungen häufig zu Phantasien, die sich auf die Mutter richten. Der

Tiefenpsychologische Ansätze: Psychoanalytischer Ansatz

Vater wird unbewusst zum von der Mutter bevorzugten Rivalen. Gleichzeitig erfährt der Junge einerseits mehr oder weniger harsche Verbote bezogen auf sein Genitalspiel, andererseits lernt er Wesen kennen (z. B. im Kindergarten oder bei seinen Schwestern), die keinen Penis haben. Dabei ist für das Kind nicht sicher, ob dieser Penis nie da war, oder ob er entfernt wurde, etwa wegen verbotener Spielerei. Für FREUD erfährt der kleine Junge „durch das Zusammenwirken einer Kastrationsdrohung und dem Anblick der weiblichen Penislosigkeit [die eine tatsächliche Kastration zu bestätigen scheint, M. A. VERNOOIJ] das größte Trauma seines Lebens" (FREUD 1938, 16).

Die Dynamik der innerpsychischen Kräfte entfaltet sich hierbei
- einmal bezogen auf die ambivalenten Gefühle dem Vater gegenüber – geliebt als Vater, gehasst oder gefürchtet als Rivale;
- zum zweiten bezogen auf den Konflikt im Zusammenhang mit der verbotenen Manipulation an seinem Genital und der Erkenntnis der tatsächlichen Abwesenheit eines solchen Körperteils.

Dabei fließen in der Phantasie des Kindes natürlich beide Konfliktkreise ineinander, was zu Ängsten, deutlichen Verhaltensänderungen und, aufgrund des Verdrängens dieser Konfliktmischung, häufig zu langjährigen traumatischen Folgen führt.

Zusammenfassend lässt sich sagen:
- Bereits vor der Pubertät, nämlich in den ersten 5 Lebensjahren konstatiert FREUD beim Kind eine Sexualentwicklung.
- Diese verläuft in drei Phasen, bei der in jeder Phase eine bestimmte Körperregion zur erogenen Zone wird – zu einer Körperzone, die dem Lustgewinn dient. Sie ist in der jeweiligen Phase das primäre Ziel libidinöser Energie.
- Die dritte Phase beinhaltet auch die Ödipussituation in der Entwicklung des Jungen.
- Nach einer mehrjährigen Latenzzeit setzt sich die Sexualentwicklung in einer 4. Phase fort (Pubertät).
- In den ersten drei Phasen streben die einzelnen Partialtriebe des Sexualtriebes unabhängig voneinander und unkoordiniert nach Lustgewinn. Die Phasen können sich teilweise überlappen.
- In der 4. Phase vollendet sich die Organisation der verschiedenen

Partialtriebe unter „dem Primat der Genitalien" (Freud 1938, 17).
- In den ersten drei Phasen beeinflussen vielfältige erzieherische Faktoren und Maßnahmen die Entwicklung. Daher vollzieht sich der Entwicklungsprozess nicht immer störungsfrei.
- Es kann zu Fixierungen der Libido an Objekte früher Phasen kommen, was bis ins Erwachsenenleben zu Störungen der Sexualität führen kann.
- Dabei ist zu beachten, dass Freud den Begriff Sexualität sehr weit fasst, ihn nicht nur auf genitale Betätigung bezieht.
- Insofern kann die „Entwicklung der Sexualfunktionen" als bedeutsamer Teil der Persönlichkeitsentwicklung in der frühen Kindheit gewertet werden.

2.2.4 Abwehrmechanismen und Widerstand

Im Zusammenhang mit der frühkindlichen Entwicklung und auf der Basis der innerpsychischen Dynamik, hervorgerufen durch das Kräftespiel der Instanzen des psychischen Apparates entstehen vielfältige Bedürfnissituationen, in denen keine Befriedigung erreicht werden kann oder – aus der Sicht des Kindes – erreicht werden darf.

Die Triebregungen müssen daher (vgl. 2.2.2) unterdrückt, verändert oder abgewehrt werden. Zur Erfüllung dieser Aufgabe verfügt bereits das Kind über sogenannte Abwehrmechanismen, d.h. es verfügt über psychische Möglichkeiten, nicht erlaubte Triebregungen in andere Formen psychischer Energie zu überführen. Die zuständige Instanz, diese Mechanismen zu entwickeln und einzusetzen, ist das Ich. Abwehrmechanismen sind Techniken, „deren sich das Ich in seinen eventuell zur Neurose führenden Konflikten bedient" (Freud, A., o. J., 35).

Motive, bestimmte Triebregungen abzuwehren sind Angst, Schuld- und Schamgefühle, Ekel oder Selbstbestrafung.

Es würde hier zu weit führen, alle von Anna Freud aufgeführten Abwehrmechanismen (insgesamt 18) zu erörtern, zumal sie für unseren Fall nur bedingt von Bedeutung sind.

Als außerordentlich wichtige Sonderformen von Abwehrmechanismen sind die Verdrängung und Sublimierung zu nennen.

Die Verdrängung stellt einen Vorgang dar, bei dem Vorstellungen, Gedanken, Bilder und Erinnerungen im Zusammenhang mit Bedürfnissen (Trieben) ins Unbewusste verlagert und dort festgehalten werden, meistens, weil eine Bedürfnisbefriedigung nicht (gefahrlos) möglich ist, bzw. weil die damit entstehenden innerpsychischen Konflikte nicht lösbar erscheinen. Mittels der Verdrängung wird ein scheinbar stabiler psychischer Zustand hergestellt, wobei die verdrängten Anteile unbewusst auf unsere bewussten Handlungen einwirken.

Unabhängig von der jeweils aktuellen Abwehrnotwendigkeit kann die Verdrängung als universeller Vorgang angesehen werden, der an der Bildung unbewusster Inhalte maßgeblich beteiligt ist (vgl. FREUD 1915, 250f.). FREUD geht davon aus, dass „Verdrängung und Unbewusstes in großem Maße korrelativ" seien (a.a.O.).

Mit der Verdrängung löst das Individuum vordergründig den aktuellen Konflikt, speist die Konfliktinhalte aber gleichzeitig ins Unbewusste ein, von wo aus sie – vom Bewusstsein nicht kontrollierbar – auf das Verhalten und Erleben einwirken.

Unter Sublimierung versteht FREUD die Umleitung drängender libidinöser Kräfte bzw. deren Triebenergien auf sozial höher bewertete Ziele und Objekte. Damit ist die Fähigkeit des Menschen gemeint, sexuelle Bedürfnisspannungen durch sozial akzeptierte oder erwünschte Tätigkeiten lösen zu können, weil „ein ursprünglich sexuelles Ziel gegen ein anderes nicht mehr sexuelles" getauscht werden kann (vgl. FREUD 1908, 150).

Beide Formen, Verdrängung und Sublimierung stellen insofern Sonderformen dar, als sie grundlegende und universelle psychische Mechanismen zur Unlustvermeidung sind und mehr oder weniger intensiv vom Menschen genutzt werden.

Im Gegensatz dazu treten andere Abwehrmechanismen eher partiell und konfliktbezogen auf, wobei die Auswahl bestimmter Techniken individuell sehr verschieden ist, je nach Ausbildung der Instanzen des psychischen Apparates, insbesondere je nach Stabilität des Ich, als vermittelnder Instanz.

Bezogen auf den Fall Klaus möchte ich noch zwei weitere Abwehrmechanismen nennen:
– Die Symptombildung stellt eine Technik dar, die als Kompromiss-

bildung nach einer ansatzweisen Konfliktbearbeitung bezeichnet werden kann. Statt einer völligen Verdrängung wird quasi eine Ersatzbildung vorgenommen, wobei die dem Symptom zugrunde liegenden Konflikte nicht mehr bewusst sind (vgl. FREUD 1915, 256f.; FREUD, A., o.J., 29f.). Ein Waschzwang z.B. kann die Folge einer als schuldhaft erlebten Handlung sein, die verdrängt wurde und durch häufige Waschrituale ungeschehen gemacht werden soll.
– Bei der Verschiebung werden Bedeutungen, Akzente und Intensität einer mit Bedürfnissen verbundenen Vorstellung von dieser gelöst und auf weniger intensive Vorstellungen verschoben. Diese Vorstellungen sind – intrapsychisch – mit der ursprünglichen Vorstellung durch Assoziationsketten verbunden. Durch die Verschiebung wird eine Teilentlastung in Bereichen möglich, die den ursprünglichen Konflikt nicht ins Bewusstsein bringen, d.h. der eigentliche Konflikt wird nicht aktualisiert. Dies ist z.B. der Fall beim Fetischismus, bei dem verbotene (sexuelle) Vorstellungen auf Objekte verschoben werden, die formal-inhaltlich einen Bezug zu den inzwischen verdrängten Vorstellungen haben (Wäschestücke, Schuhe, Schlüssel, Flaschen)

Abwehrmechanismen haben u.a. die Funktion, ein gewisses psychisches Gleichgewicht herzustellen. Um dieses langfristig zu erhalten, muss sichergestellt werden, dass verdrängte oder auf andere Art abgewehrte Konflikte nicht plötzlich wieder ins Bewusstsein treten.

Den Mechanismus, der dieser Sicherstellung dient, nennt FREUD Widerstand. Er hat die Funktion, die Bewusstwerdung oder Bewusstmachung unbewusster psychischer Inhalte (z.B. auch in der Therapie) zu verhindern. Der Widerstand zeigt sich auf mannigfaltige Weise. Alle Handlungen, Worte, Erlebnisakzente, die ein Bewusstwerden abwehren, die den Zugang zum Unbewussten kontrollieren und verhindern, gelten als Widerstand.

Das heißt unter anderem, dass eine Erhellung des Hintergrundes von Symptomen schwierig und langwierig sein kann.

2.2.5 Übertragung und Gegenübertragung

Aus klinischen Beobachtungen wurde das Phänomen der Übertragung von FREUD entwickelt. Es bezeichnet einen Vorgang, bei dem frühkindliche Einstellungen, Wünsche und Gefühle (zu Bezugspersonen) unbewusst auf andere Personen übertragen werden. Bei der Übertragung werden frühere konfliktreiche Objektbeziehungen (positive wie negative) mit aktuellen „Objekten" (Personen) wiederholt.

Es ist unschwer zu erkennen, dass Lehrpersonen als Übertragungsobjekte für ihre Schüler sehr geeignet erscheinen.

Als Gegenübertragung wird die Gesamtheit der unbewussten Reaktionen des Übertragungsobjektes bezeichnet, wesentlich die Reaktionen des Analytikers auf seinen Patienten und dessen Übertragung. Bei Übertragungsprozessen in pädagogischen Situationen gilt dies ebenso für die Reaktionen des Lehrers/Erziehers auf einen Schüler.

Übertragung und Gegenübertragung spielen in der psychoanalytischen Therapie eine bedeutsame Rolle (vgl. FREUD 1938, 100f.).

Für den (Sonder-)Pädagogen ist es wichtig, um diese Möglichkeit zu wissen. Kindliches Verhalten wird einerseits besser verstehbar, andererseits kann der Pädagoge seine Reaktion eher kontrollieren, wenn er in Betracht zieht, dass er „mit wichtigen Personen aus der Vergangenheit oder Gegenwart quasi verwechselt" wird (vgl. TRESCHER 1993, 10/3).

2.2.6 Zusammenfassung

Von der komplexen Theorie Sigmund FREUDS wurden einige wesentliche Grundlagen, die für die pädagogische Beratung und Intervention bedeutsam sind dargestellt. Andere, z.B. seine Ausführungen zur Traumdeutung, wurden außer Acht gelassen, da eine pädagogische Umsetzung die Grenze zur Therapie überschreiten würde, was aufgrund der fehlenden therapeutischen Kompetenz von (Sonder-)Pädagogen keinesfalls geschehen sollte.

Dargestellt wurden
- die Trieblehre mit den beiden Grundtrieben Eros und Destruktionstrieb
- der Psychische Apparat mit den drei Instanzen Es, Ich und Überich
- die Entwicklung der frühkindlichen Sexualität in drei Phasen
  - orale Phase,

- anal-sadistische Phase,
- phallische Phase (mit Ödipussituation)
⇒ Latenzperiode mit frühkindlicher Amnesie (Gedächtnisverlust, Vergessen)
- ausgewählte Abwehrmechanismen
  - Verdrängung
  - Sublimierung
  - Symptombildung
  - Verschiebung

und als
- Gegenströmung der Widerstand
- die Situation von Übertragung und Gegenübertragung

Im Folgenden soll versucht werden, dieses Grundwissen auf den Fall Klaus anzuwenden.

2.3 Der Fall Klaus

2.3.1 Hypothesen

Mit aller Vorsicht lassen sich aus den wenigen bekannten Fakten folgende Hypothesen ableiten:
- Das Kräftegleichgewicht der beiden Grundtriebe scheint bei Klaus zugunsten des Destruktionstriebes verschoben zu sein.
- Seine Reaktionen sind häufig Es-gesteuert, d.h. weder die einschränkenden Überichtendenzen noch die ausgleichenden Ich-Impulse scheinen in aktuellen Situationen Wirksamkeit zu haben.
- Der wesentliche Aspekt des Ich, „gefahrlos" Spannungen abzubauen, scheint wenig Bedeutung zu haben.
- Bedürfnisse nach Wärme, Nähe, Zärtlichkeit scheinen seit der häufigen Abwesenheit des Vaters nicht mehr befriedigt zu werden, zumindest nicht in ausreichendem Maße.
- Im Zusammenhang mit der deprivierenden Beziehung zur Mutter – Klaus erfährt weder emotionale Zuwendung noch Verständnis – entfällt der Vater als ausgleichender Faktor weitgehend.
- Die bevorstehende Geburt eines weiteren Kindes führt bei Klaus zu Ängsten hinsichtlich einer weiteren Verschlechterung des Ver-

hältnisses zur Mutter einerseits, hinsichtlich des Verlustes zumindest eines Teils der Liebe des Vaters andererseits.
- Unbewusste Gegenübertragungen der Mutter verursachen Angst und Schulgefühle, mit denen Klaus in sozial verträglicher Form nicht mehr umgehen kann.

Diese Hypothesen müssten in Einzelgesprächen mit Klaus und mit den Eltern überprüft werden. Sinnvoll wäre es auch, mit Hilfe projektiver Tests, z. B. Familie in Tieren, Schweinchen Schwarzfuß (SF-Test) oder Familien-Beziehungs-Test (F-B-T) die Situation des Kindes in Zusammenhang mit der Familie genauer zu überprüfen.

Achtung: Projektive Tests sollten nur von fachkompetenten und dafür ausgebildeten Personen durchgeführt werden!!

Vorsichtig hypothetisch formuliert ist für Klaus eine psychodynamische Situation mit folgendem Konfliktpotential entstanden:
- Die wesentliche Bezugsperson ist ihm weitgehend entzogen, so dass die libidinöse Energie ihr Objekt zeitweilig verloren hat.
- Eine Bedürfnisbefriedigung scheint kaum noch möglich, auch nicht stellvertretend bei der Mutter.
- Damit ist die Tätigkeit des Ich und dessen weitere Entwicklung und Stabilisierung weitgehend unterbunden. Bei zusätzlichen Frustrationen – wenig Beachtung, Misserfolg – reagiert er stark Es-gesteuert und mit destruktiver Energie, wobei er in der Art der Verbalaggression den Vater (Bomben, totmachen), der Berufssoldat ist, unbewusst heraufbeschwört.

Klaus bevorzugte Mechanismen sind einerseits die Symptombildung als Kompromiss zwischen emotionaler Deprivation und Überlebenswillen, andererseits die Verschiebung der seit einiger Zeit ebenfalls deprivierten emotionalen Bedürfnisse bezogen auf den Vater, auf mit dem Vater in der Phantasie verbundene Aktivitäten, die gleichzeitig destruktive Energie freisetzen, also Entlastung bringen.

TRESCHER bringt den Aspekt der Rache ins Spiel, ein Versuch, wenn Bedürfnisbefriedigung nicht möglich ist, die als traumatisch erlebte Situation, Ablehnung/Verlust/Geringschätzung an anderen zu vollziehen; allerdings nach TRESCHER in der Hoffnung, von den anderen einen Hinweis darauf zu erhalten, wie man damit fertig werden kann (vgl. TRESCHER 1993, 10/3).

2.3.2 Prognosen

Sollten sich die Hypothesen zumindest teilweise erhärten lassen, wäre für Klaus eine psychoanalytische Spieltherapie angezeigt, mit den Zielen
- positive Kräfte des Eros zu aktivieren
- die Entwicklung und Stärkung des Ich voranzutreiben
- Fixierungen der Libido zu lösen und so eine gesunde Identitätsbildung einzuleiten, durchaus zunächst bezogen auf den Vater
- Möglichkeiten der Sublimation während der Trennungsphasen auszuloten, z. B. im Hinblick auf das technische Interesse von Klaus.

Zusätzlich wären in bestimmten Abständen Familiengespräche notwendig (vgl. auch Beitrag VERNOOIJ/WINKLER in diesem Buch), bei denen
- die unbewussten Tendenzen der Mutter
- die Einstellung des Vaters zur Familie allgemein, zu Klaus und zu dem noch ungeborenen Kind im Besonderen
- die Wünsche und Vorstellungen Klaus bezogen auf Mutter und Vater UND bezogen auf das zu erwartende Geschwister

zur Sprache kommen müssten.

Durch gemeinsame Absprachen und Regeln sollte eine Situation mit erhöhter emotionaler Sicherheit für Klaus einerseits, mit Entlastungsmöglichkeiten für die Mutter andererseits geschaffen werden.

2.3.3 Pädagogische Interventionsmöglichkeiten

Die Umsetzung psychoanalytischer Elemente ist vergleichsweise schwierig, weil alle Interventionen im Grunde genommen die je spezifische Psychodynamik des Kindes mit berücksichtigen müssten.

Ganz allgemein lässt sich zunächst sagen, dass die Psychoanalyse als differenziertes theoretisches Modell Informationen vermittelt
- über frühkindliche Phasen emotionaler Entwicklung einschließlich ihrer zur Entwicklung gehörigen Anteile (z. B. sadistische Elemente, Ödipussituation)
- über Symptombildung als Signal für Störungen im Sozialisationsverlauf

- über Belastungen und Traumata in der frühen Kindheit und ihre möglichen Auswirkungen

Daraus kann abgeleitet werden, dass die Kenntnis tiefenpsychologischer Konzepte den Pädagogen befähigt, kindliche Probleme und Störungen besser zu verstehen.

Bedeutsame und pädagogisch nutzbare Details der Psychoanalyse sind
- die Annahme eines nach außen wirkenden Unbewussten
- die Kenntnis des psychischen Apparates und hier insbesondere die Instanzen Ich und Überich, von denen letzteres u. a. durch Erziehungsinhalte (Regeln, Werte, Normen, Ver- und Gebote) gebildet wird
- die Beachtung der Möglichkeiten von Übertragung und Gegenübertragung
- die Kenntnis der Sublimierung, als Möglichkeit der Verlagerung/Umlenkung von Triebenergien

Achtung: Erziehung und Therapie sind zwei verschiedene Interventionsformen. Die Grenze von der Erziehung zur Therapie darf vom Pädagogen nicht überschritten werden! (vgl. VERNOOIJ 1994, 1995)

Für den Fall Klaus heißt das:
- Die psychischen Hintergründe für Klaus Aggression sind ihm nicht oder nur teilbewusst. Vordergründig sind es aktuelle Frustrationen, tatsächlich liegen diesem Verhalten innerpsychische Konflikte zugrunde, die pädagogisch nicht zu lösen aber zu reduzieren sind bzw. deren Aktualisierung zu verhindern ist.
- Mit Hilfe bestimmter Unterrichtsmethoden können Frustrationen in Form von Abwertung, Missachtung, Misserfolg in der Klasse vermieden werden.
- Besondere Kenntnisse und Interessen des Kindes sollten eingefordert und herausgestellt werden.
- Mit Hilfe von Gruppen- und Partnerarbeit könnte die Beziehung der Kinder, zumindest einiger, zu Klaus verbessert werden.
- Gruppengespräche könnten die Situation erhellen und gemeinsame Regeln könnten helfen, Konfliktsituationen zu minimieren.

- Das Ich als realitätsprüfende und ausgleichende Instanz muss gestärkt werden, indem Klaus Verhaltensweisen lernt, die in Problemsituationen sozialverträglich zu einer Lösung beitragen bzw. die es Klaus gestatten, Unmut zu äußern, ohne andere Personen zu schädigen, z.B. Papier zerreißen, Kartons zertrampeln, inhaltlich situationsbezogen schimpfen (ohne Bomben, Messer und totmachen).
Um die Macht der Überich (Angst, Schuldgefühle) zu schwächen, wäre eine sichere, vertrauensvolle Beziehung zu einem Pädagogen notwendig (nach Möglichkeit zur Klassenlehrerin), in der Klaus in schwierigen Situationen Rat und Hilfe, nicht Tadel und Abwendung erwarten kann.
- Bei Reaktion auf Aggressionen gegen die Lehrerin sollte im Vordergrund die Möglichkeit der Übertragung stehen, d.h. aggressive Äußerungen gegen die Lehrerin sollten als Übertragungsphänomen bezogen auf den Mutterkonflikt gewertet werden. Vorsichtige Gespräche mit Klaus und verständnisvolle aber konsequente Reaktionen, kognitions- nicht unbewusst emotionsgesteuert, könnten hier zu Regelungen führen, die für beide Beteiligten akzeptabel sind.
- Die besonderen Interessen von Klaus könnten genutzt werden, um Bedürfnisspannungen im Sinne einer Sublimierung zu lösen. Besondere Aufgaben im Zusammenhang mit seinem technischen Interesse könnten zu (Ersatz-)Befriedigungen führen, was wiederum das Ich stärken und destruktive Energien binden würde.

Zusammenfassend lässt sich zum Fall Klaus aus psychoanalytischer Sicht sagen:

Alle pädagogischen Interventionen können nur mildernd und teilentlastend wirken. Angesagt wäre eine therapeutische Maßnahme, die aber durch pädagogische Interventionen unterstützt und für die schulische Situation nutzbar gemacht werden könnte. Eine Zusammenarbeit von Therapeut und Klassenlehrerin wäre hier nicht nur hilfreich, sondern unerlässlich.

Elterngespräche, insbesondere mit der Mutter, sehr behutsam geführt, könnten zur Verbesserung der Mutter/Kind-Beziehung beitragen.

Um die Beziehung zum Vater auch bei dessen Abwesenheit zu sichern, könnten mit ihm Telefon- oder Brief- evtl. E-Mail-Regelungen getroffen werden, die für Klaus die Sicherheit schaffen, mit ihm verbunden zu sein und seine Zuwendung, sein Interesse nicht verloren zu haben.

3. Das Individualpsychologische Konzept Alfred Adlers

3.1 Individualpsychologie als Begriff

Nach heutigem Sprachverständnis ist der Begriff „Individualpsychologie" irreführend, weckt er doch Assoziationen wie
- Psychologie des Einzelwesens,
- Individualismus,
- Egoismus.

Dass ADLER etwas anderes mit diesem Begriff intendiert hat, macht u.a. der hohe Stellenwert der sozialen Fähigkeiten, von ADLER „Gemeinschaftsgefühl" genannt, deutlich. Individualpsychologie im ADLERschen Sinne bezieht sich auf die von ihm postulierte Ganzheitlichkeit des Menschen, die jedoch für jeden Menschen in ganz individueller, in spezifischer Struktur gegeben ist. Der Begriff zielt ab auf das für jeden Menschen Typische, das ihn innerhalb der mitmenschlichen Gemeinschaft als unverwechselbare Einheit/Ganzheit kennzeichnet. Diese unverwechselbare Ganzheit bildet sich jedoch in Abhängigkeit vom sozialen Umfeld, in der Wechselwirkung von Individuum und Umwelt. Bereits 1912 grenzt ADLER die Individualpsychologie von sogenannten „Dispositionspsychologien" ab, die menschliches Verhalten wesentlich auf angeborene Veranlagung zurückführen, und bezeichnet sie als ein „Positionspsychologie" (1912/Nachdruck 1972, 279). Damit meint er, dass der Mensch im Laufe seiner Entwicklung seine Position im sozialen Feld finden muss. In diesem Prozess spielen auch genetische Faktoren eine Rolle, jedoch nach ADLER eher untergeordnet. „Es liegt uns völlig fern, in Abrede zu stellen, dass alle seelischen und körperlichen Funktionen notwendigerweise durch Erbmaterial prädisponiert sind, doch was wir in aller psychischen Aktivität erkennen, ist der Gebrauch, der von diesem Material gemacht wird", um eine bestimmte Position innerhalb des sozialen Umfeldes zu erreichen (vgl. ADLER 1929, Nachdruck 1981, 47). Dieser „Gebrauch" von dem ADLER spricht, ist ein je spezifischer, ein individueller, in Wechselwirkung mit der vorgefundenen Lebenssituationen und mit der je spezifischen „freien schöpferischen Kraft des Individuums" (ADLER 1933, Nachdruck 1973, 22), die ADLER als dritten, die Entwicklung beeinflussenden Faktor postuliert.

Diese individuelle, subjektiv agierende Kraft, macht mehrere für ADLER wesentliche Aspekte deutlich:
– Der Mensch hat Freiheitsgrade in der Gestaltung seines Lebens.
– Daraus folgt, dass er im Laufe seiner frühen Entwicklung mehr oder weniger unbewusst Richtungsentscheidungen trifft.
– Diese Richtungsentscheidungen prägen die sich entwickelnde psychische Struktur entscheidend und in einer für das Individuum typischen Weise.

Damit wendet sich ADLER gegen jede Form von Determinismus. Diese Freiheitsgrade bedingen jedoch auch, dass der Mensch für das, was aus ihm wird, selbst einen Großteil an Verantwortung trägt, insofern auch nur selbst aktiv werden kann, um sich und sein Leben zu ändern. Im Zusammenhang mit Beratung und Therapie führt ADLER aus:

„Von allem Anfang an muss der Berater danach trachten, die Verantwortung für die Heilung als Sache des Beratenen klarzustellen" (1933, Nachdruck 1973, 174). Dabei verweist er auf das englische Sprichwort, nach dem man ein Pferd zum Wasser führen, es jedoch nicht trinken machen kann.

Die nachfolgende Darstellung des Konzeptes ist in wesentlichen Teilen begrifflich aktualisiert und in einen Gesamtzusammenhang gebracht durch die Autorin. Alle Graphiken sind nicht von ADLER sondern von der Autorin gestaltet.

Tiefenpsychologische Ansätze: Individualpsychologischer Ansatz   37

3.2 Das unbewusste Lebenskonzept des Menschen

3.2.1 Formale Aspekte des Lebenskonzeptes

Anknüpfend an die vierte tiefenpsychologische Grundannahme (vgl. Abs. 2.2) kann davon ausgegangen werden, dass sich in den ersten fünf Lebensjahren eine psychische Grundstruktur herausbildet, ein „individuelles Gesetz der Bewegung" (ADLER 1933, Nachdruck 1973), das *Lebenskonzept* genannt werden könnte (ADLER spricht u. a. von Lebensstil).

Dieses Lebenskonzept entsteht in einem Prozess ständiger Auseinandersetzung des Individuums mit sich und mit seinem Umfeld, wobei eine Orientierung und Zentrierung auf die wesentlichen *Aspekte* des *In-Der-Welt-Sein* stattfindet.

Diese wesentlichen Aspekte sind aus meiner Sicht fünf. Sie lassen sich wie in Abb. 2 auf S. 38 darstellen.

Der Mensch als Ganzheit (ens totale) erlebt sein In-der-Welt-sein unter Aspekten,
- die das (biologische) Leben, die Existenz (ens vitale) betreffen,
- die die eigene Identität und Individualität (ens individuale) betreffen,
- die das soziale Umfeld, die mitmenschliche Gesellschaft (ens soziale) betreffen,
- die geistige, philosophische, religiöse und metaphysische Phänomene (ens spirituale) betreffen,
- die geographischen, globalen und kosmialen Gegebenheiten (ens mundiale) betreffen.

Evolutionstheoretisch und auch individualpsychologisch gesehen ist der Mensch ein Wesen mit beständiger biologischer und psychischer Dynamik, das zielgerichtet von einer niederen Entwicklungsstufe zu einer höheren strebt.

Dabei sind als persönlichkeitsprägende Faktoren nicht nur Anlage und Umwelt beteiligt, sondern als dritter Faktor muss eine individuelle psychische Kraft angenommen werden, die ADLER als „*Schöpferische Kraft*" bezeichnet; die Gestaltpsychologen sprechen von der „*Kreativen Begegnung*" des Individuums mit seiner Umwelt. Dieser dritte Faktor stellt eine konzeptualisierende Kraft dar, die für jedes Individuum eine kreative, eigenständig-subjektive Verarbei-

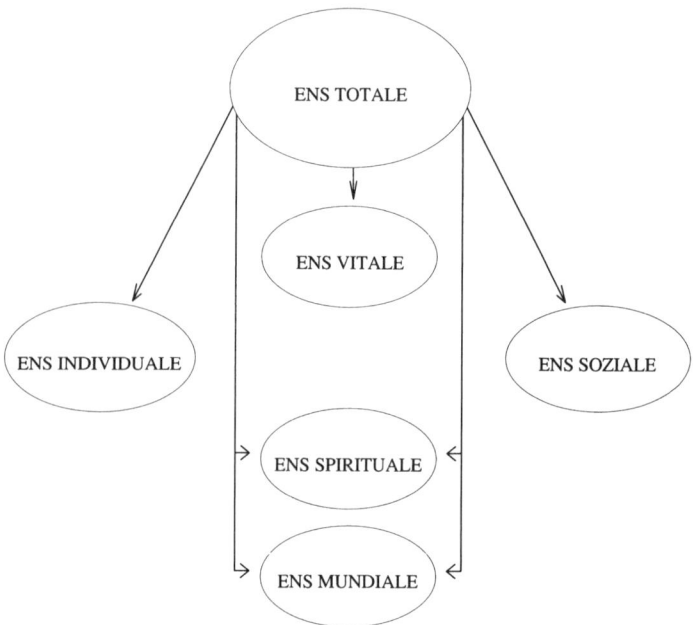

Abb. 2: Die wesentlichen Aspekte menschlichen In-Der-Welt-Seins

tung des Vorgefundenen gewährleistet und damit die Möglichkeit zu relativer Selbstverantwortlichkeit bietet.

3.2.2 Inhaltliche Aspekte des Lebenskonzeptes

Diese kreative, eigenständig-subjektive Verarbeitung des Vorgefundenen setzt mit der Geburt ein und führt etwa am Ende der ersten fünf Lebensjahre zu einem für das Individuum konkreten Ergebnis, zu einem Lebensgrundplan, zu einer psychischen Grundstruktur, die gebildet wird
- aus Meinungen, Wertungen und Vorstellungen bezogen
    - auf die eigene Person
    - auf das soziale Umfeld
    - auf die Existenz, das Leben allgemein
    - auf die natürliche und kulturelle Umwelt

Tiefenpsychologische Ansätze: Individualpsychologischer Ansatz

- aus Zielsetzungen bezogen auf das weitere Leben im Sinne von
  - individuellen Nahzielen
  - individuellen Fernzielen
  - individuellen und allgemeinen Richtzielen, also übergeordneten Zielen
- aus einem Repertoire an Handlungsstrategien zur Zielerreichung und zur adäquaten Lebensgestaltung
- aus individuellen Wahrnehmungs- und Erlebensmustern, die sich analog zur subjektiven Erfahrungsverarbeitung ausbilden, und die einerseits den je eigenen sinnlich-emotionalen Kontakt mit der Umwelt gewährleisten, andererseits aber auch Sicherung und Schutz vor Einflüssen der Umwelt bieten.

Dieses psychische Grundgerüst im Sinne eines Lebenskonzepts (Lebensstils) lässt sich graphisch wie auf S.40 darstellen.

Die Meinungen, Wertungen und Vorstellungen, die den strukturellen Kern bilden, sind nicht relativierend aktuell, sondern sie stellen für den betreffenden Menschen eine unumstößliche Erkenntnis dar, die – wird sie in Worte gefasst – nur in absoluten Formulierungen, wie: So bin Ich! So sind die Mitmenschen! So ist das Leben! So ist die Welt! Ausdruck finden kann.

Dem Individuum ist seine psychische Grundstruktur in ihren Einzelelementen nicht bewusst. Sie existiert in Bildern, bildhaften Vorstellungen, und sie wirkt auf alle Lebensbereiche des Menschen gestaltend ein. Aufgrund der Komplexität dieser Grundstruktur ist sie nur ansatzweise und bezogen auf Einzelelemente zu erfassen, die dann allerdings auch bewusstseinsfähig und damit einer Bearbeitung zugänglich sind.

Für das weitere Leben des Menschen stellt diese in der frühen Kindheit kreativ und eigenständig-subjektiv gebildete psychische Grundstruktur ein Lebenskonzept dar, ein übergeordnetes Prinzip individueller Lebensführung, welches für die GEGENWART *Sichernde*, für die ZUKUNFT *richtungsweisende* und *aktivierende* Funktion hat. Es erhält einerseits die seelische Balance des Augenblicks, andererseits scheint es die erfolgreiche Lebensbewältigung in der Zukunft zu „garantieren". Was WERTHEIMER zur Kennzeichnung der Ganzheit sagt, lässt sich hier ebenso zur Kennzeichnung des ganzheitlichen Menschen (vgl. ens totale) verwenden: „Alles, was in

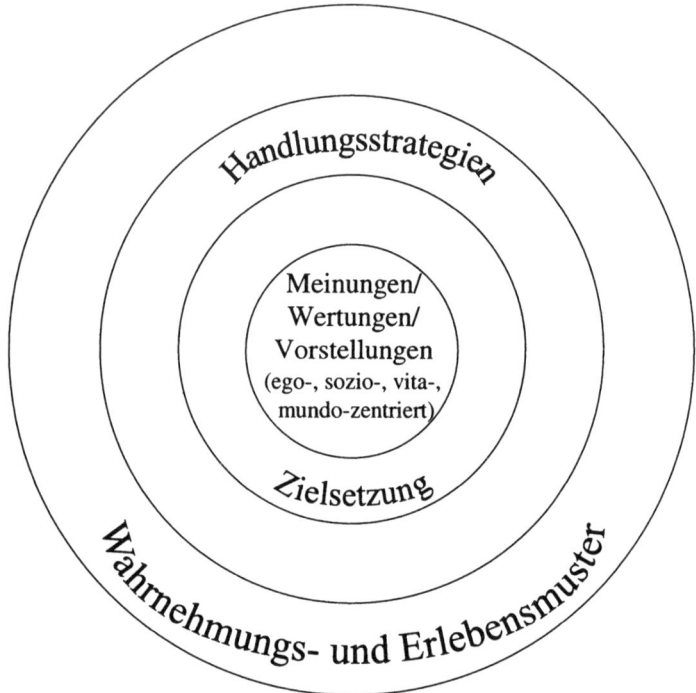

Abb. 3: Die psychische Grundstruktur des Menschen

einem Teil diese Ganzen geschieht, (ist) bestimmt von den inneren Strukturgesetzen dieses Ganzen" (WERTHEIMER 1925, 43).

Mit fortschreitender Entwicklung wird die Erhaltung dieses sichernden psychischen Grundgerüstes, das umso wichtiger wird, je problematischer und störungsbelasteter die Persönlichkeitsentwicklung verläuft, zunehmend schwieriger. Andersgeartete Erfahrungen stellen die Absolutheit der bisherigen Einstellungen und Wertungen immer wieder in Frage und bewirken damit eine mehr oder weniger starke Verunsicherung im Erleben und Handeln des Individuums. Um dieser bedrohlichen Situation zu begegnen, wird ein von ADLER als „tendenziöse Wahrnehmung" bezeichneter Mechanismus, eine individuelle Art selektiver Wahrnehmung und Wahrnehmungsverarbeitung unbewusst eingesetzt. Zugelassen wird nur, was der

Sicherung der Einheit der Persönlichkeit, dem Gefühl der Identität dient, und was in Übereinstimmung mit der individuell subjektiven Einschätzung der Wirklichkeit steht. Etwa im Alter von fünf Jahren ist das Wahrnehmungsschema unbewusst so trainiert, dass die Wahrnehmung und deren Verarbeitung immer nach bestimmten, strukturgerechten subjektiven Gesetzmäßigkeiten abläuft, was zu mehr oder weniger gravierenden Verzerrungen, Fehl- und Umdeutungen der jeweiligen situativen Realität führen kann.

3.3 Psychische Motive, Ziele und Sicherungsmechanismen

Zu den relativ objektiv wahrnehmbaren Teilelementen der psychischen Grundstruktur gehören u.a. die Handlungsstrategien eines Menschen, seine individuellen Verhaltensmuster. In der Regel wird menschliches Verhalten bei Überlegungen zur Persönlichkeitsstruktur unter *kausaler* Fragestellung betrachtet: *Warum* verhält sich ein Mensch in einer bestimmten Weise? Aufgrund der Annahme, dass der Mensch eine zielgerichtete Ganzheit darstellt, ergibt sich zwangsläufig die Notwendigkeit einer *finalen* Betrachtungsweise (vgl. ADLER 1912, 1920): *Zu welchem Zweck* verhält sich ein Mensch so und nicht anders? Bei *immer wieder* auftretenden Verhaltensweisen mit immer annähernd *gleichen Folgen* muss davon ausgegangen werden, dass *diese Folgen*, selbst wenn sie objektiv negativ zu sein scheinen, zumindest unbewusst *erwünscht* sind. Damit bestätigt sich die triviale Tatsache, dass hinter jedem Verhalten ein bestimmtes mehr oder weniger bewusstes *Motiv* steht. Seit den 50er Jahren wird zum Thema Motiv/Motivation intensiv gearbeitet (MASLOW 1954; MURAY 1938; ANCONA/BUYTENDIJK 1959; ATKINSON 1964; COVER/APPLEY 1964; BOLLES 1967 u.a.m.).

Als Motiv wird im deutschen Sprachraum die Bereitschaft, der Antrieb zu einem bestimmten Handeln verstanden, insbesondere bezogen auf Ziel, Art und Intensität des Handelns. *Motive* sind *individuelle Beweggründe*, die einer zielgerichteten Handlung vorausgehen, situationsübergreifend und zeitlich stabil sind. Diese Motive entstehen auf Grund bestimmter *Bedürfnisse* die durch (minimale) situative Besonderheiten aktualisiert werden können und die entweder spezifisch genetisch vorgegeben sind, oder die sich im Laufe der früheren Kindheit mit individueller Tönung und Ausprägung in jedem Menschen ausgebildet haben. Der *Wunsch* nach *Befriedigung* dieser *Bedürfnisse* geht als *Ziel* in die psychische Grundstruktur ein.

Ein wesentliches Motiv für die beständige Weiterentwicklung ist – individualpsychologisch gesehen – ein im Vergleich mit Erwachsenen und mit älteren Kindern früh erlebtes Gefühl von Unzulänglichkeit. Das fiktive allgemeine menschliche Ziel der eigenen Vervollkommnung (vgl. ADLER 1933) führt, insbesondere bei der Wahrnehmung eigener Schwächen und Defizite zu erhöhter Anstrengung, bestimmte Fähigkeiten und Fertigkeiten, spezifische Informationspotentiale, insgesamt einen höheren Entwicklungsstand zu erreichen. Die Erkenntnis eines Defizits wird zunächst im Sinne eines „Noch-Nicht-Könnens" wahrgenommen, mit der außerhalb jeden Zweifels stehenden Gewissheit, das „Können" nach mehr oder weniger großer Anstrengung zu erreichen. In einer wenig störungsbelasteten Entwicklung geben frühe Gefühle von Unzulänglichkeit, von Unfertigkeit nicht Anlass zu Resignation, sondern sie motivieren zu erfolgreicher Aktion, vom Klein-Sein zum Groß-Werden, von der Unvollkommenheit zu größerer Vollkommenheit; Bewegungen also mit dem Motiv, von unten nach oben zu gelangen, den Größeren oder Besseren *gleichwertig* zu werden (vgl. VERNOOIJ 1992, 54 ff.). Das schrittweise erfolgreiche Voranschreiten auf diesem Weg führt zu einem realistischen positiven Selbstwertgefühl, welches auch bei gelegentlichen Misserfolgen relativ ausgeglichen, d.h. stabil gehalten werden kann.

Besonderes Augenmerk muss unter individualpsychologischen Aspekten dem Gemeinschaftsbezug gewidmet werden. ADLER, z.B., geht von der Annahme aus, dass der Mensch eine potentielle, genetisch angelegte Bereitschaft und Fähigkeit zu sozialem, mitmenschlichem Verhalten hat, eine Disposition zur Soziabilität.

Diese Disposition kann, wie andere genetische Dispositionen, entfaltet und ausgeschöpft, oder vernachlässigt werden. Als Teil der Persönlichkeitsentwicklung vollzieht sich die Entwicklung zur Gemeinschaftsfähigkeit und Gemeinschaftsbezogenheit ebenfalls wesentlich in den ersten fünf Lebensjahren, wobei die Erfahrungen mit sich und der mitmenschlichen Umwelt eine große Rolle spielen.

Insbesondere der Grad an subjektiv erlebter Unvollkommenheit und der Grad an Gemeinschaftsbezogenheit bedingen sich gegenseitig. D. h. je stabiler das Selbstwertgefühl und das optimistisch-erfolgsorientierte Streben eines Menschen ist, desto weniger ego-zentriert muss er sich anderen gegenüber verhalten, desto problemloser kann er sich anderen zuwenden.

Die Ziele eines Menschen mit einer nicht oder nur wenig gestörten psychischen Entwicklung werden immer auf dem Hintergrund seiner Zugehörigkeit zur menschlichen Gemeinschaft entstehen. Zwar steuert das Kind zunächst in seinen Handlungen Ich-bezogene Nahziele an. Bei fortschreitender geistig-psychischer Entwicklung weichen diese Ziele aber mehr und mehr übergeordneten Fernzielen, die in einem positiven Bezug zur Gemeinschaft stehen, also nicht mehr nur ego-zentriert sind. Sie stehen im Einklang mit dem, was ADLER den „common sense" nennt, d. h. die allgemeinen Spielregeln des menschlichen Zusammenlebens. Die Disposition zur Soziabilität stellt einen wesentlichen Anteil der psychischen Grundstruktur dar. Sie gewährleistet im Regelfall, d. h. bei nicht oder nur geringfügig gestörter Entwicklung die potentielle Möglichkeit des Menschen, einen sinnerfüllten Platz im Leben, eingebettet in ein gesellschaftliches Ganzes zu finden.

Dem Ziel, eine Position als anerkanntes, verantwortungsbewusstes, möglichst vollkommenes Mitglied innerhalb der menschlichen Gesellschaft zu erlangen, können wir uns allerdings nur kontinuierlich annähern, was lebenslange psychische Dynamik bedingt.

Gelingt es in der frühen Kindheit nicht, erfolgreich zu „wachsen", so ergeben sich bereits im strukturellen Kern des Lebenskonzeptes aufgrund dieser individuell-subjektiven Erfahrungen Verschiebungen in Richtung negativer Eigen-, Fremd-, Lebens- und Weltsicht, die den gesamten weiteren Entwicklungsverlauf erheblich beeinträchtigen können. Hier entsteht ein tief greifendes Minderwertigkeitsgefühl im eigentlichen Sinne (zur Begrifflichkeit vgl. VERNOOIJ 1992, 55), welches nach ADLER mit verzweifeltem Bemühen kompensiert oder zumindest verborgen werden muss.

Gleich zu Beginn ergeben sich dadurch Veränderungen im Lebenskonzept, welches unter Umständen bereits frühzeitig in einigen Elementen negativ verschoben ist.

Im subjektiven Wahrnehmen und Erleben des Individuums wird daher aus dem *Noch-Nicht-Können* ein *Nicht-Können*, aus einem überwindbaren Zustand von Unfertigkeit ein kaum noch oder nicht zu überwindender Zustand von Minderwertigkeit. Das dabei entstehende Lebenskonzept ist geprägt durch mangelndes Selbstwertgefühl, und es enthält für das weitere Streben häufig gemeinschaftsabgewandte oder gemeinschaftsfeindliche Zielsetzungen. Diese sind gekennzeichnet durch den egoistischen Wunsch nach *persönlicher Werterhöhung*, nach *Herausstellen* der eigenen, positiven und/oder negativen *Bedeutung*. In jedem Falle strebt das Kind verzweifelt und unbeugsam nach Überwindung und Kompensation der subjektiv erlebten Mängel und Schwächen, nach einem anerkannten bzw. bedeutsamen Status innerhalb der Gemeinschaft, wenn nicht *mit* den gesellschaftlichen Spielregeln, dann *ohne* bzw. *gegen* sie, d.h., wenn dies mit sozial erwünschten Mitteln nicht zu erreichen ist, dann werden sozial unerwünschte Verhaltensweisen angewendet, oder es erfolgt ein innerer Rückzug, dessen Balance durch Ängste und Normübererfüllung gewährleistet wird.

Für das Individuum sind alle seine Handlungen auf dem Hintergrund seiner Theorie des Lebens, seines Lebenskonzeptes, und der daraus erwachsenden „privaten Intelligenz" absolut logisch. Sie stimmen mit seinem inneren System überein, allerdings häufig nicht mit den Vorstellungen der Allgemeinheit, mit deren Werten und Normen. ADLER bemerkt dazu: „Wenn ein Mörder sich für einen Helden hält, so ist das seine private Vorstellung" (1929, Nachdruck 1978, 42). D.h. im Rahmen seines Lebenskonzeptes und auf der Basis einer realitätsverschobenen Wahrnehmung ist der Mörder u.U. sehr zufrieden mit diesem, wie er meint, Nachweis seiner – wenn auch negativen – Bedeutung. Diese Vorstellung, die nicht mit den allgemeinen Vorstellungen der Gesellschaft übereinstimmt, ist *seine* private subjektive Realität, seine private Logik (DREIKURS 1969, 38).

Die Begriffe „berühmt" und „berüchtigt" stehen unter diesem Aspekt in einem inhaltlichen Zusammenhang. In beiden Fällen ist ein relativ großer Bekanntheitsgrad zu verzeichnen, allerdings im einen Fall *positiv*, im anderen *negativ* oder anders ausgedrückt: in beiden Fällen haben die Personen *Bedeutung*, positiv oder negativ.

Je stärker das Gefühl des eigenen Unwertes ausgeprägt ist, desto größer müssen die Anstrengungen des Individuums sein, diesen Unwert zumindest scheinbar zu kompensieren, desto mehr muss aber auch das Lebenskonzept verstärkt und gesichert werden, soll es seiner Funktion als übergeordnetes Prinzip, das *Sicherheit* und *Richtung* gibt, gerecht werden.

Diese Stärkung oder Absicherung des Lebenskonzeptes erfolgt mit Hilfe der Wahrnehmungsschemata, die mehr und mehr an Realitätsbezug verlieren. Das Denken und Handeln des Kindes vollzieht sich nur noch nach den Prinzipien der eigenen Lebenstheorie und folgt damit eigenen Gesetzen.

Die Geschehnisse in der Umwelt, der dinglichen und personalen, werden nur noch auf dem Hintergrund der eigenen Logik wahrgenommen. Ein Kind z. B., das sich selbst für dumm und nicht liebenswert hält, seine Mitmenschen als Feinde sieht, die Welt insgesamt als bedrohlich erlebt, wird nach ersten misslungenen Versuchen zur Kompensation seiner Mängel und Schwächen um so mehr überzeugt sein, dass seine im strukturellen Kern seines Lebenskonzeptes verankerten Meinungen richtig sind. Durch eine Wahrnehmungseinschränkung in Richtung der eigenen Tendenzen wird das Lebenskonzept immer wieder bestätigt und damit verstärkt. Andersgeartete Erfahrungen, z. B. freundliche Zuwendung anderer Menschen, dringen als positive, aber nicht lebensplanadäquate Erfahrungen NICHT ins Bewusstsein. Sie werden entweder:
– nicht wahrgenommen,
– wahrgenommen, aber umgedeutet und als bedrohlich erlebt, z. B. wird der Freundlichkeit eines anderen ein negativer Zweck unterstellt, oder
– wahrgenommen und als unwichtig, da aus subjektiver Sicht „unrealistisch", beiseite geschoben.

So *subjektiv*, mit geringem oder ohne Realitätsbezug, erfolgt auch die Verarbeitung der Rückmeldungen aus dem sozialen Umfeld. Dadurch *müssen* alle Erfahrungen verstärkend auf das Minderwertigkeitsgefühl wirken, denn diese Art der Verarbeitung ist lebenskonzeptkonform. Das Kind wird immer mutloser, kämpft mit den ihm möglichen Mitteln immer verzweifelter, ist aber nicht mehr in der Lage, wahrzunehmen, dass *seine* Strategien genau *die* Reaktionen der Umwelt bedingen, die dann zur Verstärkung seines mangelnden Selbstwertgefühls und zur Bestätigung des negativ verschobenen Lebenskonzeptes führen. Die Folge des Verhaltens im Sinne einer „privaten Logik", und die Folge von Wahrnehmung im

Sinne eigener Tendenzen, ist immer eine *Außenseiterposition* des Individuums. Dies bedeutet in der Regel auch die Verkümmerung der Disposition zur Gemeinschaftsfähigkeit und Mitmenschlichkeit.

3.4 Verhaltensstörungen aus individualpsychologischer Sicht

Unter diesem Aspekt betrachtet sind Kinder mit Verhaltensstörungen Kinder mit großer psychischer Verunsicherung, sind Kinder mit teilweise extremen Ängsten, welche sie in je unterschiedlicher Weise, lebenskonzeptadäquat verarbeiten.

Unter diagnostischen Gesichtspunkten kann man nach dem bisher geschilderten vier Kriterien für psychische Gesundheit, bzw. für Störungen in der Persönlichkeitsentwicklung ableiten:

1. der Grad an und die Ausprägung von Stabilität im Hinblick auf das Selbstwertgefühl des Individuums
2. der Grad an Realitätsbezogenheit oder Realitätsverschobenheit bzw. -verzerrtheit im Wahrnehmen und Erleben des Individuums
3. der Grad an Entwicklung von erfolgreichen und sozial anerkannten Handlungsstrategien
4. der Grad an Gemeinschaftsbezogenheit, an Soziabilität eines Individuums.

Alle diese Kriterien sind bei verhaltensauffälligen Kindern zugunsten einer Entwicklungsstörung ausgeprägt oder verkümmert (z.B. Punkt 4).

Aus der unrealistisch-negativ verschobenen Wahrnehmungsstruktur resultiert ein fortgesetztes Misserfolgserleben, das sich verstärkend auf das bereits ausgeprägt vorhandene Minderwertigkeitsgefühl auswirkt. Die dadurch gleichzeitig sich verstärkende Mutlosigkeit, Angst, Verzweiflung führen zum vermehrten Einsatz des von der Umwelt als abweichend wahrgenommenen Verhaltens, wodurch letztendlich die tendenziöse Wahrnehmung als „richtig" bestätigt wird. Dabei sind im Wesentlichen zwei Aktivitätsformen zu unterscheiden:

– die *Fehlkompensation*, bei der alle ausagierenden Verhaltensweisen zum Tragen kommen (z.B. Hyperaktivität, Aggressivität usw.)

– die *Dekompensation*, der alle Formen des Rückzugs, bis hin zu depressiven Verhaltensweisen angehören.

Zu den fehlkompensierenden Kindern gehört demnach das Kind mit aggressiven Verhaltensweisen, in unserem Fallbeispiel der Schüler Klaus.

Auf der Basis des bisher Gesagten stellt sich die Situation des fehlkompensierenden Kindes allgemein wie in folgender Graphik dar:

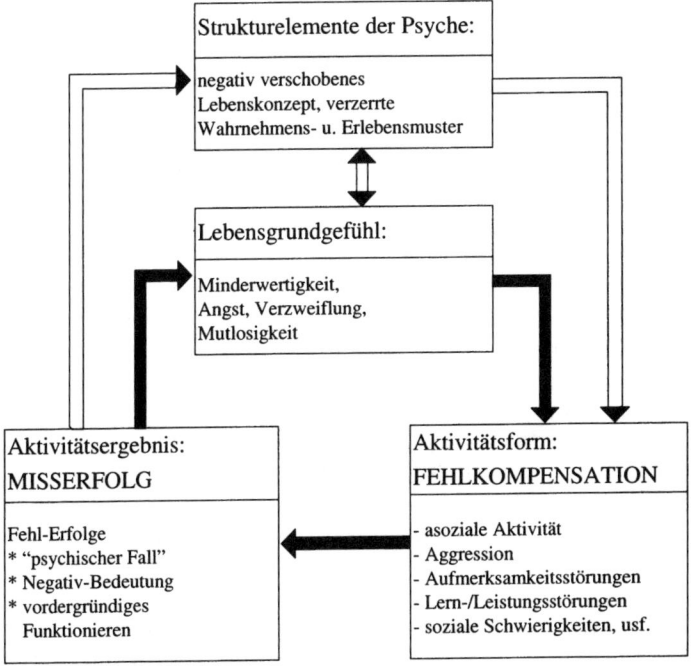

Abb. 4: Psychische Situation eines Kindes bei Fehlkompensation

Mit Hilfe der Symptome versucht das Kind, seinen Eigenwert nicht weiter sinken zu lassen, ihn gegebenenfalls sogar zu erhöhen. Dazu erweisen sich die gezeigten Verhaltensweisen bei Aggressionssymptomatik als untaugliche Mittel. Das Kind erlebt kontinuierlich

Misserfolge in Form von „Fehlerfolgen". Es wird zu einem Kind mit Verhaltensstörungen und im Extremfall zum „psychischen Fall".

Im sozialen Feld hat es, zumindest bei Aggressionssymptomatik, „Bedeutung" in einem negativen Sinne. Sowohl das negativ verschobene Lebenskonzept als auch das davon geprägte negative Lebensgrundgefühl bleiben erhalten.

Die unerwünschten Aktivitätsformen verfestigen oder steigern sich. Die Situation ist ohne Hilfe für das Kind ausweglos, wie es im Falle Klaus auch zu sein scheint.

3.5 Der Fall Klaus

3.5.1 Hypothesen

Aus den wenigen bekannten Fakten lassen sich mit aller Vorsicht folgende Hypothesen ableiten:
- Klaus Lebenskonzept enthält offenbar keine positiv-realistische Meinung von sich selbst, d.h. er hat kein stabiles Selbstwertgefühl. Tiefenpsychologisch könnte dies mit der gestörten Mutter-Kind-Beziehung zusammenhängen. Möglicherweise hat die Mutter unbewusst signalisiert:
  - Du bist zum falschen Zeitpunkt gekommen (Muss-Ehe).
  - Du bist für mich eine Belastung.
  - Ich traue Dir keine positive Entwicklung zu.
- Der Vater spielt eine wichtige Rolle in Klaus Leben, da er sich von ihm angenommen und geliebt fühlt. Seine Abwesenheit bringt das Kind in große emotionale Schwierigkeit, bringt es in die Rolle des ungeliebten Kindes ohne Ausgleichsmöglichkeiten während der Werktage.
- Die zukünftige Vergrößerung der Familie löst in Klaus große Ängste aus. Ein weiteres Kind ist für ihn, bezogen auf die Zuwendung der Eltern, ein Rivale. Die Angst, die Liebe des Vaters teilen zu müssen, oder sie sogar zu verlieren, wird, aufgrund seines ohnehin vorhandenen Minderwertigkeitsgefühls, übermächtig.

Diese Hypothesen müssten in Einzelgesprächen und mit Hilfe diagnostischer Mittel überprüft werden.

Mit der Mutter müsste sehr *behutsam*
- über ihre Gefühle während der Schwangerschaft,
- über ihre beruflichen Ambitionen,
- über ihre ursprünglichen Wünsche im Bezug auf Ehe und Familie,
- über mögliche Gewissensprobleme hinsichtlich vorehelichen Verkehrs (Katholizismus)

gesprochen werden.

Möglicherweise hat sie Klaus unbewusst zum „Sündenbock" für eine durchkreuzte Lebensplanung, für unbefriedigte Wünsche, für voreheliche Gewissenskonflikte und deren Folgewirkungen gemacht.

Die Überprüfung der Hypothesen fällt, bezogen auf Klaus, mit möglichen Interventionsmaßnahmen zusammen, die in Abschnitt 5 dargestellt werden.

Bezogen auf den Vater müsste in jedem Fall sichergestellt werden, dass auch während seiner Abwesenheit Kontakte mit Klaus gepflegt werden, um so den inneren Bezug zwischen Vater und Sohn zu stützen und zu festigen (s.u.).

3.5.2 Prognosen

Sollten sich die Hypothesen zumindest teilweise bestätigen, wäre für Klaus eine Einzeltherapie angezeigt mit den Zielen
- sein Selbstwertgefühl zu verbessern,
- ihm Handlungsformen zu vermitteln, seine Angst in sozial verträglicher Form zu kompensieren, nicht durch Aggressionen,
- seine Wahrnehmungsmuster zu modifizieren unter dem Aspekt eines besseren Realitätsbezugs.

Die intrapsychische Interdependenz von Selbstwertgefühl, Wahrnehmungsschemata, Verhalten und Sozialbezug (siehe Abschnitte 2 und 3) bedingt, dass ein Erfolg in einem dieser Bereiche Auswirkungen auf alle anderen Bereiche haben wird.

Neben der Einzeltherapie wären Gespräche mit der ganzen Familie in größeren Abständen sinnvoll.

Es könnten mit allen gemeinsam Absprachen bezogen auf das wechselseitige Verhalten getroffen werden, unter dem Aspekt, allen

Beteiligten, insbesondere Klaus und seiner Mutter, mehr emotionale Sicherheit zu geben. Dabei sollte auch das noch ungeborene zweite Kind einbezogen werden.

3.5.3 Pädagogische Interventionsmöglichkeiten

- Bezogen auf die *Verbesserung des Selbstwertgefühls* bietet die ursprüngliche Fallbeschreibung bereits einen Anknüpfungspunkt: das technische Interesse und offenbar auch die Fähigkeit Klaus in diesem Bereich.
- In Einzelstunden könnte mit technischen Materialien gearbeitet werden. Dabei wäre es sinnvoll, Aufgaben mit steigendem Schwierigkeitsgrad, aber für Klaus natürlich bewältigbar, zu überlegen. Auf diese Weise hätte er quasi natürliche Erfolgserlebnisse. Ebenso wäre in der Schule das Anknüpfen an den leistungsmäßigen Stärken von Klaus sinnvoll. Dabei ist es wichtig, Klaus zur Lösung bestimmter Aufgaben zu ermutigen.
Der Unterschied zwischen Lob und Ermutigung ist ein gravierender. Lob wird gespendet *nach* einer erfolgreich abgeschlossenen Aktivität. Lob bewertet eine Leistung. Ermutigung findet statt *vor* Beginn einer Aktivität. Sie macht dem Individuum deutlich, dass man ihm etwas zutraut. Bei Kindern mit mangelndem Selbstwertgefühl ist das Zutrauen in ihre Leistungsfähigkeit durch andere, geschätzte Personen motivierend und leistungssteigernd, wenn die Aufgabe objektiv angemessen, nicht überfordernd ist. Für Klaus ist das Zutrauen in seine (positive) Leistungsfähigkeit möglicherweise von besonderer Bedeutung, weil seine Mutter ihn offenbar nicht ermutigt, sondern eher im Gegenteil signalisiert, dass sie fürchtet, er könne „auf die schiefe Bahn" geraten.
- *Sozial anerkannte Verhaltensformen und Kompensationsstrategien* müssen mit Kindern erörtert und trainiert werden. Allerdings müssen dabei auch bestimmte Prinzipien für den pädagogischen Umgang mit nicht erwünschtem Verhalten beachtet werden. Wie bereits ausgeführt, ist der Mensch als „zielgerichtete Ganzheit" zu betrachten. Das bedingt, dass jedes Verhalten im Rahmen des individuellen Lebenskonzeptes, des psychischen Gesamtplans erfolgt unter einer unbewussten, aber häufig bewusstseinsfähigen Zielsetzung. Daraus lassen sich folgende Prinzipien ableiten:

Tiefenpsychologische Ansätze: Individualpsychologischer Ansatz

→ Jedes kindliche Verhalten sollte unter der Zielperspektive betrachtet werden:
  – Zu welchem Zweck verhält sich das Kind so?
  Praktisch lässt sich die Frage am ehesten beantworten, wenn man anhand genauer Beobachtung die Frage beantworten kann
  – Was erreicht es mit seinem Verhalten, bei Erwachsenen, bei Kindern, bezogen auf die Gesamtsituation?
→ Das tatsächlich Erreichte und das unbewusste Motiv eines Handelns, sein Zweck, stimmen weitgehend überein, d.h. die Folgen einer Handlung sind, zumindest unbewusst, auch der Zweck dieser Handlung (vgl. Kapitel 3.2).
→ Die Ziele von Fehl- oder Störverhalten entsprechen individuellen kindlichen Bedürfnissen, denen Rechnung getragen werden muss.
→ Jedes Eingehen auf dieses Verhalten im Sinne des angestrebten Zieles *erhält das Symptom.*
→ Nur konsequentes Erzieherverhalten unter dem Aspekt
  – einer Verhinderung der Zielerreichung einerseits bei unerwünschtem Verhalten,
  – der Bedürfnisbefriedigung andererseits bei neutralem bzw. erwünschtem Verhalten kann zum Aufbau neuer Verhaltensweisen und damit zur Symptomverringerung führen.

Im Falle Klaus heißt das:

Zunächst muss sehr genau geschaut werden, welchem Ziel die aggressiven Attacken von Klaus gelten. Bezogen auf die vorformulierten Hypothesen (vgl. Kapitel 3.5.1) wären folgende Ziele denkbar:
→ Klaus braucht in erhöhtem Maße Beachtung und positive Zuwendung (wg. Hypothese II und III), um sein seelisches Gleichgewicht aufrechterhalten zu können.
→ In Situationen, in denen er sich angegriffen, missachtet oder leistungsmäßig schwach fühlt, droht seine innere Balance aufgrund sprunghafter Verstärkung des Minderwertigkeitsgefühls zusammenzubrechen. Diesem Panikzustand kann er nur durch heftigste Aggression begegnen.
→ Klaus fühlt sich den anderen gegenüber unterlegen, minderwertig, ungeliebt; fühlt sich schwach und randständig.

Als Maßnahme, sich selbst mehr Geltung zu verschaffen, wählt er unbewusst (aber bewusstseinsfähig) Aggressionsinhalte
- die „starke Männer" erfordern;
- die nur von mutigen, angstfreien Personen realisiert werden können
- die Macht demonstrieren
- die ihn innerlich in die Nähe des geliebten und bewunderten Vaters rücken (Berufssoldat – kriegerische Aggressionsinhalte).

Im Zuge einer Veränderung des Selbstwertgefühls könnte, bei gleichzeitiger Modifizierung der Vater/Sohn-Situation ein Kompensationsverhalten angebahnt werden, das einerseits Stärke (Macht) demonstriert, andererseits Erregungszustände abbauen kann, z.B. verbale Beschimpfung *ohne* direkte Bedrohung. Bei zunehmender innerer Stabilisierung könnten diese Zwischenformen vermehrt sozial verträglicheren verbalen Streitformen weichen. Mit Modifizierung der Vater-Sohn-Situation ist eine Regelung gemeint, die es Klaus erlaubt, auch während der Abwesenheitstage des Vaters mit diesem in engem inneren Kontakt zu bleiben; sei es über tägliche Telefonate, sei es über gemeinsame Vorhaben, für die Klaus Vorbereitungen zu treffen hat, sei es über die regelmäßige Besprechung seiner „Gemälde" mit dem Vater, für die er täglich ein Bild zu malen hat oder ähnliches.

- Die behutsame „*Einwirkung* auf die *Wahrnehmungs-* und *Erlebensmuster*" des Kindes setzt voraus, dass zunächst möglichst umfassend versucht wird, die Wahrnehmungsmuster des Kindes zu erkennen, und sie, auf dem Hintergrund seines spezifischen Lebensstils, zu verstehen. Um Einblick in die Vorstellungs- und Wahrnehmungswelt des Kindes zu erhalten, bieten sich folgende methodische Möglichkeiten an:
  → *Beobachtung* des Kindes in unterschiedlichen Situationen
  → gezielte *Gespräche* unter dem Gesichtspunkt, Aufschluss über das Selbstbild des Kindes, über seine subjektiv erlebte Stellung in der Familie zu erhalten, z.B.
    - Beschreibung der Familienmitglieder,
    - Beschreibung der Erziehungsmethoden der Eltern usf. Besondere Bedeutung kommt dabei der Wahl der Adjektive und eventuellen Wiederholungen zu.

→ *Rollenspiel*, sowohl mit zugewiesenen als auch mit freigewählten Rollen; insbesondere auch mit der Alternativrolle zur freigewählten (z.B. Kind/Mutter oder Vater, Junge/Mädchen, Starker/Schwacher) usw.
- Das *Nacherzählen von Geschichten*, unter besonderer Beachtung der Ausschmückungen und/oder Auslassungen bzw. der Schwerpunktsetzungen, die das Kind vornimmt.
- *Phantasie-Geschichten* in der Art von:
  - Wenn ich drei Wünsche frei hätte.
  - Allein in einem großen Wald.
  - Eine Reise in die Anders-Welt. Zur Veränderung, bzw. Entzerrung der Wahrnehmungsmuster ist es wichtig, Alternativ-Vorstellungen *neben* die kindlichen Ausführungen zu setzen, ohne Werturteile abzugeben (im Sinne von: Ich habe noch etwas anderes gesehen. Es könnte aber auch andere Gründe haben. Mir fällt etwas ganz anderes ein.). Die letzten drei Möglichkeiten lassen sich gut in *Kindergruppen*, z.B. in der Klasse, realisieren. Dabei muss aber für alle klar sein, dass es kein „richtig" oder „falsch" gibt, sondern nur ein „anders". Jedes Kind stellt „seine" Version oder seine Alternative vor.
  - Eine weitere, für Kinder vergnügliche Möglichkeit, Aufschluss über die eigene Wahrnehmungs- und Vorstellungswelt zu bekommen, ist das *Erzählen* von *Fortsetzungsgeschichten*. Der Lehrer beginnt mit einer kurzen Erzählsequenz (ein möglichst spannender, vielfältig ergänzbarer Anfang, bestehend aus 3–4 Sätzen). Jedes Kind aus dem Kreis kann, nicht unbedingt der Reihe nach, eine ebenso kurze Fortsetzung geben. Am Ende wird überprüft, welche Gefühle und/oder Handlungen durch die jeweilige Fortsetzung in die Geschichte hineingebracht worden sind. Bei diesen Aktivitäten ist die Auseinandersetzung des Kindes mit seinen eigenen Vorstellungen intendiert. Durch die angebotenen Alternativen kommt es langsam zu einer Relativierung rigider Wahrnehmungsmuster und zu deren Entzerrung bzw. zur Annäherung an die Realität. Die Flexibilisierung von Wahrnehmungs- und Erlebensmustern macht eine Erhöhung des Realitätsbezugs erst möglich.

Zusammenfassend lässt sich zum Schüler Klaus sagen:

Bei kontinuierlicher Einwirkung in der bisher beschriebenen Weise ist die Wahrscheinlichkeit hoch, dass die Fehlkompensationen des Kindes überwunden und in sozial verträglichere Verhaltensweisen überführt werden können. Bezogen auf die Kriterien für psychische Gesundheit, die ich aus dem tiefenpsychologischen Ansatz Alfred ADLERs abgeleitet habe (vgl. Abs. 3) sind
- die Verbesserung und Stärkung des Selbstwertgefühls,
- die Verbesserung des Realitätsbezugs im Wahrnehmen und Erleben,
- die Entwicklung erfolgreicher aber gleichzeitig sozial erwünschter Handlungsstrategien,
- sowie die Verbesserung des Sozialverhaltens

bei Klaus die vordringlichen Aufgaben.

Sowohl Interventionen im Sinne einer Individualtherapie des Kindes als auch Interventionen im Zusammenhang mit den Eltern müssen sich dabei gegenseitig ergänzen.

Aufgrund der psychischen Interdependenz der Bereiche
- Selbstwertgefühl
- Wahrnehmung und Erleben
- Verhalten
- Soziabilität

kann davon ausgegangen werden, dass Veränderungen in einem Bereich Auswirkungen auf alle anderen haben werden. Dabei ist es sinnvoll, im Wesentlichen auf die beiden erstgenannten einzuwirken, unter Beachtung des Grundsatzes:

Soviel Anpassung wie nötig, soviel Individualität wie möglich.

4. Vergleichende Schlussbemerkungen

Tiefenpsychologische Theorien stellen sehr komplexe Konzepte des menschlichen Seelenlebens dar, denen sowohl bezogen auf Entwicklungen in der Kindheit als auch für die Psychotherapie Erwachsener große Bedeutung zukommt. Im Gegensatz zum Behaviorismus (vgl. Neukäter, Abs. 1 in diesem Band) lassen sich die

Hypothesen und Grundannahmen dieser Konzepte nicht empirisch überprüfen. Dies ist mit ein Grund, weshalb sie bis heute außerordentlich ambivalent aufgenommen und kontrovers diskutiert, oder von Kritikern in den Bereich der Metaphysik verwiesen werden. Die fast 100jährige Geschichte der Tiefenpsychologie zeigt jedoch, dass die Rekonstruktionen des psychischen Geschehens durch die Pioniere FREUD, ADLER, JUNG nicht nur bis heute aktuell sind, sondern vielfältige Bearbeitungen und Weiterentwicklungen erfahren haben. Die tiefenpsychologischen Theorien waren ein Meilenstein in der Geschichte der Erforschung der menschlichen Psyche, und sie sind es bis heute geblieben.

Zur Abrundung dieses Beitrages möchte ich noch kurz wesentliche Aspekte der Konzepte von FREUD und ADLER im Vergleich darstellen (Abb. 5 auf S. 56).

Die bereits zu Beginn dargestellten gemeinsamen Grundüberlegungen wurden in der Tabelle nicht mehr berücksichtigt (vgl. Absatz 1.2).

In meinen Ausführungen zu zwei tiefenpsychologischen Konzepten sollte deutlich geworden sein
- dass es bei der pädagogischen Nutzung beider Konzepte keine „schnellen Lösungen" gibt
- dass eine Lehrperson, die sich tiefenpsychologisch orientiert, sich intensiv mit dem jeweiligen Konzept auseinandersetzen muss
- dass sie, bevor sie tiefenpsychologische Elemente pädagogisch nutzt, zunächst ihre eigene psychische Struktur mit positiven und negativen Anteilen kritisch betrachten muss
- dass die Grenzen von Pädagogik und Therapie fließend sind und Grenzüberschreitungen keinesfalls zulässig sind, ohne zusätzliche Ausbildung
- dass selbst bei zusätzlicher Ausbildung die Aufgabe des Lehrers in Erziehung und Bildung besteht, nicht in Therapie.

Tiefenpsychologische Grundkonzepte zu nutzen als Möglichkeit besseren pädagogischen Verstehens ist dann sinnvoll, wenn die Akzeptanz der Grenzen des Handelns a priori mitbedacht und realisiert wird.

Dimensionen	Psychoanalyse	Individualpsychologie
Aktivitätsmotor	Triebe: – Lebenstrieb – Destruktionstrieb	Streben: – von unten nach oben – vom Unvollkommenen zum (möglichst) Vollkommenen
Freiheitsgrade	Determiniertheit durch Triebstruktur	Schöpferische Gestaltungsmöglichkeit des Lebenskonzeptes (und damit i. w. S. des Lebens)
Betrachtungsweise des Menschen	Partikulär, d.h. in Einzelaspekten unter dem Primat der Triebe	Ganzheitlich ⇒ Individuum als strebende, zielgerichtete Einheit
Betrachtungszusammenhang	Kausal – Hauptfrage: Warum?	Final-Hauptfrage: Weshalb?
Psychische Struktur	Psychischer Apparat: ES – ICH – ÜBERICH mit WIDERSTAND als Kontroll- und Zensurmechanismus	Lebensstil: Vorstellungen / Wertungen, Ziele, Handlungsstrategien mit tendenziöser Apperzeption als Sicherungsmechanismus
Handlungsmotiv	Lustgewinn, Bedürfnisbefriedigung	Überwindung oder Kompensation des Minderwertigkeitsgefühls
Symptome / Verhaltensstörung	Kompromissbildung zwischen innerpsychischen Konflikt-Instanzen unter Beachtung der gegebenen Situation	Fehlerhafte Kompensation (Dekompensation, Fehlkompensation) des mangelnden Selbstwertgefühls ⇒ unrealistisch verschobener Lebensstil
	aber bei **beiden** Signal für psychische Konflikte	
Frustrationsinhalte	Entbehrungs- / Deprivationsgefühl (Unlust, Unzufriedenheit)	Enttäuschungs- / Ohnmachtsgefühl (Schwäche, Bedeutungslosigkeit)
Pädagogisch nutzbare Mechanismen	Sublimierung, Übertragung	Kompensation, verzerrte Wahrnehmung

Abb. 5: Vergleichende Betrachtung von Psychoanalyse und Individualpsychologie

Literatur

Zur Psychoanalyse

AHRBECK, B. (1997). Konflikt und Vermeidung. Neuwied, Kriftel, Berlin.
AHRBECK, B./KÖRNER, J. (Hrsg.) (2000). Der vergessene Dritte – Ödipale Konflikte in Erziehung und Therapie. Neuwied, Kriftel, Berlin.
BITTNER, G. (1982). Die Bedeutung unbewusster Motive im sozialen Lernen. In: FROMM, M./KEIM, W. (Hrsg.). Diskussion Soziales Lernen. Baltmannsweiler.
BITTNER, B. (1994). Problemkinder. Zur Psychoanalyse kindlicher und jugendlicher Verhaltensauffälligkeiten. Göttingen.
CREMERIUS, J. (1971). Psychoanalyse und Erziehungspraxis. Frankfurt a.M., Hamburg.
DATLER, W. (1983). Was leistet die Psychoanalyse für die Pädagogik? Wien, München.
FREUD, A. (o. J.). Das Ich und die Abwehrmechanismen. München.
FREUD, S. (1908). Die „kulturelle" Sexualmoral und die moderne Nervosität, G.W. VII. (Nachdruck 1999). Frankfurt a.M., 141–167.
FREUD, S. (1915). Triebe und Triebschicksale, G.W. X. (Nachdruck 1999). Frankfurt a. M., 209–232.
FREUD, S. (1915). Die Verdrängung, G.W. X. (Nachdruck 1999). Frankfurt a.M., 247–261.
FREUD, S. (1918). Wege der Psychoanalytischen Therapie, G.W. XII. (Nachdruck 1999). Frankfurt a.M., 181–194.
FREUD, S. (1938). Abriss der Psychoanalyse, G.W. XVII. (Nachdruck 1999). Frankfurt a.M., 63–138.
HENSLE, U./VERNOOIJ, M. A. (2002^7). Einführung in die Arbeit mit behinderten Menschen I. Wiebelsheim.
JONES, E. (1953). Sigmund Freud: Life and Work, 3 Bände. London. (Dt.: Das Leben und Werk von Sigmund Freud, 3 Bände. Bern 1978^2).
LAPLANCHE, J./PONTALIS, J. B. (1967). Das Vokabular der Psychoanalyse, Band I und II. Paris. (Dt.: Frankfurt a.M. 1973).
PETRI, H. (2000). Vater – verzweifelt vermisst. In: FOCUS 14, 216–218.
TRESCHER, H. G. (1993). Vom Nutzen der Psychoanalyse für die Erziehung. In: BOPP, J., Psychoanalyse und Schule. Zeitschrift Pädagogik, 45. Jg., Beiheft 1, 9–15.
TYSON, S./TYSON, R. C. (2001^2). Lehrbuch der psychoanalytischen Entwicklungspsychologie. Stuttgart, Berlin, Köln.

Zur Individualpsychologie

ADLER, A. (1912). Über den nervösen Charakter. (Nachdruck 1972) Frankfurt a.M.
ADLER, A. (1920). Praxis und Theorie der Individualpsychologie. (Nachdruck 1978) Frankfurt a.M.
ADLER, A. (1929). Neurosen. Zur Diagnose und Behandlung. (Nachdruck 1981) Frankfurt a.M.
ADLER, A. (1930). Das Leben gestalten. (Nachdruck 1979) Frankfurt a.M.
ADLER, A. (1933). Der Sinn des Lebens. (Nachdruck 1973) Frankfurt a.M.
ANCONA, L./BUYTENDIJK, F. J. J. et al. (1959). La Motivation. Paris.
ANSBACHER, H.L./ROWENA, R. (1972). Alfred Adlers Individualpsychologie. München, Basel.
ATKINSON, J. W. (1964). An Introduction to Motivation. Princeton: van Nostrand. Stuttgart 1975.
BOLLES, R. C. (1967). Theory of Motivation. New York, Evanston, London, Tokyo.
BRUNNER, R./KAUSEN, R./TITZE, M. (Hrsg.) (1985). Wörterbuch der Individualpsychologie. München, Basel.
CLAPAREDE, E. (1931). Education fonctionelle. Neuchâtel.
COFER, C.N./APPLEY, M. H. (1964). Motivation: Theory and Research. New York, London, Sydney.
DIETL, M. (1987). Autonomie und Erziehung im frühen Kindesalter. Weinheim.
DREIKURS, R. (1969). Grundbegriffe der Individualpsychologie. Stuttgart (9.-13. Tsd.).
KÜNKEL, F. (1932). Die Arbeit am Charakter. Schwerin.
LEWIN, K. (1926). Vorsatz, Wille und Bedürfnis. Psychologische Forschung 7, 294–296.
MASLOW, A. H. (1954). Motivation and Personality. New York.
MURRAY, H. A. (1938). Explorations in Personality. New York.
VERNOOIJ, M. A. (1983). Die Individualpsychologie Alfred Adlers. In: Ehrenwirth Sonderschulmagazin, 5. Jg., 4, 3–4.
VERNOOIJ, M. A. (1986). Disziplinprobleme aus individualpsychologischer Sicht. In: AMMAN/KLATTENHOFF/NEUKÄTER (Hrsg.). Pädagogik: Theorie und Menschlichkeit. Oldenburg, 488–499.
VERNOOIJ, M. A. (1987). Therapie oder sonderpädagogisches Handeln bei Kindern und Jugendlichen mit Verhaltensstörungen? In: Z. f. Individualpsychologie, 12. Jg., 1, 12–21.
VERNOOIJ, M. A. (1989). Anthropologische Grundlagen. In: GOETZE/NEU-

KÄTER (Hrsg.). Handbuch der Sonderpädagogik, Bd. VI, Pädagogik bei Verhaltensstörungen. Berlin, 50–70.
VERNOOIJ, M. A. (1990). Leben als Risikofeld – Kompetenzen zur Orientierung und Gestaltung. In: MÖCKEL, A./MÜLLER, A., Erziehung zur rechten Zeit. Würzburg, 197–206.
VERNOOIJ, M. A. (1991). Prävention von Verhaltensstörungen – Verhindern psychischer Fehlentwicklungen? In: NEUKÄTER, H. (Hrsg.). Verhaltensstörungen verhindern – Prävention als pädagogische Aufgabe. Oldenburg, 118–127.
VERNOOIJ, M. A. (1992). Hampelliese – Zappelhans. Problemkinder mit Hyperkinetischem Syndrom. Bern, Stuttgart.
VERNOOIJ, M. A. (1994). Unterricht in der Schule für Erziehungshilfe nach dem Prinzip TOS. In: Die Sonderschule, 39. Jg., 1, 38–49.
VERNOOIJ, M. A. (1995). Training Needs of Teachers Working with Emotionally Disturbed Children. In: MITTLER, P./DAUNT, P. (Ed.). Teacher Education for Special Needs in Europe. London, NewYork, 87–93.
VERNOOIJ, M. A. (1996). Diagnostik – Förderdiagnostik – und was dann? In: NEUKÄTER, H. (Hrsg.). Erziehungshilfe bei Verhaltensstörungen. Oldenburg, 123–139.
WERTHEIMER, M. (1925). Über Gestalttheorie. In: Philosophische Zeitschrift für Forschung und Aussprache 1, 39–60. Nachdruck in: Gestalt Theorie 7, 1985, 99–120.

Interaktionspädagogischer Ansatz
Norbert Myschker

1. Einleitung

Eine mögliche Definition von Verhaltensstörung lautet folgendermaßen:

Verhaltensstörung ist ein von den zeit- und kulturspezifischen Erwartungsnormen abweichendes maladaptives Verhalten, das organogen und/oder milieureaktiv bedingt ist, wegen der Mehrdimensionalität, der Häufigkeit und des Schweregrades die Entwicklungs-, Lern- und Arbeitsfähigkeit sowie das Interaktionsgeschehen in der Umwelt beeinträchtigt und ohne besondere pädagogisch-therapeutische Hilfe nicht oder nur unzureichend überwunden werden kann (vgl. MYSCHKER ^{4}2002, 44).

Wird nach der „Fall"-Beschreibung und im Sinne obiger Definition der kleine Klaus als Junge mit Verhaltensstörungen gelten müssen? Im Kindergarten war er im Verhalten zwar zurückhaltend, aber doch insgesamt noch unauffällig. Andererseits sagt aber die Mutter, dass er schon immer Probleme gemacht habe und stets ein schwieriges Kind gewesen sei. In der ersten Klasse fiel er dann in der Schule auf, weil er keine festen freundschaftlichen Beziehungen zu den Mitschülern aufnehmen konnte, mit ihnen vielmehr kleinere Probleme hatte. Zu bedenken ist hier, dass Verhaltensstörungen nicht urplötzlich auftreten, dass sie vielmehr eine unter Umständen längere Genese haben und sich häufig erst unter den kognitiven, emotionalen und sozialen Anforderungen und Belastungen der Schule ausformen.

Abbildung 1 verweist auf diesen Prozess und weiterhin darauf, was für die weiteren Ausführungen bedeutsam ist, dass bei der Entwicklung des Menschen nicht nur Anlage und Umwelt die große Rolle spielen, sondern auch die schon ab früher Kindheit Bedeutung gewinnende Selbstbestimmung, die als Komponente des Selbstkonzepts oder Selbstbildes gelten kann.

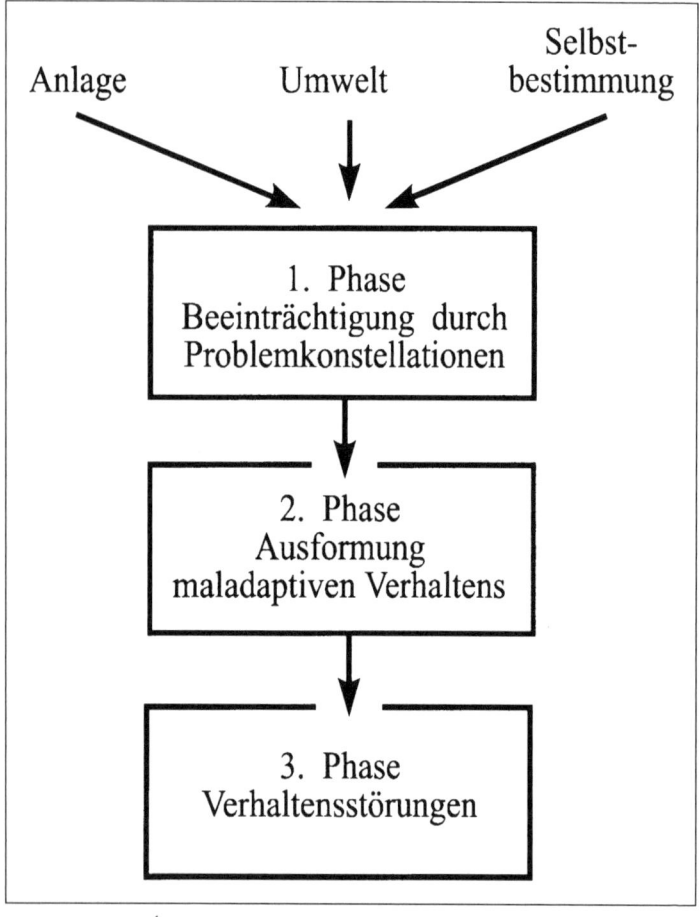

Abb. 1: 3-Phasen-Modell zur Genese von Verhaltensstörungen

Wenn nach der oben angegebenen Definition Verhaltensstörungen organogen und/oder milieureaktiv bedingt sein können, stellt sich für Klaus auch die Frage, ob organische Probleme z.B. im Sinne von cerebralen Funktionsstörungen, Drüsenstörungen oder allergischen Reaktionen ganz oder teilweise ursächlich sein können. Um als Pädagoge kindgerecht und verantwortungsvoll handeln zu können, sollte auch bei Klaus möglichen organischen Ursachen durch Hinzuziehung von Medizinern nachgegangen werden. Nach meiner Hypothese sind jedoch trotz der Aussagen der Mutter über das Auftreten von Verhaltensschwierigkeiten schon in früher Kindheit medizinische Ursachen nicht zu erwarten. Sein unauffälliges Verhalten im Kindergarten, seine geringen Schwierigkeiten mit einem Mann als Lehrer sowie auch mit dem Vater und die weiteren Angaben, auf die noch näher einzugehen ist, dafür, sprechen dafür, dass es sich bei Klaus um eine milieureaktive Störung handelt. Zur Untersuchung und für hilfreiche Maßnahmen bei derartigen Störungen bietet sich ein wissenschaftlicher Ansatz an, der als interaktionspädagogisch bezeichnet werden kann. Den Begriff Interaktionspädagogik machte 1975 Jürgen FRITZ für die Erziehungswissenschaft breiter bekannt, nachdem dieser Terminus Anfang der 70er Jahre in die pädagogische Diskussion eingeführt worden war (vgl. FRITZ 1975a, 11). FRITZ nennt Interaktionspädagogik die Erziehung mit Modellen und Methoden, mit denen sich „die Teilnehmer in ihren eigenen Interaktionen erfahren und Verhaltensänderungen im interpersonalen Bereich angestrebt werden" (FRITZ 1975a, 7). Im Mittelpunkt steht also das Verhalten der Beteiligten, was der Terminus gut verdeutlicht. In diesen für die Pädagogik allgemein und die Pädagogik bei Verhaltensstörungen im besonderen noch nicht genügend elaborierten Ansatz, müssen meines Erachtens Erkenntnisse des Symbolischen Interaktionismus in Verbindung mit dem Labeling Approach, der Systemtheorie und der Kommunikationspsychologie eingehen. Diese einander ergänzenden Paradigmen sollen nachfolgend in der notwendigen Kürze dargestellt werden, um sie dann auf Klaus zu beziehen.

2. Theoretische Grundlegung

Interaktion (neulat.: Wechselspiel, Wechselbeziehung) wird heute umfassend als ein komplexes Wechselspiel zwischen Personen definiert, mit dem Beziehungen ausgedrückt, Erwartungen signalisiert und gedeutet, Regeln ausgehandelt, Werte berücksichtigt und erwartet, Symbole ausgetauscht, Konflikte analysiert und zu einer Lösung gebracht sowie Handlungskonzepte und Zukunftsperspek-

Abb. 2: Elemente der Interaktionspädagogik

tiven geplant und Situationen strukturiert werden (vgl. MOLLENHAUER 1974, 82), wie insbesondere durch den Symbolischen Interaktionismus verdeutlicht wurde.

Im Mittelpunkt der soziologischen Theorie des Symbolischen Interaktionismus stehen die kulturellen Aspekte des menschlichen Verhaltens, wobei die als sehr bedeutsam und einflussreich erachteten biologischen Elemente aus methodischen Gründen weit gehend unberücksichtigt bleiben (vgl. CARDWELL 1976, 18). Frühe Protagonisten des Symbolischen Interaktionismus sind MEAD, COOLEY, GOFFMAN und STRAUSS.

Die Essentials des Symbolischen Interaktionismus lassen sich wie folgt zusammenfassen:
- Das für den Menschen charakteristische Handeln resultiert im Wesentlichen aus dem Kontakt mit anderen Menschen, d.h.: „Menschliches Verhalten ist den meisten seiner Aspekte kultureller Natur" (a.a.O.). Der Mensch konstituiert sich im sozialen Umgang mit anderen.
- Dieser Umgang wird beherrscht von Symbolen, die sich als sprachliche oder schriftliche Zeichen, als Gestik oder mimischer Ausdruck oder auch als Gefühls-, Gleichgewichts-, Geruchs- und Geschmackseindrücke darstellen. Sozialisation vollzieht sich somit durch symbolische Interaktion. Symbole haben eine allen gemeinsame Bedeutung, die durch Übereinkunft zustande kommt.

Von grundlegender Bedeutung ist der Symbolkomplex der Sprache. Sprache ist ein Komplex „signifikanter Symbole", d.h. die symbolische Nachricht stellt eine Information an alle an einer Handlung Beteiligten dar und kann von allen verstanden werden. „Man kann nichts sagen, was absolut partikulär wäre; alles, was sinnvoll gesagt wird, ist allgemein" (MEAD 1934 in 1968, 189). Über die Sprache stellt der Mensch Kontakte her, lernt die Regeln des sozialen

Lebens und die Werte moralischer und religiöser Bereiche, lernt Rollen kennen und bereitet sich auf sie vor, nimmt sich selbst zum Objekt und entwickelt als reflexives Subjekt eine Identität.

Der Mensch ist das einzige Lebewesen, das sich selbst als Objekt nehmen, sich betrachten, analysieren und bewerten, die Einschätzungen und Bewertungen anderer aufnehmen und im Sinne eines gespiegelten Ich reflektieren kann (COOLEY nach CARDWELL 1976, 121). Im Rollenspiel realisiert das Kind auf „die einfachste Art und Weise, wie man sich selbst gegenüber ein anderer sein kann" (MEAD 1934 in 1968, 193).

Die Identität eines Menschen ist die Summe seiner Selbstdefinitionen bzw. sein Selbstbild. Sie entwickelt sich in den vielfältigen Interaktionen und impliziten Beziehungsdefinitionen. Eine adäquate Entwicklung bedarf eines positiven Selbstbildes.

Die aus den Interaktionen resultierenden Selbstdefinitionen gehen in ihren wichtigsten Anteilen auf die bedeutenden Bezugspersonen zurück, die mit Mead als die „signifikanten Anderen" bezeichnet werden. Bedeutsamer Anteil der Selbstdefinition ist die Selbstachtung, die sich nach COOPERSMITH nur dann voll adäquat entwickelt, wenn Kinder sich durch ihre Eltern angenommen fühlen, wenn sie Grenzen gesetzt bekommen und diese Grenzen auch eingehalten werden und wenn ihre individuellen Tendenzen beachtet werden und innerhalb der gesetzten Grenzen einen Spielraum haben (zitiert nach CARDWELL 1976, 118). Die Identität oder das Selbstbewusstsein des Menschen steht in der symbolischen Interaktion immer wieder auf dem Prüfstand, muss ausbalanciert und bewahrt werden.

Der Mensch entwickelt ein persönliches, der Eigenperspektive und dem Eigenanspruch entsprechendes *I* (persönliches Ich, personale Identität) und ein den gesellschaftlichen Ansprüchen, den Normen und Werten bzw. den durch Gruppen und Institutionen repräsentierten Verallgemeinerungen (*generalized other*) entsprechendes *Me* (soziales Ich, soziale Identität, siehe dazu Abb. 3, vgl. MOLLENHAUER ^{2}1974, 89).

I und *Me* manifestieren sich in Grundqualifikationen des Verhaltens, die sich im Bereich adäquaten sozialen Handelns als Empathie, Antizipation, Rollendistanz, Ambiguitätstoleranz und die Fähigkeit zur Metakommunikation bezeichnen lassen (vgl. KRAPP-

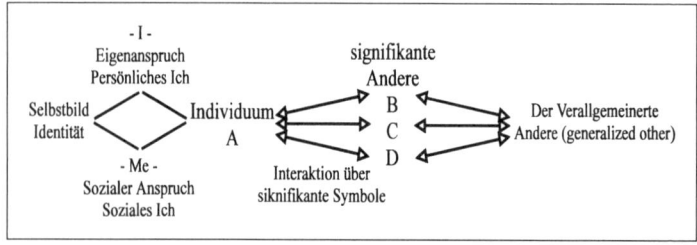

Abb. 3: Sozialisation und Interaktion

MANN 1978). Empathie ist die Fähigkeit, sich in den Interaktionspartner einzufühlen und auf sein Verhalten einstellen zu können. Antizipation wird realisiert, indem die Gefühle Bestrebungen und Verhaltenstendenzen anderer erfasst und mit dem eigenen Verhalten berücksichtigt werden. Rollendistanz meint die Fähigkeit, sein Rollenverhalten auf veränderte Situationen hin einstellen und korrigieren zu können. Unter Ambiguitätstoleranz wird die Fähigkeit verstanden, divergierende eigene Bedürfnisse oder Rollenerwartungen auszuhalten und sich im Spannungsverhältnis unterschiedlicher Tendenzen sozial adäquat zu verhalten. Metakommunizieren heißt, über sein eigenes Verhalten und/oder das Verhalten anderer zu reflektieren und zu kommunizieren.

Die Umwelt erwartet, dass ein Mensch diese für Interaktionen bedeutsamen Qualifikationen entwickelt und sie im Sinne gesellschaftlicher Normen realisiert. Entspricht ein Mensch der einen und/oder anderen Erwartung nicht, kann sein Verhalten als abweichend definiert werden. Im Sinne der dem Symbolischen Interaktionismus verpflichteten „Interaktionstheorie abweichenden Verhaltens" (BECKER 1973) ist zu konstatieren, „dass gesellschaftliche Gruppen abweichendes Verhalten dadurch schaffen, dass sie Regeln aufstellen, deren Verletzung abweichendes Verhalten konstituiert, und dass sie diese Regeln auf bestimmte Menschen anwenden, die sie zu Außenseitern stempeln" (BECKER 1973, 8). Die als Reaktion auf eine „primäre Devianz" durch die Umwelt erfolgende Typisierung und Stigmatisierung kann im Sinne der „self-fulfilling prophecy" den Erwartungen entsprechende weitere abweichende Verhaltensweisen erbringen (vgl. z.B. SMALE 1983), die als sekundäre Devianz

Interaktionspädagogischer Ansatz 67

bezeichnet werden können. Typisierungen und Stigmatisierungen verändern also die Selbstdefinition durch Identifikation mit dem Fremdbild, was insbesondere bei Kindern und Jugendlichen Leben, Lernen, Arbeiten und Verhalten und selbst das körperliche Wohlbefinden wesentlich beeinflussen kann. „Schüler, die von Lehrern und Mitschülern als leistungsschwach, unbeliebt und delinquent eingestuft werden, halten sich im Vergleich zur jeweils entgegengesetzten Gruppe für „fauler", „unaufmerksamer", „unordentlicher", „ungehorsamer", „unfairer", „unbeliebter", „unruhiger", „unfreundlicher", „unaufrichtiger", „eingebildeter", „geltungsbedürftiger", „aggressiver" und „streitsüchtiger"." (BRUSTEN/HURRELMANN 1974, 98)

Aus der Perspektive des Symbolischen Interaktionismus verdeutlicht die Etikettierungstheorie bzw. der Labeling Approach diese Problematik, wenn sich nämlich primäre Devianz als die Abweichung im Verhalten von Normen und Werten zu sekundärer Devianz weiterentwickelt, d.h. wenn gesellschaftliche Reaktionen zu einer negativen Selbstdefinition und zu einer devianten Karriere führen. Wie sich abweichende und störende Verhaltensweisen steigern, in das Selbstbild eingehen und sich im Sinne der *self-fulfilling prophecy* habitualisieren können, zeigte QUENSEL in einem Verlaufsmodell mit acht Phasen auf:

1. Phase: Ein Jugendlicher begeht ein kleines Delikt zur Lösung eines kleinen Problems (Elternkonflikt – Diebstahl).

2. Phase: Der Jugendliche hat kein Glück: Es kommt zu keiner Problemlösung, vielmehr zu einer Bestrafung.

3. Phase: Das Problem wird größer. Die Ablehnung der Umwelt wächst. Der Jugendliche sucht nach Selbstbestätigung bei gleich gesinnten Jugendlichen. Er lehnt die Bestrafung als „Ungerechtigkeit" ab.

4. Phase: Ein weiteres Delikt wird als „Rückfall" interpretiert und erbringt die Gefahr eines Aufschaukelungsprozesses: Das delinquente Verhalten und die Bestrafungen verstärken sich gegenseitig.

5. Phase: Der Jugendliche wird als Delinquent definiert. Er wird aktenkundig und behandlungsbedürftig (Jugendarrest, Heim). Er übernimmt die Definition „Delinquenter" in sein Selbstbild: Die

Schwelle zum Verbotenen wird niedriger, die ungelöste Problematik wird größer.

6. Phase: Der Jugendliche wird zum Außenseiter. Techniken delinquenter Problembewältigung verfestigen sich, werden zur Typisierung im Sinne „schädlicher Neigungen" (der aggressive Schläger, der Wegläufer, der Manipulator, der Rocker, der Süchtige). Mit der Übernahme der delinquenten Rolle zeichnet sich eine delinquente Karriere ab.

7. Phase: Der Jugendliche kommt in die Strafanstalt. Mit der nunmehr eindeutigen Rollenfestlegung ist eine deutliche Problemverstärkung verbunden.

8. Phase: Nach der Entlassung ist der Jugendliche ein Vorbestrafter. Verwiesen auf das Milieu Gleichartiger, ist für den Jugendlichen ein Rückfall nahe liegend. Der Rückfall führt zu härterer Bestrafung. Es kommt zu einem Teufelskreis, zu einem „sich wechselseitig hochschaukelnden Interaktionsprozess zwischen dem Jugendlichen und seiner sozialen Umwelt unter Einschluss der staatlichen Sanktionsinstanz" (vgl. QUENSEL 1970, 375 ff.; MYSCHKER ^{4}2002, 111).

Das zweite bedeutsame Standbein des interaktions-pädagogischen Ansatzes ist die Systemtheorie. In gesellschaftswissenschaftlicher Hinsicht ist nach dieser Theorie jedes Individuum in Systeme und Subsysteme, in Makro-, Meso- und Mikrosysteme eingebettet, die auf ihn einwirken und auf die er einwirkt. Menschliche Gruppierungen wie die Familie oder die Schulklasse sind offene Systeme, in denen die Interaktionen kreisförmig und rückgekoppelt ablaufen. Das offene System ist mehr als die Summe seiner Teile, z.B. der Familienmitglieder oder der Schüler, und hat eine selbstregulierende immanente Tendenz zu Stabilität und Gleichgewicht (Homöostase). Veränderungen im System haben somit Auswirkungen auf das gesamte System, d.h. bei intendierten Systemveränderungen ist mit Systemwiderstand zu rechnen. Dieser Widerstand kann z.B. daraus resultieren, dass Erscheinungen, die von der Außenwelt als Störung wahrgenommen werden und verändert werden sollen, innerhalb eines Systems eine sinnvolle, stabilisierende, das Gleichgewicht erhaltende Funktion haben (vgl. z.B. RICHTER 1972). Da sich alle Mitglieder eines sozialen Systems gegenseitig beeinflussen, trägt jeder Mitverantwortung, gibt es keine Schuldigen. Von diesem Grundverständnis ausgehend sind Schuldzuweisungen unmöglich.

Systemtheoretisch ist also zirkulär und in größeren Zusammenhängen, in Strukturen und Wirkgefügen zu denken. Das kleine System Familie ist eingebettet in größere Systeme, die beeinflussend wirken, wie die Verwandtschaft, den Freundeskreis, die Dorfgemeinschaft oder das Stadtviertel. Vielfältige Einflüsse üben die Gesellschaft mit ihren regionalen Charakteristika, die Gesamtgesellschaft des Volkes, die spezifischen Wert- und Normensysteme einer Kultur (z.B. die westliche, die europäische, die amerikanische Kultur) und letztlich das Makrosystem Erde aus, das z.B. mit Gefährnissen, Bedrohungen, Katastrophen direkt

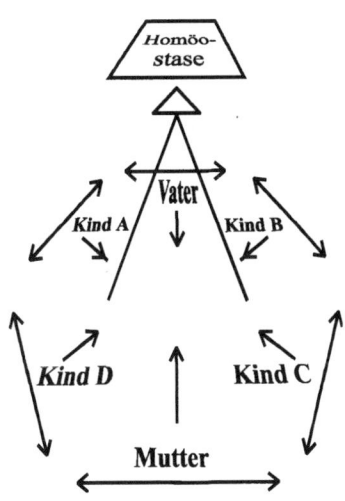

Abb. 4: Zirkuläres, auf Homöostase ausgerichtetes Familiensystem

oder über die Medien auf alle sozialen Systeme einwirkt. Nur eine systemische Sicht kann letztlich die Problemkonstellationen verdeutlichen, die den einzelnen prägen, unter denen er leidet, die er mit seinen Reaktionen wiederum rückwirkend beeinflusst. Systemische Sicht bedeutet danach, die Umgebung und die gesamte Umwelt in den Blick zu nehmen.

Interaktionssysteme sind, um diesen wichtigen Aspekt noch einmal zu betonen, durch „Ganzheit" charakterisiert in der Art, „dass eine Änderung in einem Teil eine Änderung in allen Teilen und damit dem ganzen System verursacht" (WATZLAWICK et al. 1969, 118). Für die ätiologische Betrachtung von Verhaltensschwierigkeiten bei Kindern und Jugendlichen ist es somit von höchster Bedeutung, nicht nur das individuelle Verhalten, sondern die Systeme in den

Blick zu nehmen, in denen sich als pathologisch oder störend bezeichnete Verhaltensweisen zeigen.

Die dritte Säule des interaktionspädagogischen Ansatzes ist die Kommunikationspsychologie.

Der Begriff Kommunikation wird in der Fachliteratur nicht immer deutlich gegen den der Interaktion abgegrenzt (siehe dazu JOURDAN 1989). Kommunikation (lat. *communicare* = mitteilen, sich besprechen mit, etwas gemeinsam machen) bedeutet in der älteren deutschen Literatur des Dreißiger Jahre bis zu den Kommunikationspsychologen der Palo-Alto Schule in den USA schlicht Mitteilung, wobei dann Interaktion – ebenso schlicht – als ein wechselseitiger Austausch von Mitteilungen zwischen Personen verstanden wird (vgl. WATZLAWICK 1969, 50) Mit Recht weist Schulz von Thun nachdrücklich darauf hin, dass mit der Kommunikation nicht nur Mitteilungen gemacht, Informationen gegeben werden, sondern dass Kommunikation auch auf Wirkungen ausgerichtet ist, wie z.B. einen anderen zu trösten, ihn von etwas zu überzeugen, ihn zu bestimmten Handlungen zu bewegen (SCHULZ VON THUN 1997a, 210). Unter pädagogisch-psychologischem Aspekt kann Kommunikation nicht einfach als Reiz-Reaktions-Vorgang, als Informationsübertragung in einem Sender-Empfänger-Verhältnis bezeichnet werden, sondern sie ist ein sich auf der Basis intersubjektiver Symbolik vollziehender verständigungsorientierter Akt in einem zirkulären Prozess. Insofern ist Kommunikation Voraussetzung für Interaktion (siehe dazu SCHOCH 1979).

In einem kommunikativen Zirkel beeinflussen sich die Interaktionspartner verbal wie nonverbal; es ist ein ständiger Kommunikationsfluss gegeben, so dass WATZLAWICK et al. als *erstes Axiom* innerhalb ihrer Kommunikationstheorie formulieren: *„Man kann nicht nicht kommunizieren!"* (a.a.O., 50). GOFFMAN verweist prägnant auf dieses Axiom, wenn er sagt: „Ein Mensch kann aufhören zu sprechen, er kann aber nicht aufhören, mit seinem Körper zu kommunizieren" (GOFFMAN 1971, 43). So kann Verhalten unterschiedlich qualifiziert werden als richtig oder falsch, angepasst oder störend; es kann aber nicht behindert sein. Eine „Verhaltensbehinderung" (BACH 1989, 8) kann es nicht geben.

Das *zweite* kommunikationstheoretische *Axiom* lautet:

„*Jede Kommunikation hat einen Inhalts- und einen Beziehungsaspekt, derart, dass letzterer den ersteren bestimmt und daher eine Metakommunikation ist*" (a.a.O., 53).

Nach diesem Axiom wird nicht nur auf der Inhaltsebene, sondern stets auch – wenn auch unbewusst – auf der Beziehungsebene kommuniziert. Selbst beim Austausch banaler Informationen geben die Interaktionspartner einander durch Tonfall der Stimme, durch Mimik, durch Gestik, durch die gesamte Körperhaltung Signale über ihre Beziehung. Erfahrungen, Intuition, Empathie befähigen die Partner, Signale auf der Beziehungsebene wahrzunehmen, zu deuten und zu verstehen, wobei bewusstes wie unbewusstes Verarbeiten der Signale als Reflexion über Verhalten (Metakommunikation Einstellungen, Reaktionsmöglichkeiten, emotionale Verbindungen oder auch Brüche verfügbar macht. Kommunikation auf der Beziehungsebene realisiert das kleine Kind von der Zeit an, da sich die symbiotische Verbindung zur Mutter auflöst, und es sich seiner selbst als Einzelwesen gewahr wird. Schwerste Störungen können Kinder entwickeln, wenn sie auf der Inhalts- und auf der Beziehungsebene einander widersprechende Informationen bekommen. Sie sind verwirrt, zerrissen, verstört, sind in einer Situation, die als „double bind" oder auch als „Beziehungsfalle" bezeichnet wird.

Nach dem *dritten Axiom* ist

„*die Natur einer Beziehung ... durch die Interpunktion der Kommunikationsabläufe seitens der Partner bestimmt*" (WATZLAWICK et al. 1969, 61).

Mit diesem Axiom wird der schwierige Bereich der Wahrnehmung und der Interpretation von Realität angesprochen. Es ist häufig den Definitionen der Interaktionspartner überlassen, ob sie eigenes Verhalten als Reaktion auf das Verhalten des anderen oder das Verhalten des anderen als Reaktion auf das eigene Verhalten verstehen wollen. Das heißt, es hängt von jedem einzelnen Interaktionspartner ab, wo er im Ablauf der Kommunikationen die Interpunktionen setzt.

Bei der Setzung der Interpunktionen wirkt erschwerend und belastend, dass „Interpunktionskonflikte mit der tief im Innern verwurzelten und meist unerschütterlichen Überzeugung zu tun ha-

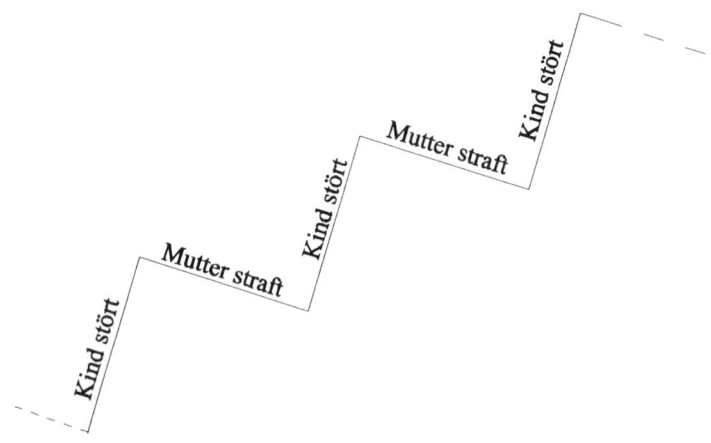

Abb. 5: Interpunktion und Interaktionsprobleme

ben, dass es nur eine Wirklichkeit gibt, nämlich die Welt, wie ich sie sehe, und dass jede Wirklichkeitsauffassung, die von der meinen abweicht, einen Beweis für Irrationalität des Betreffenden oder seine böswillige Verdrehung der Tatsachen sein muss" (a.a.O., 93).

Andauernde unterschiedliche Interpunktionen stören die Interaktion und belasten oder zerstören gar eine gute Beziehung: „Diskrepanzen auf dem Gebiet der Interpunktion sind die Wurzel vieler Beziehungskonflikte" (a.a.O., 58). So kommen einzelne Schüler, ja ganze Schulklassen in eine eskalierende Interpunktionsstörung, wenn Schüler nicht gut mitarbeiten, der Lehrer sich nicht gut vorbereitet und beide Teile die Schuld sich gegenseitig zuweisen. Das gleiche Problem ist auch in der Mutter-Kind-Beziehung gegeben, wenn die Mutter meint zu strafen, weil das Kind Schwierigkeiten macht, und das Kind meint Schwierigkeiten zu machen, weil es von der Mutter bestraft wird (siehe Abb. 5).

Das *vierte Axiom* befasst sich mit verbaler und nonverbaler Kommunikation:

„Menschliche Kommunikation bedient sich digitaler und analoger Modalitäten. Digitale Kommunikationen haben eine komplexe und vielseitige logische Syntax, aber eine auf dem Gebiet der Beziehung unzulängliche Semantik.

Analoge Kommunikationen dagegen besitzen dieses semantische Potential, ermangeln aber der für eine eindeutige Kommunikation erforderlichen logischen Syntax" (a.a.O., 68).

Verbale Kommunikation verfügt also über ein eindeutiges, logisch verknüpftes Symbolsystem, das inhaltliche Informationen gut zu transportieren vermag, auf der Beziehungsebene jedoch unzureichend und unzulänglich ist. Kommunikative Signale jedoch, die über den Körper vermittelt werden (Haltung, Gestik, Mimik, Tonfall der Stimme) und häufig unbewusst und unkontrollierbar gegeben werden, können viele, aber nicht eindeutige Hinweise geben. Wahrnehmung und Deutung der analogen Kommunikation ihres Kindes ermöglichen es so Eltern, ein Kind besser zu verstehen als es durch Worte möglich wäre. Andererseits erschwert aber die Uneindeutigkeit analoger Kommunikation häufig eine adäquate Interaktion. Fehlinterpretationen analoger Kommunikation führen häufig zu schwerwiegenden Beziehungsproblemen und Interaktionsstörungen.

Das *fünfte Axiom* bezieht sich auf sozial-positionelle Verhältnisse in der Interaktion:

„Zwischenmenschliche Kommunikationsabläufe sind entweder symmetrisch oder komplementär, je nach dem, ob die Beziehung zwischen den Partnern auf Gleichheit oder Unterschiedlichkeit beruht" (a.a.O., 68).

In symmetrischen Beziehungen kommunizieren die Interaktionspartner auf der gleichen Ebene, keiner ist über-, keiner ist untergeordnet. In komplementären Beziehungen dagegen sind Unterschiedlichkeiten derart gegeben, dass ein Partner die primäre bzw. superiore Position einnimmt, während der andere Partner eine sekundäre bzw. inferiore Position hat. Symmetrische Beziehungen sind z.B. gegeben, wenn, sich gegenseitig akzeptierende, Kollegen interagieren oder wenn sich als gleichgestellt empfindende Eheleute eine Partnerschaft realisieren. Die Beziehungen zwischen Mutter und Kind, Arzt und Patient oder Lehrer und Schüler sind dagegen in der Regel komplementär, können aber entwicklungs-, zeit- oder kontextabhängig zu symmetrischen Beziehungen werden. Die pädagogische Aufgabe im Eltern-Kind-Verhältnis sowohl wie im Lehrer-Schüler-Verhältnis besteht geradezu darin, aus der komplementären eine symmetrische Beziehung erwachsen zu lassen. Kleine Kinder brauchen die symmetrische Beziehung; sie wollen wissen, dass ein „signifikanter Anderer" für sie da ist, der Halt zu vermitteln vermag, der sie trösten und stützen und ihnen mit Rat und Tat zur Seite stehen kann.

Ein wichtiges Axiom lässt sich mit BAACKE den Axiomen von WATZLAWICK et al. hinzufügen: „Jede Kommunikation bedeutet eine Festlegung der an ihr Beteiligten sowohl im Hinblick auf den Gegenstand wie ihre Beziehung. Je länger die Kommunikation dauert, desto größer ist die Festlegung. Eine Festlegung, über die die Interaktionspartner nicht mehr verfügen; soll *Fixierung* heißen; diese ist die problematischste Form der Festlegung" (BAACKE 1973, 109). So passiert es nicht selten, dass jemand eine Rolle übernimmt oder sich gar aufdrängen lässt, aus der er sich umso schwieriger befreien kann, je länger er sie spielt. Das betrifft z.B. den Klassenclown oder auch das als Außenseiter an den Rand gedrängte Kind.

3. Erste Fallanalyse

Eine erste Fallanalyse verwertet die bereits vorhandenen Daten und dient der Aufstellung von Hypothesen für die weitere Diagnostik. Im Sinne des interaktionspädagogischen Ansatzes lässt sich die Analyse des „Falles" Klaus mit folgenden Haupthypothesen zusammenfassen:

1. Seit seiner Geburt kommuniziert die Mutter ihrem Sohn Klaus Ablehnung. Diese bewussten oder unbewussten Mitteilungen „Ich mag dich nicht", „Du bist ein schwieriges Kind" prägten Klaus Selbstkonzept in grundlegender und wohl auch generalisierender Weise nach dem Motto „Mich mag überhaupt keiner!" Das Ergebnis ist ein zurückgezogenes, aber auch aggressives Verhalten.
2. Die Mutter als „signifikanter Anderer" bzw. als bedeutsame Bezugsperson erkennt nicht, dass ihr Verhalten Ursache von Klaus Verhalten sein kann. Sie und Klaus sind in einer Interpunktionsstörung bzw. in einem Teufelskreis befangen, den evtl. sie mit

entsprechender Hilfe, nicht aber Klaus von sich aus aufbrechen kann.
3. Auch die Lehrerin erkennt nicht, dass sie und Klaus in eine Situation der Interpunktionsstörung gekommen sind und dass Klaus sie in sein negativ generalisierendes Verhaltenskonzept einbezogen hat.
4. Der Vater, zu dem Klaus einen positiven Kontakt hat, ist seit einem halben Jahr nur noch selten für ihn da. Angenehme, stabilisierende und das Selbstkonzept positiv beeinflussende Interaktionen mit dem Vater finden nur noch selten statt. Im Sinne einer negativen Generalisierung mag Klaus denken: „Der Vater hat mich verlassen. Nun mag mich auch der Vater nicht mehr."
5. Die Mutter äußert in Erwartung des kommenden Babys auch Klaus gegenüber, dass sie sich freut und dass sie hofft, es möge nicht so schwierig werden wie Klaus. Im Sinne der Selbstoffenbarung kommuniziert sie damit Klaus, dass sie ihn quasi abgeschrieben hat, auf ihn nicht mehr zählt. Damit besteht für Klaus die Drohung, gänzlich verdrängt zu werden und keine annehmbare Perspektive zu haben. Er verstärkt mit sich steigernden Aggressionen seinen Appell, beachtet, geachtet und angenommen zu werden.
6. Wie der Ablauf der Interaktion zwischen Klaus und „signifikanten Anderen" zeigt, haben sich Festlegungen, evtl. gar Fixierungen ergeben, aus denen sich die Beteiligten ohne Hilfe nicht oder nur schwer befreien können.
7. Klaus Identitätsprobleme beeinträchtigen seine Selbst- und Fremdwahrnehmung. Das Lernen der Basiskomponenten für gelingende Interaktionen ist gestört bzw. in Teilbereichen sogar blockiert. Wie soll Klaus Personen gegenüber Empathie, Antizipation usw. realisieren, zu denen er keine verbindende Beziehung aufbauen kann?
8. Die Steigerungen des unerwünschten Verhaltens von Klaus über massive Drohungen bis hin zu körperverletzenden Tätigkeiten signalisieren, dass der Junge auf dem Wege in die „sekundäre Devianz" ist, mit der noch schwerere Normverletzungen verbunden sein können.

4. Zweite Fallanalyse und Diagnostik

Auf die erste Hypothesenbildung folgt die Auswahl der Verfahren, die der Erhärtung oder Verwerfung der gebildeten Hypothesen dienen können. Allen Hypothesen ist mit einem angepassten diagnostischen Apparat nachzugehen, wobei allerdings sehr die Belastbarkeit des Probanden berücksichtigt werden muss.

Nach dem interaktionspädagogischen Ansatz sind solche diagnostischen Instrumente geeignet, die die komplexen interaktionalen Zusammenhänge zu erhellen vermögen. An erster Stelle steht die teilnehmende Verhaltensbeobachtung in unterschiedlichen sozialen Situationen, in der Schule, auf dem Pausenhof, und in den diagnostischen Gesprächen. Die diagnostischen Gespräche, die im Sinne einer non-direktiven Gesprächsführung geführt werden sollten (siehe dazu z.B. PALLASCH 1995), müssen mit allen relevanten Beteiligten realisiert werden. Zunächst ist ein Gespräch mit Klaus zu führen, dann mit Vater und Mutter getrennt, mit Eltern und Kind zusammen, mit der Lehrerin allein aber auch zusammen mit Klaus. Diese Gespräche sind unter dem Aspekt der Mitteilungen, aber auch unter dem Aspekt der Selbstoffenbarungen zu analysieren und zu bewerten. In diesem Sinne lassen sich auch Fragebogentests einsetzen, die sich zum Selbstkonzept und zur Problemerhellung an Klaus und zur Verhaltensentwicklung- und -einschätzung an die Lehrer und Eltern wenden (z.B. Problemfragebogen für Kinder, Fragebogen zum Selbstkonzept, Diagnostischer Elternfragebogen, Marburger Verhaltensliste). Zur Erfassung der interaktionalen und gruppendynamischen Zusammenhänge in der Klasse wie im Elternhaus könnten in der Schule periodisch diagnostische Soziogramme gemacht werden und Klaus könnten informelle offene Verfahren wie der Test „Familie in Tieren" angeboten werden (siehe dazu z.B. MYSCHKER [4]2002, 136–168).

Klaus interaktionale Kompetenz ist vor allem durch negative Beziehungsdefinitionen und durch Interpunktionsstörungen sowie kovariierende Störungen des sozialen Lernens nachhaltig beeinträchtigt. Sein Problemverhalten muss im Sinne obiger Definition als Verhaltensstörung bezeichnet werden, zumal er und die beteiligten „signifikanten Anderen" ohne Hilfe von außerhalb der Interaktionssysteme Klaus diese Problematik nicht überwinden werden können. Eine Prognose ist theoretisch nicht schlecht, praktisch jedoch sehr abhängig davon, als wie stark sich die Fixierungen in den Interaktionssystemen erweisen. Bei systematischer, vollständiger und erfolgreicher Durchführung des Interventionsprogramms könnte sich Klaus Störung innerhalb eines Jahres deutlich reduzieren lassen.

5. Intervention

Für die Interaktionspädagogik allgemein zeigt FRITZ als Möglichkeiten „das Interaktionstraining, das Rollenspiel und das gruppendynamische Training sowie eine Fülle weiterer Formen, die sich direkt oder indirekt aus diesen Grundformen ableiten lassen" auf (FRITZ 1975a, 12–13; vgl. auch 1975b). Große Bedeutung hat in diesem Zusammenhang entsprechend organisiertes Spiel (siehe dazu GOETZE in diesem Buch). Insgesamt gesehen geht es um „die Entwicklung der Kommunikations- und Kooperationsfähigkeit, das Schulen der Beobachtungsfähigkeit, das Üben der motorischen Koordination, das Entwickeln der mimischen und sprachlichen Fähigkeiten, das Üben der Konzentrationsfähigkeit, das Erkennen und Herstellen von Sinnzusammenhängen, die Förderung der Aussprachefähigkeit (insbesondere im Gefühlsbereich), das Überwinden von Ängsten, das Entwickeln von Neuem, ganz Anderem, das Sensibilisieren für neue Formen der Wahrnehmung" (a.a.O. 17). Es geht aber auch – was im Zusammenhang mit Klaus ganz wichtig ist – darum, „die für das jeweilige Beziehungsproblem notwendigen Fähigkeiten auszubilden, die dem Kind helfen, das durch die neuen Anforderungen aus dem Gleichgewicht geratene Interaktionssystem wieder auszubalancieren" (a.a.O. 18;). Für Klaus ist es darüber hinaus von zentraler Bedeutung, dass seine Selbstbildproblematik in den Blick genommen wird, denn nach gut gesicherten psychologischen Erkenntnissen muss die Meinung über sich selbst, das Selbstkonzept also, „heute als eine entscheidende Schlüsselvariable der Persönlichkeit und der seelischen Gesundheit angesehen" werden (SCHULZ VON THUN 1997, 187).

Die Möglichkeiten des Interaktionstrainings, des Rollenspiels und der gruppendynamischen Übungen zur Verbesserung der

Selbst- und Fremderfahrung sowie des Gruppenklimas haben im schulischen Bereich, auf den FRITZ sich ausrichtet, zur Prävention von Verhaltensstörungen und bei leichteren bis mittelschweren Verhaltensschwierigkeiten ihre große Bedeutung und können auch für Klaus hilfreich sein. Weiterhin kann über die pädagogisch therapeutischen Verfahren, die vielfältige, auf gelingende Interaktionen ausgerichtete Methoden als Partner- und Kleingruppenübungen vorgeben, viel erreicht werden, um Klaus Selbstdefinitionen und damit seine aggressive Ablehnung der für ihn bedeutsamen Umwelt sowie seine soziale Kompetenz insgesamt zu verbessern. Als besonders geeignet erscheinen dafür neben der Pädagogischen Spieltherapie die Pädagogische Kunsttherapie, die Pädagogische Mototherapie und die Pädagogische Musiktherapie (siehe dazu MYSCHKER [4]2002, 228–250). In der Pädagogischen Kunsttherapie zum Beispiel bieten Verfahren wie das Partnermalen mit seinen vielen Varianten, das Kommunikative Malen und die Farbinteraktionen gute Möglichkeiten zur Verbesserung sowohl des Schüler-Schüler- als auch des Lehrer-Schüler- bzw. des Eltern-Kind-Verhältnisses.

Die Schule ist aufgerufen, nicht mit sich steigernden Strafmaßnahmen zu reagieren, da diese einem Weg in die „sekundäre Devianz" und letztlich in eine „kriminelle Karriere" nur förderlich sind. Sie muss ihre organisatorischen Möglichkeiten nutzen, wie beispielsweise – als häufig effektive Notmaßnahme – die Versetzung in eine Parallelklasse mit einer männlichen Lehrperson, um einen Neuanfang in einem neuen Interaktionssystem mit verbesserten Voraussetzungen zu ermöglichen. Auch muss sie einem den veränderten gesellschaftlichen Bedingungen entsprechenden Beratungsauftrag gerecht werden. Damit ist gemeint, dass neben der Beratung in schulisch-fachlichen Fragen auch – in Kooperation mit der Sonderpädagogik – die Beratung zur Lösung persönlicher Konflikte und zur Erziehungshilfe als Aufgabe ansteht. So kann die Ambulanzlehrerin der Mutter bzw. den Eltern Interaktionsprozesse ggf. im Sinne der kooperativen Beratung nach Mutzeck anbieten, um die Problematik der Ablehnung, der Etikettierung und der körperlichen Züchtigung in ihrem Zusammenhang zum Selbstbild und der übermäßigen Erregbarkeit und Aggressivität Klaus zu bearbeiten (siehe dazu MUTZECK 1996 u. 2000). Auch muss Klaus Mutter zu der Einsicht kommen, dass sie den Jungen durch gezielte

Interaktionen zwischen Mutter und Kind auf das heranwachsende Geschwisterkind vorbereiten muss. Er kann z.b. am Bauch forschen, Bewegungen des Babys fühlen, im Gespräch mit der Mutter sich auf das kommende Familienmitglied einstellen. Auf jeden Fall muss ihm die Angst genommen werden, dass da eine große Konkurrenz heranwächst, dass er durch das Baby ganz an den Rand gedrängt wird und seine Mutter gar nicht mehr für ihn da ist.

Von großer Wichtigkeit ist, dass derjenige „signifikante Andere", zu dem Klaus ein gutes Verhältnis und über gemeinsame Interessen auch direkt einbeziehbare Berührungspunkte hat, der Vater nämlich, in die Maßnahmen in Schule und Elternhaus einbezogen wird.

Allerdings reichen die bisher angeführten Maßnahmen meines Erachtens allein nicht aus. Da bei Klaus die Basis-Problematik seit vielen Jahren und in gravierender Form im System der Familie liegt und die eingefahrenen Interaktionswege (Fixierungen) nicht allein mit schulischen Mitteln zu verändern sind, ist im Sinne des interaktionspädagogischen Ansatzes eine professionell durchgeführte systemische Familientherapie indiziert (siehe dazu VERNOOIJ/WINKLER in diesem Buch).

Literatur

BAAKE, D. (1973). Kommunikation und Kompetenz. München.
BACH, H. (1989). Verhaltensstörungen und ihr Umfeld. In: GOETZE, H./ NEUKÄTER, H. (Hrsg.). Handbuch der Sonderpädagogik, Bd. 6 – Pädagogik bei Verhaltensstörungen. Berlin, S. 3–35.
BACHMANN, W./FLOTHOW, K. (1990). NLP und TZI, zwei Konzepte des Kommunikationstrainings. Bergisch Gladbach.
BECKER, H. S. (1973). Außenseiter – Zur Soziologie abweichenden Verhaltens. Stuttgart.
BLIESENER, T./BRONS-ALBERT, R. (Hrsg.) (1994). Rollenspiele in Kommunikations- und Verhaltenstraining. Opladen.
BRUSTEN, M./HURRELMANN, K. (1973). Abweichendes Verhalten in der Schule. München.
CARDWELL (1976). Sozialpsychologie.
ELLRING, H. (1986). Nonverbale Kommunikation. In: ROSENBUSCH, H.S./ SCHOBER, O. (Hrsg.). Körpersprache in der schulischen Erziehung. Baltmannsweiler.

FITTKAU, B./MÜLLER-WOLF, H. M./SCHULZ VON THUN, F. (Hrsg.) (1994). Kommunizieren lernen (und umlernen) – Trainingskonzeptionen und Erfahrungen. Aachen-Hahn.

FLEISCHER, T. (1990). Zur Verbesserung der sozialen Kompetenz von Lehrern und Schulleitern – Kommunikationskompetenz und Interaktionskultur als Systemanforderung in der Schule. Hohengehren.

FORGAS, J. P. (1994). Soziale Interaktion und Kommunikation – Eine Einführung in die Sozialpsychologie. Weinheim.

FRITZ, J. (1983). Interaktionserziehung. In: LENZEN, D. (Hrsg.). Enzyklopädie der Erziehungswissenschaft, Bd. 8 – Erziehung in Jugendalter – Sekundarstufe I. Stuttgart, S. 458–461.

FRITZ, J. (1975a). Interaktionspädagogik. Methoden und Modelle. München.

FRITZ, J. (1975b). Gruppendynamisches Training in der Schule. Heidelberg.

FRITZ, J. (1977). Methoden sozialen Lernens. München.

GOFFMAN, E. (1971). Stigma. Über Techniken zur Bewältigung beschädigter Identität. Frankfurt a.M.

JOURDAN, M. (1989). Pädagogische Kommunikation – Eine integrative Systematisierung der Dimensionen menschlicher Kommunikation in Erziehung und Bildung. Bad Heilbrunn/Obb.

KRAPPMANN, L. (1978). Soziologische Dimensionen der Identität. Strukturelle Bedingungen für die Teilnahme an Interaktionsprozessen. Stuttgart.

MUTZECK, W. (1996). Kooperative Beratung – Grundlagen und Methoden der Beratung und Supervision im Berufsalltag. Weinheim.

MUTZECK, W. (2000). Verhaltensgestörtenpädagogik und Erziehungshilfe. Bad Heilbrunn/Obb.

MEAD, G. H. (1968). Geist, Identität und Gesellschaft (1934). Frankfurt a.M.

MYSCHKER, N. (2002). Verhaltensstörungen bei Kindern und Jugendlichen – Erscheinungsformen – Ursachen – Hilfreiche Maßnahmen. Stuttgart.

O'CONNOR, J./SEYMOUR, J. (1993). Neurolinguistisches Programmieren – Gelungene Kommunikation und persönliche Entfaltung. Freiburg i.Br.

O'CONNOR, J. (1994). Neurolinguistisches Programmieren – Elegante Kommunikation und persönliche Entfaltung. Freiburg i.Br.

PALLASCH, W. (1995). Pädagogisches Gesprächstraining. Lern- und Trainingsprogramm zur Vermittlung therapeutischer Gesprächs- und Beratungskompetenz. Weinheim, München.

RAMSENTHALER, H. (1982). Pragmatische Kommunikationstheorie und Pädagogik – Eine Untersuchung zur Konzeption Watzlawicks u.a. und ihrer Bedeutung für die Pädagogik. Weinheim, Basel.

RICHTER, H. E. (1972). Patient Familie. Reinbek bei Hamburg.

SCHEIDT, F. (Hrsg.) (1982). Lernziel Verständigung – Dialogprinzip und Dialogverhalten. München, Basel.

SCHOCH, A. (1979). Vorarbeiten zu einer pädagogischen Kommunikationstheorie. Frankfurt a.M.

SCHULZ VON THUN, F. (1997a). Miteinander reden 1. Störungen und Klärungen – Allgemeine Psychologie der Kommunikation. Reinbek bei Hamburg.

SCHULZ VON THUN, F. (1997b). Miteinander reden 2. Stile, Werte und Persönlichkeitsentwicklung – Differentielle Psychologie der Kommunikation. Reinbek bei Hamburg.

SMALE, G. G. (1983). Die sich selbst erfüllende Prophezeiung. Positive oder negative Erwartungshaltungen und ihre Auswirkungen auf die pädagogische und therapeutische Beziehung. Freiburg i.Br.

TREESS, H./TREESS, U./MÜLLER, M. (1990). Soziale Kommunikation und Integration. Dortmund.

WATZLAWICK, P./BEAVIN, J. H./JACKSON, D.D. (1969). Menschliche Kommunikation. Formen, Störungen, Paradoxien. Bern, Stuttgart.

WATZLAWICK, P. (1985). Die erfundene Wirklichkeit – Das Konstruieren einer Wirklichkeit. München.

WATZLAWICK, P. (1989). Wie wirklich ist die Wirklichkeit – Wahn, Täuschung, Verstehen. München.

Ansatz der kognitiven Verhaltensmodifikation
Heinz Neukäter

1. Hinführung

Die Verhaltensmodifikation basiert auf einem der einflussreichsten und mit am weitesten verbreiteten Theorieansätze der amerikanischen Psychologie, dem Behaviorismus, auch als Lerntheorie bezeichnet.

1913 durch Watson (vgl. WATSON/RAYNER 1924) begründet, stellt der Behaviorismus eine inzwischen vielfältig erweiterte Theorie dar, deren wesentliches Kennzeichen es ist, den Forschungsgegenstand „Verhalten" nur auf das beobachtbare, messbare, operationalisierbare Verhalten zu beschränken. Auch die theoriespezifische Begrifflichkeit bezieht sich auf objektivierbare Gegebenheiten im physikalischen Sinne. Insofern stellt der Behaviorismus im Gegensatz zur Tiefenpsychologie und zur Humanistischen Psychologie eine empirische, experimentell begründete Psychologie dar.

Bis in die 1960er Jahre wurden im Rahmen behavioristischer Forschungen die theoretischen Grundlagen erarbeitet, bei denen die Komplexe Verstand, Gefühl und Gedächtnis – da nicht direkt beobachtbar und nur ansatzweise messbar – ausgeklammert wurden. Als eine Umsetzung in der Praxis wurden die Verhaltenstherapie (VT) entwickelt, die bis heute einen festen Platz im Spektrum therapeutischer Verfahren hat. (Zur Vertiefung vgl. KANFER/PHILIPPS 1975, BLÖSCHL 1979, SANDERS 1978.)

Eine bedeutsame Erweiterung erfuhr die behavioristische Lerntheorie durch die Einbeziehung menschlicher Vorstellungen als Faktor für menschliches Verhalten (vgl. BANDURA 1969, 1976). Im pädagogisch/sonderpädagogischen Bereich spielen die verschiedenen Anwendungsmöglichkeiten der Lerntheorien seit den 1960er Jahren bis heute eine große Rolle unter der Bezeichnung Verhaltensmodifikation. Dabei kann unterschieden werden zwischen der klassischen und der kognitiven Verhaltensmodifikation.

2. Theoretische Grundlegung

Unter Verhaltensmodifikation (VM) wird gemeinhin eine systematische Verhaltensanalyse und -beeinflussung verstanden, die vornehmlich pädagogische Lernfelder wie z. B. Familie, Kindergarten, Schule und sozialpädagogische Einrichtungen betrifft. Orientiert an experimentell kontrolliertem Vorgehen und lerntheoretischen Paradigmen postuliert der verhaltenstheoretische Ansatz, dass alles Verhalten und Erleben mit Ausnahme von physiologischen Reifungsprozessen und medikamentösen Einwirkungen das Ergebnis von Lernprozessen seien (HILGARD & BOWER 1971). Das schließt damit auch ein, dass so genannte Verhaltensstörungen als abweichendes Verhalten Lernprozessen unterliegen, die mit denselben Methoden der Verhaltensbeeinflussung zu steuern sind wie nichtabweichendes Verhalten. Mit Blick auf Klaus lässt sich also festhalten, dass die Probleme, die unser Fallkind Klaus zu Hause und in der Schule verursacht, Ergebnisse von Lernakten sind; ebenso ist zu bedenken, dass die Verhaltens- und Reaktionsbereitschaften der Eltern und des Lehrpersonals den Lerngesetzen unterliegen.

Grundsätzlich werden zur Verhaltensanalyse und -modifikation drei Theorieansätze bemüht, die das entsprechende Verhalten erklären sollen (vgl. BOWER et al. 1984). Die Untersuchungen von Pawlow an Hunden führten zu dem Theorem des klassischen Konditionierens. WATSON & RAYNER (1924) haben bei einem elf Monate alten Jungen namens Albert durch klassisches Konditionieren experimentell eine Furchtreaktion erzeugt. Die Wissenschaftler erzeugten mit einer Eisenstange hinter dem Kind ein sehr lautes, unangenehmes Geräusch. Durch die Kopplung eines ursprünglich neutralen Reizes (eine harmlose weiße Ratte) mit einem unkonditionierten Reiz (Schlagen einer Eisenstange als Schreckreiz) wird die Ratte zum furchtauslösenden Reiz. Durch zeitlich/räumliche Generalisierung lässt sich diese Furchtreaktion auf Tiere, Personen und Pelze allgemein ausdehnen. Wenige Jahre später gelang es Mary Cover-Jones, von Kindern gelernte Ängste umzukonditionieren. Damit war die Basis für die Entwicklung der systematischen Desensibilisierung geschaffen, die – von Wolpe (1969) entwickelt – in leichten Abänderungen auch heute noch von großer Bedeutung für die Behandlung emotionaler Reaktionen beim Menschen ist.

Zu Beginn der fünfziger Jahre dieses Jahrhunderts hat Skinner (vgl. SKINNER 1968) die Grundlagen für das operante Erklärungs- und Änderungsmodell entwickelt. Im Gegensatz zum klassischen Modell der Konditionierung postuliert Skinner, dass Lernen entscheidend durch die zu erwartenden Konsequenzen, seien sie positive oder negative, gesteuert wird. In Erwartung positiver Ereignisse wird die Person ihr Verhalten anders einrichten als bei drohenden negativen Ereignissen. Entsprechend ordnet Skinner das Verhalten einer Person in einen Verhaltensstrom von vorausgehenden und nachfolgenden Ereignissen ein. Abb. 1 zeigt die Abhängigkeit eines beliebigen Verhaltens (R) von vorangehenden (S_D) und nachfolgenden Ereignissen (C).

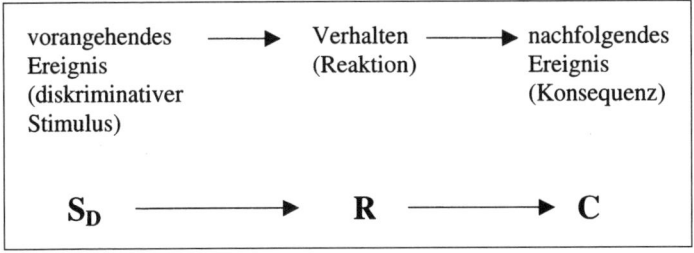

Abb. 1: Verhalten (R) in Abhängigkeit von vorangehenden (S_D) und nachfolgenden (C) Ereignissen

Ein Beispiel aus der täglichen Unterrichtspraxis soll diese funktionale Beziehung noch einmal erläutern. Wenn Sie als Lehrperson im Unterricht eine bunte Tageslichtschreiberfolie auflegen und den Projektor anstellen, haben Sie mit dieser Aktion einen Steuerreiz (S_D) gesetzt, der sich von den vielen anderen Reizen (Hefte, Klassenraum, Mitschüler) abhebt und die Aufmerksamkeit der Schüler auf den Inhalt der Tageslichtschreiberfolie lenken soll. Bedingt durch den Neuigkeitseffekt oder erfolgte Lernakte werden die Schüler mit großer Wahrscheinlichkeit auf die Projektionsfläche schauen und die Folie kommentieren (R). Nimmt der Lehrer zu diesem Ereignis etwa in der Weise Stellung wie „Fritz, das war ein kluger Kommentar", wird sich in Zukunft die Wahrscheinlichkeit erhöhen, dass Fritz zukünftig bei aufgelegter Tageslichtschreiberfolie sachkundige Bemerkungen macht. Diesen Vorgang nennt man Verstärkung.

Da die in Abb. 1 dargestellte Reiz-Reaktions-Konsequenzen-Kette sich als unzureichend erwiesen hat, haben KANFER & PHILIPPS (1975) das operante Modell um die Personvariable (O) erweitert, die als vermittelnde Variable zwischen S und R anzusiedeln ist. Damit erweitern die Autoren das operante Lernmodell von SKINNER um kognitive Anteile. In Abb. 2 habe ich den Aufbau operant Erworbener Verhaltensbereitschaften unter Einübung sogenannter mentaler Prozesse (O) und des Kontingenzverhältnisses (K) dargestellt.

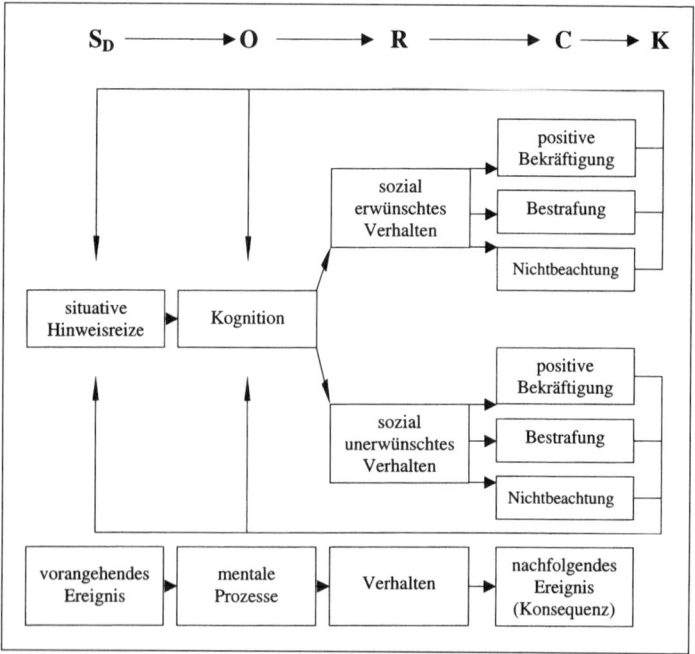

Abb. 2: Aufbau operant erworbener Verhaltensbereitschaften

Dieses von KANFER & PHILIPPS (1975) entwickelte SORCK-Modell als erweitertes operantes Lernparadigma gibt vor, die interaktionalen und individuellen Verhaltensabläufe erklären zu können.

Ein dem Verhalten vorausgehendes Ereignis (S_D) trifft auf die Kognitionen eines Individuums (O), das in Abwägung der Erfolgswahrscheinlichkeit darüber entscheidet, welche Verhaltensweisen R (sozial erwünschte oder unerwünschte) es aktiviert. Das dem Verhalten R nachfolgende Ereignis sagt etwas darüber aus, ob die Auftretenshäufigkeit des vorangegangenen Verhaltens (R) gestärkt (Bekräftigung) oder geschwächt (Bestrafung, Nichtbeachtung) wird. Dabei ist von Bedeutung, dass das Ereignis C in enger, zeitlicher Kontingenz (K) zum Verhalten R gesehen wird. Verstärkung, Bestrafung oder Entzug von Verstärkung und Bestrafung haben also unmittelbar auf das zu beeinflussende Verhalten zu folgen, andernfalls wird ihre Wirkung geschwächt. Dies ist z.B. das Problem der Notengebung, die in der Regel nur mit großer zeitlicher Verzögerung der erbrachten Schülerleistung folgt und damit von Schülern allzu oft nicht mehr mit ihrer Leistung in Verbindung zu bringen ist. Damit verliert die Notengebung weitgehend ihre verhaltenssteuernde Funktion.

Das Modell der operant erworbenen Verhaltensbereitschaften sei noch einmal an einem Beispiel nachgezeichnet, das BENKMANN & NEUKÄTER (1984, 25 ff) vorstellen:

„Während der Stillarbeitsphase in der Mathematikstunde sitzt Jan auf seinem Platz, schaut auf sein Arbeitsblatt, dreht sich um, kaut auf seinem Bleistift, schiebt sein Arbeitsblatt vom Platz, greift nach einem Apfel, den Ingo, Jans Banknachbar, auf seinem Platz liegen hat. Jan beißt hinein und schmatzt lauthals."

Aus diesem Beispiel kann man ersehen, dass offensichtlich zwei situative Hinweisreize wirken. Der erste Hinweisreiz stammt von der Aufgabenstellung, der zweite scheint der Apfel auf dem Tisch des Nachbarn zu sein. Zunächst probiert Jan sozial erwünschtes Verhalten: Er sitzt auf seinem Platz und schaut auf sein Arbeitsblatt. Für diese unterrichtsbezogene Tätigkeit erhält Jan keine positive Bekräftigung, weder vom Lehrer, von seinen Mitschülern und offensichtlich auch nicht durch sich selbst, wie sein anschließendes Verhalten zeigt (dreht sich um, kaut am Bleistift, schiebt Arbeitsblatt vom Platz).

Die nicht erfolgte positive Bekräftigung senkt die Auftretenswahrscheinlichkeit der vorangegangenen Reaktionen (unterrichtsbezogenes Verhalten). Die Verhaltensfolge ‚Nichtbeachtung' oder ‚Bestrafung' beeinflusst die Erfolgserwartung, so dass Jan in ähnlichen Situationen die Häufigkeit unterrichtsbezogenen Verhaltens senken wird. Die Antizipation der mangelnden positiven Bekräftigung steuert also Jans unterrichtsbezogene Aktivitäten. Seine unterrichtsfernen Aktivitäten – wie sich umdrehen, kauen an dem Bleistift, sein Arbeitsblatt wegschieben – haben ebenfalls keine positiven oder negativen Konsequenzen für ihn.

Diese Erfahrung kann nun Jan sensibel für weitere Umweltreize machen. Er nimmt den Apfel auf dem Tisch seines Banknachbarn wahr. Er entwendet den Apfel, beißt hinein und lässt ihn sich schmecken. Jans Handeln, den Apfel an sich zu nehmen und hineinzubeißen, wird positiv bekräftigt: Der Apfel scheint Jan gut zu schmecken (er schmatzt lauthals). Durch die positive Bekräftigung wird sich in ähnlichen Situationen die Erfolgserwartung erhöhen, so dass die Reaktion ‚Apfel' wegnehmen in ähnlichen Situationen wahrscheinlicher als vorher wird. Wenn auf Jans Handeln in weiteren Situationen ebenfalls keine negative Verhaltensrückmeldung erfolgt, kann sich in Zukunft eine Verhaltenskonsequenz aufbauen, die darin besteht, dass Jan alles, was ihm gerade erstrebenswert scheint, anderen ungefragt wegnimmt.

Nun endet die Schulwirklichkeit meistens nicht so, wie in unserem Praxisbeispiel. Folgende Fortentwicklung ist recht wahrscheinlich: Ingo wird versuchen, seinen Apfel wiederzuerhalten. Es kann eine Rauferei entstehen, aus der entweder Ingo oder Jan als Sieger hervorgeht. Gewinnt Jan die Auseinandersetzung, z.B. dadurch, dass er körperliche Gewalt erfolgreich einsetzt, erfährt er zusätzlich Verstärkung. Außerdem mag sich die soziale Situation in der Klasse so geändert haben, dass die Schüler wie gebannt auf die beiden Kämpfenden starren und damit positive Bekräftigung signalisieren. Selbst wenn der Lehrer nun eingreift, um die in Gang gesetzte Verhaltenskette zu unterbrechen, kommt seine Intervention schon zu spät, weil Jan einige Teilziele bereits erreicht hat: Er hat den Apfel an sich genommen, der Apfel hat gut geschmeckt, er hat den Apfel erfolgreich vor dem Zugriff durch Ingo geschützt.

Vergegenwärtigen wir uns noch einmal den Aufbau sozial erwünschter bzw. sozial unerwünschter Verhaltensbereitschaften, so kann man den Aufbau dieser Verhaltensweisen anschaulich in Form von Kreisprozessen nachzeichnen (vgl. Abb. 3). Durch die Antizipation positiver Verhaltensfolgen nimmt die Tendenz zur Lösung von Konflikten auf sozial unangemessene Weise zu und generalisiert sich auf eine Vielzahl von Situationen, während die Wahrscheinlichkeit pro-sozialer Verhaltensmuster aufgrund mangelnder Erfolgserwartungen abnimmt.

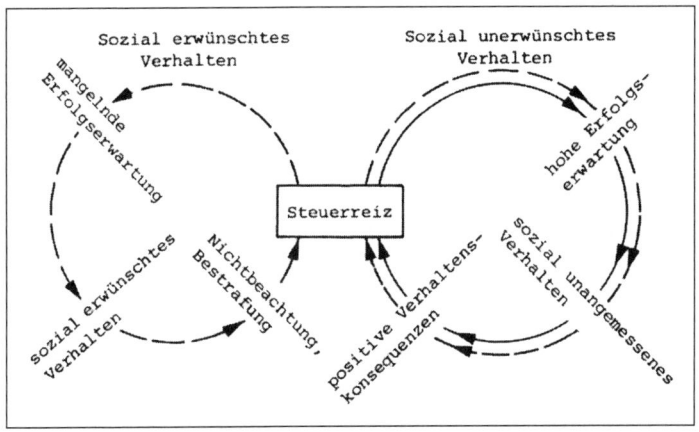

Abb. 3: Aufbau von Verhaltensbereitschaften in Form von Kreisprozessen

Wir haben nun die Grundzüge des operanten Lernmodells skizziert. Wenn man im Rahmen des verhaltenstheoretischen Änderungsmodells Verhaltensänderungen (R) bewirken will, muss man die systematische Beeinflussung der vorangehenden Ereignisse (S_D), der mentalen Prozesse (O) und der nachfolgenden Ereignisse (C) betreiben. Zu diesem Zwecke hat die VM ein umfangreiches Inventar entwickelt, das Ihnen in den nachfolgenden Kapiteln dargestellt werden wird." (BENKMANN & NEUKÄTER 1984, 25-27)

Mit dem Praxisbeispiel haben wir die Grundzüge des operanten Lernmodells skizziert. Will man im Rahmen dieses verhaltenstheoretischen Änderungsmodells Verhaltensänderungen (R) bewirken, muss man die systematische Beeinflussung der vorangehenden Ereignisse (SD), der mentalen Prozesse (O), der nachfolgenden Ereignisse (C) und des Kontingenzverhältnisses betreiben. Dies ist erst nach einer ausführlichen Verhaltensanalyse möglich.

Mit Beginn der 1960er Jahre hat BANDURA in Abgrenzung zu SKINNER die Grundlagen für ein weiteres verhaltenstheoretisches Erklärungs- und Behandlungsmodell erarbeitet, das gemeinhin als Modellernen bezeichnet wird. BANDURA & WALTERS (1963) haben nachweisen können, dass Verstärkungsprozesse beim Erwerb neuer Verhaltensweisen nicht zwingend nötig sind. Der Lernerwerb kann auch durch Modellernen erfolgen. Dabei erlernt das Individuum kognitive Verhaltensbereitschaften, die es situationsspezifisch einsetzt. Diese Theorie des Wissens- und Verhaltenserwerb wird gewöhnlich als sozial-kognitive Lerntheorie bezeichnet.

3. Verhaltensdiagnostik

Festzuhalten ist, dass der verhaltenstheoretische Ansatz nicht nur ein Erklärungs-, sondern auch ein Handlungsansatz ist. Entsprechend der lerntheoretischen Grundlegung ist nun zu fragen, welche Vorgehensweisen eine Person wählt, die ihr Handeln am verhaltenstheoretisch orientierten Ansatz ausrichtet. Betrachten wir die Fallgeschichte von Klaus, ist offenkundig, dass zwei situative Kontexte zu berücksichtigen sind: das häusliche und das schulische Umfeld. Für die beiden spezifischen Bereiche ist auf dem Hintergrund der lerntheoretischen Erklärungsansätze eine diagnostische Vorgehensweise zu bestimmen, die sich in das verhaltenstheoretische Ablaufschema einfügt. Die Abb. 4 zeigt ein unterrichtszentriertes Ablaufschema, das grundsätzlich auch für Beratungs- und Therapiesituationen gilt. Nach der Problemdefinition ist eine Ist-Analyse (Datenerhebung) vorzunehmen; daraus ergeben sich die Lehr- oder Therapieziele.

Schließlich sind die Interventionsmaßnahmen auszuwählen und die Zielbeschreibung zu evaluieren. Die Evaluation ist eine erneute Ist-Analyse, nach der zu entscheiden ist, ob die Intervention beendet werden kann, oder mit einer veränderten Problemdefinition fortgefahren werden muss.

Mit Blick auf Klaus lässt sich vermuten, dass das klassische Lernparadigma von nicht sehr ausgeprägtem Stellenwert zur Erklärung des Verhaltens ist. Demnach ist genau zu untersuchen, ob die heftigen emotionalen Reaktionen von Klaus nicht doch durch Ereignisvorfälle konditioniert sein könnten. Von größerem Wert für die

Kognitive Verhaltensmodifikation

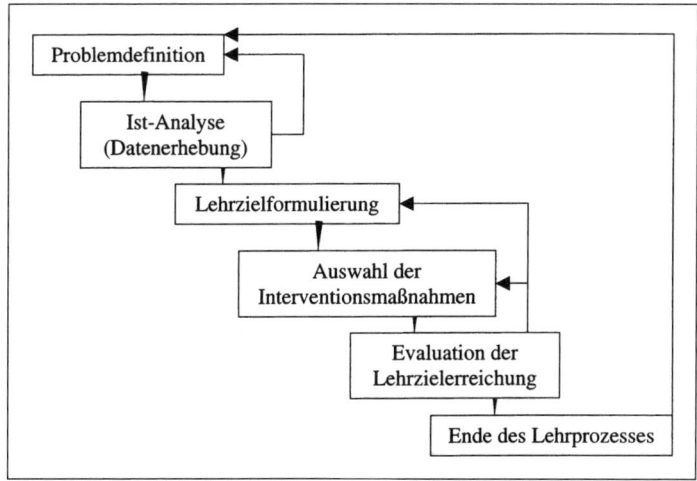

Abb. 4: Unterrichtsorientiertes Ablaufschema der VM

Verhaltensdiagnostik zeigt sich das operante Lernmodell. In einer getrennten Untersuchung der Settings (Schule, Familie) ist herauszufinden, welche Verhaltensexzesse bzw. Verhaltensdefizite der Junge aufweist. In der Fallgeschichte werden einige genannt. Erstaunlich ist, dass die Kompetenzen von Klaus kaum thematisiert werden. Eine Verhaltensdiagnostik wird ausgehend von Tagebuchaufzeichnungen, Verlaufsprotokollen, der Methode der kritischen Vorfälle und der Ereignisbeschreibung im Sinne des operanten Lernparadigmas die vorangehenden Ereignisse und die dem jeweiligen Verhalten folgenden Ereignisse analysieren und dabei feststellen, welche auslösenden Steuerreize das jeweilige Verhalten aktivieren und mit welchen Konsequenzen (selbst verabreichte und bezugspersonenspezifische) das kritische und das nicht kritische Verhalten aufrechterhalten wird. Auch ist zu fragen, welchen Einfluss die kognitive Variable O nimmt, angemessenes bzw. sozial unangemessenes Verhalten zu aktivieren. Der Fallgeschichte ist zu entnehmen, dass Klaus in Krisensituationen immer wieder Verhaltensweisen äußert, die von seiner Umwelt als belastend erlebt werden. Dies führt zwangsläufig zu strafenden Reaktionen bei den Mitschülern, der Lehrerin und der Mutter. Im Gegenzug ist nicht zu erkennen, ob und in welchem Umfang Klaus systematisch verstärkende Verhaltenserfolge für sozial erwünschtes Verhalten erfährt. Hier hat man die Verhaltensdiagnostik anzusetzen. Durch systematische Verhaltensbeobachtung mit Hilfe von Zeit- und Ereignisstichproben werden die Frequenzen des als kritisch bzw. erwünscht beurteilten Verhaltens ermittelt, bevor die Interventionsplanung erfolgen kann. Der Fallbeschreibung nach deutet sich dem Diagnostiker im schulischen Setting bereits an, dass Klaus für angemessenes Verhalten im Schulkontext nicht genügend positive Rückmeldungen (Verstärkung) erfährt, ganz im Gegenteil durch seine aggressiven Verhaltensbereitschaften, die es noch des näheren zu erkunden gilt, Missbilligung von Seiten der Schüler wie der Lehrerin erfährt. Das Bemühen der Lehrerin wird von Klaus mit Ablehnung beantwortet, d.h. die Lehrerin wird allmählich ihre Bemühungen einstellen, so dass es zu dem schon in Abb. 3 beschriebenen fatalen Kreisprozessen kommt. Ähnlich ist die Kommunikationsstruktur zur Mutter aufgebaut, die den Jungen versteckt ablehnt, ihn offensichtlich auch körperlich züchtigt. Auf diese Weise werden dem Jungen keine Möglichkeiten gegeben, positive Verhaltenspotentiale zu aktivieren. Um Aufmerksamkeit zu erzielen, wird er in Schule und Elternhaus verstärkt zu nicht gewünschtem Verhalten greifen. Das löst Strafverhalten der Bezugspersonen aus und verstärkt den angestoßenen Kreislauf. Eine positive Potentiale aktivierende Funktion kommt dem Vater zu. Er kann als Modell für den Jungen gedeutet werden. An Wochenenden ist er offensichtlich die einzige Person, die den Jungen angemessen anzusprechen weiß. Während der Woche ist der Vater abwesend, so dass man die Abwesenheit des Vaters als Verstärkerentzug für den Jungen interpretieren kann.

Detaillierte Beschreibungen der Verhaltensdiagnostik findet man bei SCHULTE (1976), FASSNACHT (1979) und BENKMANN & NEUKÄTER (1984). Dort finden sich auch Datenerhebungssysteme, die mit Beobachtungs- und Beurteilungsdaten operieren. Ist eine qualitative und quantitative Analyse erfolgt, müssen nun die Lehrziele (kurzfristig und langfristig) festgelegt werden, die es mit Hilfe der Interventionen zu realisieren gilt.

4. Interventionsplanung

Nach der Durchführung der Ist-Analyse mit Hilfe der verhaltenstheoretischen Diagnostik und der Erstellung von Verhaltensgrundraten ist nun zu entscheiden, welche Verhaltensziele im Rahmen des Interventionsplanes anzusteuern sind. Grundsätzlich sind dazu die Kompetenzen des Schülers in den Mittelpunkt zu stellen. Es ist also direkt an den Fähigkeiten von Klaus anzuknüpfen. Die Verhaltensziele müssen operational klar beschrieben sein, so dass die beiden Partner darüber Einigkeit erzielen. Fernerhin ist nach ADAMEIT u.a. (1982) eine Legitimationsprüfung vorzunehmen, um sicherzustellen, ob die angestrebten Ziele auch ethisch vertretbar sind. Damit will man eine bloße Manipulation des Schülers in Richtung auf Anpassungs- und Unterordnungsverhalten verhindern. Auch ist z.B. zu bedenken, ob bei einer Person mit einem eingeschränkten Verhaltensrepertoire das einzige offenkundige Problemverhalten z.B. selbstverletzendes Verhalten eliminiert werden soll, wenn es beispielsweise die einzige offen beobachtbare Verhaltensreaktion ist.

Bei der verhaltensmodifikatorischen Interventionsplanung verfolgt man allgemein das Ziel, kognitiv und sozial erwünschtes Verhalten zu verstärken, also häufiger auftreten zu lassen und sozial unerwünschtes Verhalten zu schwächen. Deshalb unterscheidet man zwischen Interventionsformen, die der Stärkung, der Ausformung bzw. dem Aufbau von angemessenem Verhalten dienen und solchen, die zur Schwächung bzw. zum Abbau von nicht zielrelevantem Verhalten herangezogen werden können. In der Praxis werden diese beiden Gruppen von Interventionsformen meistens kombiniert eingesetzt.

Um die Auftretenswahrscheinlichkeit eines schwach ausgeprägten Verhaltens (z.B. die Zeit, die ein Kind sich einer definierten Aufgabenklasse konzentriert zuwendet) zu erhöhen, haben sich folgende Interventionen bewährt:
– positive Verstärkung,
– negative Verstärkung,
– differentielle Verstärkung,
– Münzverstärkung,
– Kontingenzverträge.

Diese Interventionen sind jedoch nur dann erfolgversprechend, wenn man strikt die vielfältigen Regeln beachtet, die den Einsatz begrenzen (vgl. dazu BENKMANN & NEUKÄTER, 1984).

Das gilt auch für die Interventionsformen, die zur Ausformung neuer Verhaltensweisen angezeigt sind:
- Verhaltensformung
- Verhaltensverkettung
- Verhaltenshilfe
- Ein- und Ausblenden

Den umfangreichen Interventionen zur Beeinflussung von Verhaltensdefiziten stehen Verfahren zur Reduzierung von Exzessverhalten gegenüber. Häufig werden aggressives und hyperaktives Verhalten der Kategorie Exzessverhalten zugeordnet. Entsprechend werden Interventionsformen vorgeschlagen, die den Ausprägungsgrad dieses Verhaltens schwächen oder ganz reduzieren sollen. Zu dem positiven Verfahren der Reduzierung von unerwünschtem Verhalten zählt die differentielle Verstärkung von erwünschtem Verhalten oder auch die Stärkung von Verhaltensweisen, die mit unerwünschtem Verhalten inkompatibel sind. Eine größere Aufmerksamkeit, besonders auch der Kritiker der Verhaltensmodifikation, haben Verfahren gefunden, die aktiv und direkt die Auftretenshäufigkeit des vorangegangenen Verhaltens reduzieren sollen:
- Löschung
- Verstärkerentzug
- Auszeit
- Bestrafung im engeren Sinne

Diese Verfahren, verantwortlich eingesetzt und kombiniert mit Interventionen zur Erhöhung der Auftretenswahrscheinlichkeit des erwünschten Verhaltens, können sehr hilfreich sein, um ein lernförderndes Klima zu schaffen. Sie verfehlen allerdings dann ihre Legitimation, wenn sie, wie allzu oft in der Praxis, nur zur effektiven Manipulation von Verhalten eingesetzt werden.

Mit Blick auf Klaus ist konkret zu überlegen, wie sich im Bereich der Schule ein verhaltenstheoretisch orientiertes Programm zur Beeinflussung bzw. Veränderung seines Problemverhaltens umsetzen ließe. Zunächst ist – wie im obigen Modell erklärt – im Bereich der verhaltenssteuernden Reize („Steuerreiz") zu klären, ob die Arbeitsabläufe klar formuliert sind und Klaus jederzeit weiß, was er tun soll bzw. was von ihm erwartet wird. Im Sinne des durchstrukturierten Unterrichts nach SCHUMACHER (1979) ist z.B. daran zu denken, ob die Strukturierung des Klassenraumes eindeutig ist. Gegebenenfalls ist diese im Rahmen eines offenen Unterrichtskonzeptes zu verändern. Als einen weiteren Schritt schlage ich die Einrichtung eines Münzverstärkungsprogramms („Tokensystem") vor. Für aufgabenbezogenes erwünschtes Verhalten wird Klaus zeitkontingent von der Lehrerin oder von einem Mitschüler verstärkt. Dieses System hat den Vorteil, dass auch die Lehrerin trainiert wird, systematisch positive Bekräftigung durch das Tokensystem zu vergeben. Sollten die exzessiven Verhaltensweisen von Klaus zu häufig oder zu ausgeprägt sein, sollte das Münzverstärkungsprogramm mit einem „response-cost-Verfahren" kombiniert werden, um Klaus die Unangemessenheit seines Verhaltens aufzuzeigen. Gemeint ist hier, daß nicht nur erwünschte Verhaltensweisen durch Token (Münzen, Chips, Punkte) positiv verstärkt werden, sondern für unerwünschtes Verhalten Token zurückzugeben sind (vgl. Benkemann & Neukäter 1984). Der hier eingesetzte Entzug von Verstärkern ist häufig wirksamer als ein vom Lehrer verabreichtes Strafmaß, zumal Strafaktionen des Lehrers selbst häufig aggressiven Charakter tragen und damit Modelleffekte nach sich ziehen können. Statt eines Münzverstärkungssystems ist auch an einen Kontingenzvertrag zu denken, der nach Homme et al. (1974) die Interventionsziele und Verhaltenskontingenzen für den Schüler eindeutig formuliert. Hierbei können die anfänglichen Minimalforderungen sowie die Freiheitsgrade für Klaus langsam gesteigert bzw. erweitert werden. Häufig hat es sich auch als günstig erwiesen, die Zielperson, in unserem Falle Klaus, aktiv in ein Selbstveränderungsprogramm einzubeziehen. So könnte Klaus über seine schulischen Leistungen Buch führen, sich nach Erledigung einer bestimmten Aufgabenmenge selbst belohnen oder zusätzlich Freizeit zur Eigentätigkeit erhalten. Dieses Selbstmanagementtraining ist das eigentliche Ziel verhaltensmodifikatorischer Interventionen.

Im häuslichen Setting ist ebenfalls mit der Mutter von Klaus abzusprechen, welche Verhaltensweisen zunächst systematisch positiv beobachtet werden sollen. Dabei ist zu bedenken, dass zu Beginn nur Teilbereiche des Verhaltens von Klaus geändert werden sollten, um die Mutter und den Jungen nicht zu überfordern. Zwischen Mutter und Sohn könnten bestimmte Verhaltensabsprachen bezüglich der nachmittäglichen Hausaufgabensituation erfolgen. Erledigt Klaus diese zügig und ohne Rebellion, sollte die Mutter Verstärkung in Form von Freizeit oder beliebten Aktivitäten folgen lassen. Günstig ist auch, wenn sie sich an positiv getönten Interaktionen beteiligt. In ein solches Programm der sukzessiven Annäherung an positive soziale Interaktionen kann auch der Vater einbezogen werden. So können die von Klaus gewünschten Vater-Interaktionen am Wochenende kontingent zu definierten Verhaltensleistungen im Sinne erwünschten Verhaltens gemacht werden. Wichtig erscheint mir, die Überforderungssituation der Mutter dahingehend zu beeinflussen, dass sie an Klaus wieder positive Verhaltensweisen zu entdecken und zu bekräftigen weiß. Dazu ist es nötig, auch für die Mutter von Klaus ein Bekräftigungsprogramm zu entwickeln, damit sie die neu erlernten Verhaltensinteraktionen aufrechterhalten kann.

Leider ist es an dieser Stelle nicht möglich, die ganze Breite des Interventionsinventars der Verhaltensmodifikation auszubreiten. Wir müssen Sie auf die entsprechende Fachliteratur verweisen, von sich eine kleine Auswahl im Literaturverzeichnis findet: ADAMEIT et al. 1983, BELSCHNER et al. 1975, BOWER et al. 1984, GOLDSTEIN 1978, LAUTH & SCHLOTTKE 1999, LORENZ et al. 1982, MEICHENBAUM 1977/1994, PERLWITZ 1978 a, b, REDLICH & SCHLEY 1981.

Auch können wir an dieser Stelle nicht mehr die methodische Vorgehensweise der kontinuierlichen Evaluation der Intervention vorstellen. Es soll hier nur festgehalten werden, dass das Hauptkennzeichen der verhaltensmodifikatorischen Intervention die empirische Kontrolle der Vorgehensweise ist. Anhand von Beobachtungs- und Beurteilungsdaten ist der jeweilige Erfolg bzw. Misserfolg der Intervention zu beurteilen.

5. Schlusswort

Gegen die verhaltensmodifikatorische Vorgehensweise ist von Pädagogen vielfältig Kritik vorgetragen worden. Diese Einwände betreffen insbesondere:
- die Operationalisierung von Verhalten
- die Einengung des Handlungsspielraumes der Betroffenen
- die mangelnde Einsicht in Entstehungszusammenhänge
- die mechanistische Vorgehensweise
- die Waren- bzw. Geschäftsbeziehung von menschlichen Interaktionen im Sinne von Kosten-Nutzen-Gleichungen
- die Gefahr der Manipulation und kritiklosen Unterordnung der betroffenen Person

(BENKMANN & NEUKÄTER 1984).

Diese weitgehend berechtigte Kritik trifft vornehmlich die Verhaltensmodifikation älterer Provenienz (vgl. SKINNER). Im Zeichen der kognitiven Wende haben sich in der Anwendungspraxis der Verhaltensmodifikation große Veränderungen vollzogen. Während früher vornehmlich die lernfördernden bzw. lernhemmenden Umgebungsbedingungen im Sinne einer Fremdsteuerung beeinflusst wurden, versucht man heute verstärkt die Welt aus der Sicht der betroffenen Person zu begreifen. Es wird danach gefragt:
- welche internalen kognitiven Ereignisse steuern das Verhalten einer Person, die uns als verhaltensgestört auffällt
- welche internalen kognitiven Ereignisse halten die gezeigten Verhaltensweisen aufrecht
- welche Umgebungsbedingungen steuern das gezeigte Verhalten z.B. in Form unreflektierter Verstärkung

Als Konsequenz sind in der Theorie und Praxis der Therapie und der Verhaltensmodifikation Selbstregulationsmodelle entwickelt worden. Das zunehmende Interesse der Verhaltenmodifikation gilt Verfahren, die die Selbststeuerung von Kindern und Jugendlichen stärken. Dabei geht es darum, Selbststeuerungsprozesse lehrbar zu machen und damit die Personen in die Planung und Durchführung eigener Veränderungsschritte aktiv einzubeziehen (vgl. BENKMANN & NEUKÄTER, 1984). In unserem Fallbeispiel wäre dies sowohl bezogen auf Klaus als auch bezogen auf seine Mutter pädagogisch sinnvoll und notwendig.

Literatur

ADAMEIT, H., HEIDRICH, W., MÖLLER, C., SOMMER, H. (1983). Grundkurs Verhaltensmodifikation. Ein handlungsorientiertes einführendes Arbeitsbuch für Lehrer und Erzieher. Weinheim.
BANDURA, A. (1969). Principles of behavior modification. New York
BANDURA, A. (1976). Lernen am Modell: Ansätze zu einer sozial-kognitiven Lerntheorie. Stuttgart.
BANDURA, A., WALTERS, R. H. (1963). Social learning and personality development. New York.
BELSCHNER, W., HOFFMANN, M., SCHOTT, F., SCHULZE, C. (1975). Verhaltenstherapie in Erziehung und Unterricht. Stuttgart.
BENKMANN, K. H., NEUKÄTER, H. (1984). Aspekte der schulischen Förderung bei Kindern und Jugendlichen mit Verhaltensauffälligkeiten. Studienbrief der FernUni Hagen.
BLÖSCHL, L. (1979). Grundlagen und Methoden der Verhaltenstherapie. Bern.
BOWER, G.H., HILGARD, E.R., AEBLI, H. (Hrsg.) (1984). Theorien des Lernens. Stuttgart
FASSNACHT, G. (1979). Systematische Verhaltensbeobachtung. München.
GOLDSTEIN, A. P. (1978). Strukturierte Lerntherapie. Ansätze zu einer Psychotherapie der sozial Benachteiligten. München.
HAVERS, N. (1981). Erziehungsschwierigkeiten in der Schule. Weinheim.
HOMME, C., CSANI, A.P. GONZALES, M.A., RECKS, J.R. (1974). Verhaltensmodifikation in der Schulklasse. Weinheim.
HILGARD, E. R., BOWER, G. H. (1971). Theorien des Lernens (2 Bände). Stuttgart.
JONES, M. C: (1924). A laboratory study of fear: The case of Peter. Pedagog. Sem. 31, 308–315.
KANFER, F. H., PHILIPPS, J. S. (1975). Lerntheoretische Grundlagen der Verhaltenstherapie. München.
LAUTH, G., SCHLOTTKE, P. (1999). Training mit aufmerksamkeitsgestörten Kindern. Weinheim.
LORENZ, R., MOLZAHN, R., TEEGEN, F. (1982). Verhaltensänderung in der Schule. Systematisches Anleitungsprogramm für Lehrer. Reinbek.

MEICHENBAUM, D. (1977). Cognitive-Behavior Modification. An Integrative Approach. New York.
MEICHENBAUM, D. (1994). Kognitive Verhaltensmodifikation. München
PERLWITZ, E. (1978). Verhaltensformung in der Schule. Beiträge zur Praxis pädagogischer Verhaltensmodifikation. Braunschweig.
REDLICH, W., SCHLEY. W. (1981). Kooperative Verhaltensmodifikation im Unterricht. München.
SANDERS, S. (1978). Die behavioristische Revolution in der Psychologie. Salzburg.
SCHULTE, D. (1976). Diagnostik in der Verhaltenstherapie. München.
SCHUMACHER, G. (1979). Neues Lernen mit Verhaltensgestörten und Lernbehinderten – Der durchstrukturierte Klassenraum. Berlin.
SKINNER, B. F. (1968). The Technology of Teaching. New York.
SPRAU-KUHLEN, V. (1993). Verhaltensmodifikation für verhaltensgestörte Schüler. In: GOETZE, H., NEUKÄTER, H. (Hrg.). Pädagogik bei Verhaltensstörungen. Handbuch der Sonderpädagogik Bd. 6. Berlin.
WATSON, J. B., RAYNER, R. (1924). Conditioned emotional reactions. J. Exp. Psych. 3, 1–14.

Der personenzentrierte Ansatz im Rahmen der Humanistischen Psychologie

Monika A. Vernooij

1. Einführung

Im Zusammenhang mit dem nachfolgenden Beitrag von Herbert GOETZE erscheint es sinnvoll, eine kurze Einführung in die Humanistische Psychologie sowie in die personenzentrierte Therapie zu geben.

1.1 Die Humanistische Psychologie

Die Humanistische Psychologie stellt das dritte Grundlagen- und Theoriegebäude in der klinischen Psychologie dar, neben der Tiefenpsychologie (vgl. VERNOOIJ, in diesem Band) und dem Behaviorismus (vgl. NEUKÄTER in diesem Band). Von ihrem Selbstverständnis her verstand sie sich nicht als Konkurrenz zu den beiden anderen theoretischen Positionen, sondern eher als deren Ergänzung (vgl. BUGENTAL 1978, 16). Innerhalb der angewandten (klinischen) Psychologie führte die Humanistische Psychologie in den 1970er Jahren jedoch zu einer Neuorientierung, die zeitweilig den Charakter einer „Aufbruchbewegung" (RECHTIEN 1993, 330) hatte.

Es würde hier zu weit führen, die Entstehung, Entwicklung und die theoretischen Einflussfaktoren der Humanistischen Psychologie darzustellen (vgl. auch STEIN, in diesem Band). Sie bezeichnet eine wissenschaftliche Bewegung, bei der eine Gruppe von Psychologen und Sozialwissenschaftlern das Ziel verfolgte, „Merkmale und Dynamik eines erfüllten und gesunden menschlichen Lebens zu erforschen" (RECHTIEN 1993, 330).

1.2 Das Menschenbild in der Humanistischen Psychologie

Die „innere Natur" des Menschen ist nach MASLOW (1973) teilweise biologisch gegeben, einerseits als Gattungsmerkmal, andererseits als individuelles Ausprägungsform.

Aus den von ihm postulierten Grundbedürfnissen (MASLOW 1954)
- Physiologische Bedürfnisse (Sauerstoff, Nahrung, Wärme, Schlaf)
- Sicherheitsbedürfnisse (physischer Schutz, ökonomische Sicherheit)
- Soziale Bedürfnisse (Zugehörigkeit, Geborgenheit, Liebe)
- Wertschätzungsbedürfnisse (Anerkennung, Selbstachtung)
- Selbstverwirklichungsbedürfnisse (Freiheit, Kreativität, Selbstkongruenz)

ergeben sich auf natürliche Weise Handlungsmotivationen, die je individuell geprägt, um diese Bedürfnisse kreisen.

Bei einer relativ störungsfreien Entwicklung, bei der den Bedürfnissen Rechnung getragen wird, setzt sich die „innere Natur" eines Menschen in positiver Weise durch, bis hin zur Selbstverwirklichung.

In der Humanistischen Psychologie werden vier Aspekte bezogen auf das Menschenbild besonders betont:
- die Fähigkeit zur Autonomie in sozialer Verantwortung
- das Streben nach Wachstum und Selbstaktualisierung
- die Ziel- und Sinnorientierung menschlichen Handelns
- die Ganzheitlichkeit des menschlichen Organismus im Sinne einer Einheit von Körper, Geist und Seele

2. Praktische Anwendung der Humanistischen Psychologie

2.1 Die klientenzentrierte Therapie von Carl R. Rogers

Einer der wesentlichen psychologischen Vertreter der Humanistischen Psychologie ist Carl ROGERS, der auf dieser Basis seine „Klientenzentrierte Psychotherapie" entwickelte (zwischen 1938 und

1950), in Deutschland besser bekannt als „Gesprächstherapie" (weiterführende Information: ROGERS 1973). Wesentliche Grundsätze im Zusammenhang mit der Klientenzentrierung sind für ROGERS
- dass Klient (nicht Patient!) und Therapeut gleichberechtigte Partner sind
- dass der Therapeut verständnisvoller Begleiter, nicht Bewerter des Klienten ist
- dass Akzeptanz und Verständnis des Therapeuten nicht die Eigenverantwortlichkeit des Klienten schmälern oder gar aufheben
- dass Therapie ein Prozess der „Deorganisation und Reorganisation" ist (vgl. ROGERS 1973, 181 ff.; 1976, 136 ff.)

In der Literatur finden sich als so genannte Basisvariablen therapeutischen Verhaltens

1. Positive Wertschätzung und emotionale Wärme (Akzeptanz, Achtung)
2. Echtheit (Selbstkongruenz, Aufrichtigkeit, Ohne-Fassade-Sein)
3. Einfühlendes Verstehen (nichtwertendes Eingehen auf den Klienten)

Diese Variablen versteht er weniger als Technik, die trainiert werden kann, sondern als „Aspekte eines zwischenmenschlichen Beziehungsangebotes" mit dem therapeutischen Ziel individuell kongruenter Veränderung des Klienten.

Eine große Rolle spielt dabei die Verbalisierung emotionaler Erlebnisinhalte, die Spiegelung des Berichteten unter Einbezug der impliziten emotionalen Anteile.

Heute wird eher von nicht-direktiver bzw. personenzentrierter Therapie gesprochen.

2.2 Die Kinder-Spieltherapie im nicht-direktiven Verfahren nach Virginia M. Axline

Nach R. TAUSCH hat Virginia AXLINE „die Grundhaltungen der von Carl ROGERS vor drei Jahrzehnten entwickelten klienten-zentrierten Psychotherapie im Umgang mit Kindern verwirklicht" (1971, in AXLINE 1997[9], 3). Für AXLINE ist die Tendenz zur Selbstverwirklichung das vorherrschende Verhaltensmotiv. Verhaltensgestört bzw. „schlecht angepasst ist ein Mensch, dem es an ausreichendem Selbstvertrauen gebricht, um sich offen zu seiner Lebensweise zu bekennen und der in sich eher eine vorgetäuschte als eine tatsächliche Selbstverwirklichung entwickelt, und der wenig oder nichts tut, um seinen Selbstverwirklichungstrieb in konstruktive und schöpferische Bahnen zu lenken" (1997[9], 18).

Ihre nicht-direktive Spieltherapie basiert in Anlehnung an ROGERS auf der Annahme, dass das Individuum sich selbst erhalten und entwickeln *will*, dass es selbst die Verantwortung und die Führung übernehmen *kann*. Jeder, auch der junge Mensch, das Kind, hat in sich selbst sowohl die Fähigkeit, „seine Probleme auf eine zufrieden stellende Weise zu lösen", als auch die Tendenz, seinem „Wachstumsimpuls" zu folgen, „der ihm ein reifes Verhalten befriedigender erscheinen lässt, als ein unreifes" (vgl. AXLINE 1972, 185; 1997[9], 20).

In der Spieltherapie nach AXLINE erhält das Kind die Möglichkeit, „angesammelte Gefühle von Spannungen, Frustration, Unsicherheit, Angst, Aggression und Verwirrung, auszuspielen" (AXLINE 1972, 186), d.h., es kann ohne Beeinflussung durch den Erwachsenen seine Gefühle an die Oberfläche kommen lassen, und es lernt im Spiel, sich ihnen zu stellen, sie zu beherrschen oder sie zu überdenken und dann zu relativieren oder zu modifizieren.

In der Therapie werden neue Erfahrungen für das Kind wirksam, nämlich
- dass ein Erwachsener ihm Interesse, Akzeptanz und Zuneigung entgegenbringt ohne „Wohlverhalten" dafür zu erwarten
- dass Regeln, Verbote, Zurechtweisungen weitgehend entfallen
- dass allerdings auch Lenkung, Hilfe und Unterstützung entfallen (vgl. AXLINE 1997[9], 21).

Das Kind selbst steht im Mittelpunkt des Geschehens, welches im Gegensatz zur nicht-direktiven Therapie mit Erwachsenen, mehr durch Handlung als durch Worte geprägt ist. Allerdings stellen die neuen Erfahrungen eine Herausforderung für das Kind dar, der es zunächst hilflos oder skeptisch gegenüber steht. Erst allmählich lernt es, die Möglichkeiten der Situation zu erforschen und mutig umzusetzen (vgl. VERNOOIJ 1992, 86).

Obwohl dem Therapeuten eine nicht-direktive Rolle zukommt, ist er nicht passiv. Von ihm sind beständige Sensibilität und Wachsamkeit gefordert, durchgängig eine gewährende und akzeptierende Haltung, sowie die Fähigkeit zum Erkennen und Reflektieren kindlicher Gefühle. Er ist weder Supervisor oder Lehrer noch Elternersatz.

Diese Haltung entspricht den Basisvariablen bei ROGERS, die von AXLINE modifiziert und ausgeweitet werden. Damit das Kind Zutrauen und die Bereitschaft entwickeln kann, Einblick in sein Innenleben, in seine psychische Problemlage zu gewähren, sind nach AXLINE acht Prinzipien zu beachten:

1. Das Prinzip des freundlichen *Beziehungsverhältnisses*, das besagt, dass eine warme, freundliche Beziehung zum Kind und damit ein guter Kontakt aufgebaut werden soll.

2. Das Prinzip des *Akzeptierens und Respektierens*, das besagt, dass das Kind von Therapeuten so aufgenommen werden soll, wie es ist.

3. Das Prinzip des *Gewährens und Erlaubens*, das besagt, dass die Beziehung zwischen Kind und Therapeut sich gründet auf einer Atmosphäre des Gewährenlassens, in der das Kind seine Gefühle frei und ungehemmt äußern kann.

4. Das Prinzip des Erkennens und *Reflektierens der Gefühle*, das besagt, dass der Therapeut wachsam sein muss, um die Gefühle, die das Kind äußert, zu erkennen; und dass er diese reflektiert, um sie dem Kind zurückzuspiegeln, damit es Einsicht in sein eigenes Verhalten gewinnt.

5. Das Prinzip der *Achtung* vor dem Kind, das besagt, dass der Therapeut die Fähigkeit des Kindes achtet, mit seinen Schwierigkeiten selbst fertig zu werden, wenn es Gelegenheit erhält, hinsichtlich seines Verhaltens frei zu wählen. „Der Entschluss zu einer Wandlung, und das In-Gang-Setzen einer Veränderung sind Angelegenheit des Kindes" (AXLINE 1972, 73).

6. Das Prinzip des *Nicht-Lenkens*, das besagt, dass der Therapeut nicht versucht, das Handeln und Sprechen des Kindes zu beeinflussen. „Das Kind weist den Weg, der Therapeut folgt ihm" (AXLINE 1972, 73).

7. Das Prinzip des *Nicht-Vorantreibens*, das besagt, dass der therapeutische Prozess nicht beschleunigt werden darf durch den Therapeuten. Ein schrittweises Vorangehen, im Tempo des Kindes, ist unerlässlich.

8. Das Prinzip des *Begrenzens*, das besagt, dass der Therapeut nur dort Grenzen setzt, wo es zur Verankerung der Therapie in der Realität notwendig ist und wo dem Kind die Mitverantwortung des Therapeuten für die Beziehung klar werden soll.

Grenzen ergeben sich im Wesentlichen unter drei Aspekten:

- dem zeitlichen Aspekt, d.h., die Zeit des therapeutischen Spiels ist begrenzt, aktuell in jeder Therapie-Stunde, generell als therapeutische Intervention
- dem emotionalen Aspekt, d.h., das Kind macht die Erfahrung, dass die Zuwendung des Therapeuten Grenzen hat, dass weitere Kinder auf der gleichen Zuwendungsebene vorhanden sind
- dem Destruktionsaspekt, d.h., das Ausmaß und die Art destruktiver Handlungen hat, bezogen auf die Realität außerhalb der therapeutischen Situation, klare Grenzen. z.B. bezogen auf
  - mutwillige Zerstörung von Materialien
  - Ruinieren des Spielraumes
  - tätliche Angriffe auf den Therapeuten
  - Begrenzung zum Schutz des Kindes (vgl. AXLINE 1972, 62 ff.; 1997[9], 73-124)

Das Kind mit Verhaltensstörungen, im Folgenden Beitrag das Kind Klaus, erhält in der nicht-direktiven/personenzentrierten Spieltherapie die Gelegenheit, sich ohne dirigistische Eingriffe von außen, aber mit vorbehaltlos akzeptierender Begleitung durch den Therapeuten mit seinen Problemen auseinander zu setzen. Durch das verständnisvolle Reflektieren seiner Gefühle lernt das Kind sich selbst besser kennen; die positive Wertschätzung gibt ihm Sicherheit und ermöglicht eine positive Selbsteinschätzung" (VERNOOIJ 1992, 88).

Dies bildet die Grundlage dafür, dass das Kind innerlich wachsen und reifen kann. Bei erfolgreicher Therapie wird es in seinem Verhalten unauffälliger, kreativer und selbstkongruenter.

Quasi als „handhabbares Medium für den Veränderungsprozess" ist das vielfältige, für kreatives Spiel geeignete Spielmaterial anzusehen. Im Sinne der Humanistischen Psychologie liegt der Hauptakzent der nicht-direktiven/personenzentrierten Spieltherapie „auf der Befähigung zu einer konstruktiv-positiven Lebensweise" (vgl. VERNOOIJ 1992, 88).

Hinweis

Im folgenden Beitrag wird mit Klaus eine *fiktive*, personenzentrierte Spieltherapie durchgeführt, die den Veränderungsprozess *idealtypisch* darstellt.

Literatur

AXLINE, V. M. (1947/dt. 1972). Kinder-Spieltherapie im nicht-direktiven Verfahren. München/Basel.

AXLINE, V. M. (1976). Spieltherapie im nicht-direktiven Verfahren. In: BIERMANN, G. (Hrsg.). Handbuch der Kinderpsychotherapie. Bd. 1, München/Basel.

AXLINE, V. M. (1997^9). Kinder-Spieltherapie im nicht-direktiven Verfahren. München/Basel.

BUGENTHAL, J. F. T. (1978). The third force in Psychology. In: WELCH, D. J./ TATE, G. A./RICHARD, F. (Ed.). Humanistic Psychology: A Sourcebook. Buffalo/New York.

KRIZ, J. (1985). Grundkonzepte der Psychotherapie. München/Wien/Baltimore.

MASLOW, A. H. (1954). Motivation and Personality. New York.

MASLOW, A. H. (1973). Psychologie des Seins. München.

PETZOLD H. (Hrsg.) (1990^5). Wege zum Menschen. Bd. I. Paderborn.

RECHTIEN, W. (1986). Ganzheits-, Gestalt- und Feldtheorie. In: REXILUS, G./GRUBITZSCH, S. (Hrsg.). Psychologie. Theorien – Methoden – Arbeitsfelder. Reinbek, 97–114.

RECHTIEN, W. (1993). Humanistische Psychologie. In: SCHORR, A. (Hrsg.). Handwörterbuch der angewandten Psychologie. Bonn. 330–336.

ROGERS, C. R. (1951/dt. 1973). Die klientbezogene Gesprächstherapie. München.
ROGERS, C. R. (1958). A process conception of psychotherapy. In: American Psychologist 13, 142–149.
ROGERS, C. R. (1961/dt. 1973). Die Entwicklung der Persönlichkeit. Stuttgart.
ROGERS, C. R. (1981). Der neue Mensch. Stuttgart.
ROYCE, J. R./MOS, L. P. (1981). Humanistic Psychology. Concepts and Criticism. New York.
TAUSCH, R. (1968). Gesprächspsychotherapie. Göttingen.
VÖLKER, U. (Hrsg.) (1980). Humanistische Psychologie – Ansätze einer lebensnahen Wissenschaft vom Menschen. Weinheim.

Der personenzentrierte Ansatz
Die pädagogisch-therapeutisch orientierten Spielstunden mit Klaus

Herbert Goetze

1. Der Anlass

Die Situation ist eskaliert. Klaus hat nicht nur mit seiner Mutter eine angespannte Beziehung; auch in der Schule möchten die Klassenkameraden am liebsten nichts mehr mit ihm zu tun haben, die „stärkeren" halten ihn für einen „Spinner", die „schwächeren" und die Mädchen haben einfach Angst vor ihm. Die Lehrkräfte haben kein Verständnis für Klaus, sie fühlen sich hilflos, denn so etwas wie Klaus Verhalten hat es an dieser Grundschule noch nie gegeben. Man möchte ihn am liebsten von der Schule entfernen, ihn loswerden, um die Situation zu befrieden, aber die Schulordnung gibt so etwas in Zeiten zunehmender Integration nicht mehr her. Das Förderverfahren, das nun zwangsläufig anläuft, erbringt zunächst den von allen Beteiligten einmütig gefassten Beschluss, Klaus für vierzehn Tage von der Schule fernzuhalten. Die Frage der anwesenden Referendarin, wie Klaus Problem dadurch gelöst werden soll, wird zuerst übergangen, sie hat ja auch kein Stimmrecht. Der Druck, aber doch etwas Konstruktives tun zu müssen, führt schließlich zu dem Antrag an das Schulamt, Einzelförderstunden gewährt und dafür eine geeignete Fachkraft zur Verfügung gestellt zu bekommen. Das Schulamt bescheidet den Antrag positiv, und Frau Anne L., eine Sonderschullehrerin mit einer Ausbildung in Lernbehinderten- und Verhaltensgestörtenpädagogik, wird für zwei Stunden wöchentlich zur pädagogischen Betreuung des Kindes an die Grundschule delegiert.

Anne L. hält die Aussicht, mit Hilfe von zwei Förderstunden in ein paar Wochen Klaus Problem mit ausschließlich schulischen Mitteln lösen zu sollen, für ein hoffnungsloses Unterfangen: Da müsste schon mehr passieren! Sie verweigert sich der Aufgabe jedoch nicht, denn während ihres Studiums und auch später hat sie sich intensiv mit der personenzentrierten Spieltherapie nach Carl ROGERS (1952, 1978) und Virginia AXLINE (1972) befasst und ist deshalb davon überzeugt, dass zwei Einzelspielstunden pro Woche, wenn sie systematisch über einen längeren Zeitraum durchgeführt werden, oftmals schon nach kurzer Zeit zu merklichen Veränderungen bei einem Kind führen können. Aber auch bei Klaus? (vgl. GOETZE 1998 & 2002).

2. Die Phasen der personenzentrierten Spieltherapie

> *Mit der personenzentrierten Spieltherapie möchte ich hier ein Verfahren vorstellen, das auf dem Hintergrund des personenzentrierten Ansatzes von C. Rogers (1978) Kindern/Jugendlichen zu vermehrter Selbstanpassung verhelfen soll.*

Abb. 1: Definition der Spieltherapie (vgl. GOETZE 1981 & 1998)

Anne kennt die Prozesse, die ziemlich regelmäßig in einer Spieltherapie ablaufen, und weiß, welche Phase jetzt, da sie das Kind ja kaum kennen gelernt hat, aktuell ist:

2.1 Die non-personale Phase der Spieltherapie

In diesem non-personalen Stadium ist die Beziehung zwischen Anne und Klaus ja eigentlich noch gar nicht vorhanden; die Beziehung ist indirekt, also noch unpersönlich, distanziert. Denn Anne hat nur Informationen von außen bekommen; sie hat viel Schlimmes über den Jungen gehört, dass sie bestimmte Befürchtungen, die in ihr wach werden, gar nicht unterdrücken kann:
– Ist die Spieltherapie überhaupt das Richtige für den Jungen? Vielleicht lehnt er ja alles, was an Angeboten von der Schule kommt, rundweg ab.
– Hat Klaus nicht generell ein schlechtes Verhältnis zu Frauen? Die Kolleginnen der Schule jedenfalls lassen „kein gutes Haar" an ihm.

Die Pädagogisch-therapeutisch orientierte Spielstunden mit Klaus

– Wird er mir das Spielzimmer kurz und klein schlagen? Seine „aggressiven Ausbrüche" gegen Sachen und Personen sind inzwischen stadtbekannt.
– Kommt er vielleicht auch zur Spielstunde mit einem Messer?

Anne hat in ihrem Training gelernt, dass sie die eigenen Befürchtungen und Ängste nicht einfach „wegstecken" darf, nein, es ist besser, sich die eigenen Befürchtungen bewusst zu machen und sich selbst vor Augen zu führen, dass diese Gefühle und Zuschreibungen kaum etwas mit dem Kind zu tun haben können, denn sie hat Klaus ja noch gar nicht als Spieltherapiekind kennen gelernt und erfahren.

Was mag zu diesem Zeitpunkt wohl in Klaus vorgehen? Würde man ihn jetzt nach seinen Gefühlen fragen, bekäme man vielleicht eine herausgestreckte Zunge, bestenfalls ein Achselzucken zu sehen. Anne wird ihn in einem halben Jahr danach fragen, mit welchen Erwartungen er zur ersten Spielstunde gekommen ist, und dann wird Klaus aus der Rückschau heraus in der Lage sein zu sagen: „Ich brauchte doch keinen Seelendoktor, ich war doch nicht bekloppt. Bekloppt waren alle anderen. Ich hatte mir vorgenommen, alles zusammenzuhauen, Sie auch. Ich wollte nichts mit Ihnen zu tun haben." Klaus wird dann aber gleich hinzufügen: „Als es dann aber losging mit dem Spielen, da waren Sie so nett zu mir, dass das dann einfach nicht ging." In Klaus Erinnerung überlagern sich damit die Vorgänge vor Spieltherapiebeginn mit denen zu Beginn der Spielstunden, einer Phase, die mit dem Titel „Non-Direktivität" überschrieben ist (vgl. GOETZE 1981 & 2002).

2.2 Die non-direktive Phase

Der Tag kommt, an dem Klaus den von Anne eingerichteten Spielraum zum ersten Mal betritt. Es war für sie nicht einfach, der Schulleitung einen Raum „abzutrotzen", den sie nach den Bedürfnissen einer spieltherapeutisch orientierten Förderung auch umgestalten durfte. Letztlich wurde ihr der Raum deshalb gewährt, weil die Schulleitung befürchtete, dass Klaus nicht der letzte Kandidat für solche Fördermaßnahmen bleiben würde.

1. Prinzip der vollständigen Annahme:
„Der Therapeut nimmt das Kind ganz so an, wie es ist."

2. Prinzip der Herstellung eines Klimas des Gewährenlassens:
„Der Therapeut gründet seine Beziehung zu dem Kind auf eine Atmosphäre des Gewährenlassens, so dass das Kind sich frei fühlt, alle seine Gefühle uneingeschränkt auszudrücken."

3. Prinzip der Achtung vor dem Kind:
„Der Therapeut achtet die Fähigkeit des Kindes, mit seinen Schwierigkeiten selbst fertig zu werden, wenn man ihm Gelegenheit dazu gibt. Die Verantwortung, eine Wahl in Bezug auf sein Verhalten zu treffen, und das In-Gang-Setzen einer inneren Wandlung sind Angelegenheiten des Kindes."

4. Prinzip der Wegweisung durch das Kind:
„Der Therapeut versucht nicht, die Handlungen oder Gespräche des Kindes zu beeinflussen. Das Kind weist den Weg, der Therapeut folgt ihm."

5. Prinzip der Nicht-Beschleunigung:
„Der Therapeut versucht nicht, den Gang der Therapie zu beschleunigen. Sie ist ein Weg, der langsam, Schritt für Schritt gegangen werden muss, und der Therapeut weiß das."

6. Prinzip der Gestaltung der Beziehung:
„Der Therapeut sollte eine warme, freundliche Beziehung zum Kind aufnehmen, die so bald wie möglich zu einem guten Kontakt führt."

7. Prinzip des Erkennens und Reflektieren von Gefühlen:
„Der Therapeut ist wachsam in Bezug auf die Gefühle, die das Kind ausdrücken möchte. Er versucht, sie zu erkennen und auf das Kind zu reflektieren."

8. Prinzip des Begrenzens:
„Der Therapeut setzt nur Grenzen, wo diese notwendig sind, um die Therapie in der Welt der Wirklichkeit zu verankern, und um dem Kind seine Mitverantwortung an der Beziehung zwischen ihm und dem Kind klarzumachen."

Abb. 2: Prinzipien der nicht-direktiven Spieltherapie nach AXLINE (1972)

Die Pädagogisch-therapeutisch orientierte Spielstunden mit Klaus

Anne weiß, dass unter solchen Bedingungen eine optimale Spielzimmerausstattung nicht zu haben ist, sie muss Kompromisse schließen und stattet den Raum aus abgelegten Beständen der Schule und mit eigenem Inventar aus. Bestimmte Spielsachen, dass hat sie in ihrer bisherigen Arbeit herausgefunden, müssen unbedingt vorhanden sein; anderes Material kommt dazu, wenn Geld dazu da ist. Anne wird jedoch die Ausstattung nicht andauernd anreichern, denn sie weiß, dass Kinder auch in solchen Äußerlichkeiten orientierungs- und sicherheitsgewährleistende Konstanz benötigen.

Bevor Klaus zum ersten Mal kommt, hat sich eine ganz ansehnliche Ausstattung angesammelt, die Anne – so gut das geht – nach Funktionen im Raum zuordnet. In der Mitte befinden sich zwei kleinere Plastikbehälter, der eine mit trockenem, der andere mit nassem Sand gefüllt. Nicht weit entfernt davon steht das Puppenhaus, das dreistöckig aufgebaut und groß genug ist, dass man mit den Händen hineingreifen kann. In der einen Ecke, neben der Wandtafel, hat sie eine Mal- und Bastelecke aufgebaut. In der anderen Ecke steht eine Kiste mit Sachen zum Verkleiden. Ziemlich auffällig daneben gibt es eine Schrankablage mit Schwertern, Messern, Gewehren, Pistolen und Handschellen. Querseitig im Raum befindet sich eine mehrstöckige, jedoch frei zugängliche Schrankablage mit den interessantesten größeren und kleineren Gegenständen: Feldstecher, kleines Spieltelefonpaar, Walkie-Talkies, Bälle, allerlei Plastikgetier und Dinosaurier, Rennautos, Babyflasche, Flugzeuge, Fotoapparat, ein Hut, Masken, eine Taschenlampe, Kartenspiele, Gesellschaftsspiele, Schlüssel, Spielgeld, kleine Musikinstrumente, ein Kassettenrecorder, ein Teddybär. In einer anderen Ablage gibt es noch eine größere Menge an Handpuppen.

An einem Donnerstag zur verabredeten Zeit befindet sich Anne in diesem Raum, schaut sich um, ordnet noch einmal die Sachen in der breiteren Ablage, zupft am Ohr des Teddybär, streicht mit den Fingern über den Sand, als es klopft und Klaus gebracht wird. Sie öffnet die Tür, sieht den Jungen und sagt: „Du musst Klaus sein, und ich bin Frau L. Gut, dass du da bist, ich habe schon auf dich gewartet." Klaus tritt ein, Anne schließt die Tür und sagt: „Das ist hier unser Spielzimmer, und du kannst mit allen Sachen so spielen, wie du möchtest." Aus Klaus Mund ist sofort die Frage zu hören: „Und wenn ich nicht will?" Anne antwortet ganz ruhig: „Du kannst hier spielen, du kannst hier malen, du kannst hier singen, basteln. Du darfst hier fröhlich oder traurig oder wütend oder sonst etwas sein, ganz wie du möchtest." In Klaus Kopf geht es ordentlich durcheinander, das hatte er nun wirklich nicht erwartet! Er weiß genau, warum sie, die Leute von der Schule, ihn hierher geschickt haben, weil er doch „so böse" ist, wie die Lehrer ja gesagt haben. Und er hatte eigentlich vor, dieser Frau zu zeigen, dass sie damit recht haben: Er wollte hier richtig „böse" sein. Und jetzt erlaubt ihm diese Frau – wie heißt sie doch noch? –, „böse" zu sein.

Anne sieht an Klaus Gesicht, wie überrascht er ist. „Das wundert dich vielleicht, dass du hier spielen kannst, aber nicht spielen musst und Dinge tun darfst, die du allein bestimmst." „Das werde ich mir merken!" denkt Klaus sich, aber jetzt interessieren ihn erst einmal die Rennautos. Er holt sie aus der Ablage und baut eine Rennstrecke auf dem Fußboden auf.

Anne ist erleichtert, es sieht ganz danach aus, als ob Klaus das Spielzimmer für den Moment angenommen hat.

Sie hat alles daran gesetzt, zentrale Prinzipien der Spieltherapie vom ersten Moment ab für ihn erfahrbar zu machen, so das Prinzip der Gestaltung der Beziehung, das mit der Aufforderung verbunden ist: „Der Therapeut sollte eine warme, freundliche Beziehung zum Kind aufnehmen, die so bald wie möglich zu einem guten Kontakt führt." Mit Echtheit, aber auch mit einem „Schuss" an Professionalität ist es ihr gelungen, Klaus Gefühle der Unsicherheit, des Zweifels, aber auch der Wut und der Ablehnung nicht eskalieren zu lassen, sondern erst einmal einen Kontakt herzustellen, der es ihm später erlauben wird, sich ihnen konstruktiv zu nähern.

Anne hat zugleich versucht, eine weiteres Prinzip AXLINES, das der vollständigen Annahme, zu verwirklichen, das bei AXLINE so ausformuliert ist: „Der Therapeut nimmt das Kind ganz so an, wie es ist." Ein Kind, von dem solche Vorinformationen wie bei Klaus vorliegen, „vollständig" anzunehmen, ist auch für Anne keine leichte Aufgabe, die sie allerdings dadurch löst, dass sie sich innerlich frei macht und offen ist für die Aufnahme einer unvorbelasteten Beziehung.

Klaus hat zwei Rennautos aufgebaut und nebeneinander gestellt, in einem sitzt „Schumi", und er lässt beide Autos losflitzen; „Schumis" Renner ist aber immer vorn. Anne kriecht inzwischen auch auf dem Boden neben Klaus herum und sagt: „Einer von den beiden gewinnt dauernd, der andere ist einfach zu langsam." Und Klaus darauf: „Quatsch, doch nicht langsam, der fährt einfach zu bekloppt." Anne atmet erleichtert auf, denn ihr kommt der Gedanke: Klaus „beißt" an, er schafft etwas, wozu andere Spieltherapiekinder oft viel mehr Zeit benötigen: sein Problem im Spielen auszudrücken. Sie denkt sich, dass Klaus mit den beiden unterschiedlichen Autos sich selbst in der Gewinner- und Verliererrolle zum Ausdruck bringt – aber natürlich unabsichtlich; er distanziert sich von dem „bekloppten" Verlierer und schlüpft viel lieber in die Rolle des „Gewinners". Wenn Anne eine Spieltherapie mit einer anderen therapeutischen Orientierung durchführen würde, dann hätte sie das Kind jetzt vielleicht darauf angesprochen, ob es Verbindungen zwischen seinem Spiel und seinem Problem gibt. Als Vertreterin des personenzentrierten Ansatzes verfolgt sie jedoch das Prinzip des Erkennens und Reflektierens von Gefühlen, und nicht des Interpretierens und Konfrontierens, denn „Die Therapeutin ist wachsam in Bezug auf die Gefühle, die das Kind ausdrücken möchte. Sie versucht, sie zu erkennen und auf das Kind zu reflektieren", wie Virginia AXLINE (1972) schrieb. Anne versucht in diesem non-direktiven Stadium der Spieltherapie, den Ausdrucksgehalt des Spiels zu erfassen und mit eigenen Worten zurückzuspiegeln. Das zu realisieren, ist natürlich nicht immer ganz einfach, denn jetzt lässt Klaus z. B. die Autos weiter im Raum kreisen, macht dazu Fahrgeräusche („Brumm, brumm") und sagt sonst weiter nichts. „Das ist ein spannendes Rennen", „die können lange durchhalten" und ähnliche Bemerkungen kommen ab und zu von der Lehrerin, bis Klaus nach einiger Zeit das Interesse an diesem Spiel zu verlieren scheint und sich die Sachen in der Schrankablage genauer anschaut. „Jetzt ist das Autorennen zu Ende. Mal sehen, was es hier sonst noch so gibt" sagt sie und realisiert damit ein weiteres Prinzip der Spieltherapie, das der Wegweisung durch das Kind (AXLINE: „Die Therapeutin versucht nicht, die Handlungen oder Gespräche des Kindes zu beeinflussen. Das Kind weist den Weg, die Therapeutin folgt ihm"); sie „begleitet" Klaus in ihrem Verhalten und mit ihren Worten, macht also keine Vorgaben, wann, wie, womit gespielt werden soll, denn Klaus soll selbst herausfinden, mit welchem Spielzeug er sich am besten ausdrücken kann, was in einem weiteren Prinzip, das der

Herstellung eines Klimas des Gewährenlassens gut zum Ausdruck kommt: „Die Therapeutin gründet ihre Beziehung zum Kind auf eine Atmosphäre des Gewährenlassens, so dass das Kind sich frei fühlt, alle seine Gefühle uneingeschränkt auszudrücken."

Klaus schaut durch das Fernglas, nuckelt kurz an der Babyflasche, setzt sich den Hut auf, fingert an der Taschenlampe herum und greift sich schließlich Halma heraus, baut die Steine auf und fragt: „Wer fängt an, Sie oder ich?"

‚Jetzt ist das Eis endgültig gebrochen', denkt sich Anne, denn Klaus gibt ihr zu verstehen, dass er sie in sein Spiel einbeziehen möchte. Bei Halma handelt es sich um ein Brettspiel, aus dem als Gewinner hervorgeht, wer sämtliche Steine als erster auf die gegnerische Seite gebracht hat. ‚Klaus will sich also mit mir messen', denkt sie. Zugleich steckt in Klaus fast beiläufig hingeworfener Frage eine kleine Herausforderung an sie, fast ein Dilemma: Wenn sie nämlich antworten würde „Du fängst an", hätte sie eine direktive Aufforderung vorgegeben – und damit nicht Klaus den Weg weisen lassen. Würde sie dagegen sagen „Das ist mir egal", könnte Klaus denken, ‚ich bin ihr gleichgültig'. Sie denkt sich, ‚vielleicht will Klaus ja austesten, wie ernst ich es mit der Wegweisung durch ihn meine, und deshalb darf ich auch in dieser scheinbar unwichtigen Situation nicht für ihn entscheiden.' Sie antwortet: „Du willst mich das jetzt entscheiden lassen, wer von uns beiden anfängt?" „Na gut, dann fange ich eben an", sagt Klaus etwas genervt, und die restliche Spielstunde verläuft ruhig, es wird kaum gesprochen.

„Jetzt haben wir nur noch fünf Minuten Zeit in dieser Stunde", sagt Anne nach einer Weile, „aber das Spiel bekommen wir vielleicht noch zu Ende." Klaus strengt sich jetzt mächtig an, die verbliebenen Steine durch Überspringen noch schnell ins Ziel zu bringen, Anne tut es ihm nach, aber Klaus sieht, dass er deutlich im Rückstand ist, den er nicht mehr aufholen kann. Wie zufällig, aber doch mit nicht ganz deutlicher Absicht bleibt er mit dem Arm am Spielbrett hängen, die Steine kullern zur Seite und das Spiel ist damit beendet. „Fast wären wir noch fertig geworden, nur der Arm hat uns jetzt daran gehindert", sagt Anne mit freundlicher Stimme. „Mir doch egal", murmelt Klaus, denkt sich aber: ‚Komisch mit dieser Frau, eigentlich hätte sie mich doch anschnauzen können, hat sie aber nicht gemacht'. Er erhebt sich, während Anne die Stei-

Die Pädagogisch-therapeutisch orientierte Spielstunden mit Klaus

ne in den Spielkasten zurückbefördert und die erste Stunde mit den Worten abschließt: „Für heute ist unsere Spielzeit um. Wenn du möchtest, können wir uns am nächsten Dienstag um die gleiche Zeit hier wieder sehen, ich würde mich jedenfalls freuen." Ohne Gruß rennt Klaus aus dem Raum in seine Klasse.

Nach dieser Stunde füllt Anne ihren Reflexionsbogen aus und notiert, welche Beziehungsangebote von ihm ausgegangen sind, was Klaus alles gespielt hat, welche Spielprozesse abgelaufen sind und wie sie sich selbst nach dieser Stunde fühlt. Sie weiß nämlich, wenn sie diese Reflexion nicht unmittelbar nach der Stunde zu Papier bringt, dass dann für den weiteren Fortgang entscheidende Informationen unwiederbringlich verloren gehen.

Klaus Förderstunden werden in der nächsten Woche fortgesetzt, und es gibt erstaunlicherweise keine Probleme damit. Klaus scheint sogar gern ins Spielzimmer zu kommen. Es sieht für Anne so aus, als ob Klaus den Spielraum systematisch erkunden würde, er beschäftigt sich mit vielem, wechselt auch das Spielzentrum häufiger und gebraucht mehr und mehr Gewehre und Schwerter. Aber nun tauchen auch schon die ersten Probleme auf, z. B. als Klaus gern die Rennautos mit nach Hause nehmen möchte. Klaus möchte mit diesem Wunsch eine Grenze überschreiten, die AXLINE (1972) einmal so bestimmt hat: „Die Therapeutin setzt nur Grenzen, wo diese notwendig sind, um die Therapie in der Welt der Wirklichkeit zu verankern, und um dem Kind seine Mitverantwortung an der Beziehung zwischen ihr und dem Kind klarzumachen" (Prinzip des Begrenzens). Die nahe liegende „Welt der Wirklichkeit des Spielzimmers" lässt es nicht zu, dass ein Kind den Raum seines Spielinventars entledigt. Die „Welt der Wirklichkeit vor der Tür" macht die Einsicht notwendig, dass der Wechsel von Besitz an bestimmte Vorbedingungen geknüpft ist. Die aber viel mehr entscheidende „klinische Welt der Wirklichkeit", also Klaus Problematik, gebietet es, dass Klaus lernt, seine Gefühle hier im Spielzimmer mit den bestmöglichen Mitteln zum Ausdruck zu bringen, wozu offensichtlich auch die beiden Rennautos zählen. Die Sachen müssen deshalb im Raum verbleiben.

Ein kleiner Dialog beginnt: „Du möchtest gern die beiden Autos haben. Aber das ist nicht möglich, sie gehören hier zum Spielzimmer." „Na gut, dann will ich sie eben ausborgen, ich bringe sie auch bestimmt wieder zurück, verspreche ich, heiliges Ehrenwort."

„Du möchtest sie unbedingt haben, vielleicht nur für kürzer, aber das geht nicht, sie müssen hier bleiben."

„Dann stecke ich sie eben so ein, und Sie werden mich nicht daran hindern!"

„Die beiden Autos müssen dir wirklich viel wert sein, dass du sie mitnehmen willst, und du meinst, ich werde das nicht zu verhindern wissen. Das macht dich schon fast wütend, wenn ich dir sage, die Autos müssen hier bleiben. Manchmal will man etwas unbedingt haben und ist richtig ‚heiß' darauf. Und dann geht es nicht, und man will deshalb richtig ausrasten. Dann hilft aber alles nichts, und man muss sich ‚abkühlen'; für die Spielstunden bedeutet das, dass man dann für kurze Zeit, manchmal sogar für länger, vor die Tür muss."

Klaus will es nicht darauf ankommen lassen. „Na gut, dann eben nich", sagt er grimmig und spielt mit den Autos zum wiederholten Mal auf dem Boden weiter.

Nach einigen Spielstunden ist das Aufsuchen des Zimmers für Klaus schon fast zur Gewohnheit geworden, es macht ihm Spaß, herzukommen. Anne ist ihm vertraut geworden, und er weiß, dass er von ihr nichts Schlimmes zu befürchten hat. Anne merkt aber, es liegt etwas „im Busche", d.h. Klaus fühlt sich mehr und mehr frei, das auszudrücken, was in ihm nagt, was ihn verstört. Unmerklich bekommt die Spieltherapie eine andere, eine „dichtere" Qualität; Klaus bekommt das diffuse, kaum bewusste Gefühl, dass diese Beziehung zu Anne verlässlich genug ist, um „tiefer einzutauchen", d.h. Dinge zu sagen und zu tun, die er sonst niemandem anvertrauen würde.

2.3 Die klientenzentrierte Phase

Damit ist Klaus Spieltherapie in die nächste, die sog. klientenzentrierte Phase getreten. Anne hat nun ein tragfähiges Beziehungsverhältnis zu ihm aufgebaut. Auf dieser Grundlage kann sie versuchen, noch mehr in die Erlebniswelt des Jungen einzudringen und z.B. über das vom Kind aktuell Gesagte bzw. Geäußerte hinauszu-

Die Pädagogisch-therapeutisch orientierte Spielstunden mit Klaus

gehen, um Erlebnisvorgänge des Jungen zu intensivieren. Anne versucht nun mit verbalen Mitteln und durch eigenes Mitspielen, noch mehr auf das Kind einzugehen, indem sie Gefühle reflektiert, sich in das Kind einfühlt und u.U. sogar Spielangebote unterbreitet. Diese neue Qualität der spieltherapeutisch orientierten Förderstunden bedeutet zugleich, dass die beschwingte Atmosphäre der vorangegangenen Spielstunden von harter, therapeutischer Arbeit abgelöst wird. Vergnügen und Spielfreude gibt es auch noch, aber eher am Rande. Im Mittelpunkt steht Klaus Auseinandersetzung mit seinem häuslichen Problem, und deshalb sind die Stunden mit Emotionen der Wut, Traurigkeit und Resignation angefüllt. Es schälen sich einige Zentralthemen heraus, die sich in Klaus Spiel z.B. so äußern:

- Die Handpuppe, die einen strengen Herrn repräsentiert, wird schwer malträtiert; er setzt sie häufiger auf das Bord und erschießt sie mit dem Gewehr; er schleudert sie durch die Gegend; er trampelt auf ihr herum.
- Seine Zeichnungen zeigen grell rote und schwarze Farben, manche Bilder sind gegenständlich, andere nicht. Zu sehen sind Kampfszenen, auf Häuser niedergehende Bomben und ein ermordetes Baby in der Wiege.
- Klaus setzt sich jetzt häufiger auf Annes Schoß, rollt sich zusammen und gibt Babylaute von sich, um dann plötzlich aufzuspringen, sie als „Zigeunerin" zu beschimpfen, sie (im Spiel) zu erschießen.
- Im Sandkasten mit dem trockenen Sand spielt er eine „heile-Welt"-Familienszene, nimmt die größeren Figuren anschließend heraus, um sie in der Kiste mit dem feuchten Sand einzubuddeln; auf dem „Grab" baut er eine friedliche Landschaftsszene mit Haustieren, Kühen, Pferden auf.

Ohne dass Anne das Thema gelenkt hätte, drückt Klaus mit den Mitteln des Spielzimmers aus, was ihn bedrückt. Durch sein Spiel wird klar, wo Klaus Probleme liegen. Die Vaterfigur wird als Autorität zugleich akzeptiert und gehasst; die Mutterfigur erscheint in einer beschützenden wie ablehnenden Beziehung; mit dem Babysymbol geht Klaus brutal um. Anne erkennt daraus, dass es mit den Eltern eine Menge zu besprechen gäbe, aber auch, dass Klaus schulische Auffälligkeiten kaum die Ursache, eher die Auswirkun-

1. Echtheit, Unverfälschtheit, Transparenz als „enge(r) Entsprechung oder Kongruenz zwischen dem körperlichen Erleben, den Bewusstseinsinhalten und den Mitteilungen an den Klienten" durch den Helfer (Rogers, 1978, 20).

2. Akzeptieren, Anteilnahme, Wertschätzung des Kindes.

3. Empathisches, einfühlendes Verstehen des Kindes, d.h. „dass der Therapeut die Gefühle und persönlichen Bedeutungsgehalte, die von dem Klienten erfahren werden, genau spürt und dieses Verständnis dem Klienten kommuniziert" (Rogers, 1978, 21).

Abb. 3: Therapeuten-Merkmale aus der klientenzentrierten Therapie nach ROGERS (1952)

gen seiner häuslichen Probleme sind. Inzwischen hat Anne auch Klaus Akte gelesen, und sie findet kaum Widersprüche zwischen den dort getätigten Aussagen und den Signalen, die Klaus im Spielzimmer aussendet. Als personenzentrierte Lehrkraft ist sie jedoch nicht sonderlich an den Anamnesen und Gutachtenaussagen interessiert, viel mehr daran, wie Klaus in den Spielstunden seine problematischen Gefühle klären, durcharbeiten und letztendlich auch in eine lebenswerte, wachstumsorientierte Perspektive umwandeln kann. Sie sieht es als ihre Aufgabe an, diese Vorgänge zu begleiten, zu erleichtern und auch voranzutreiben.

In ihrem äußeren therapeutischen Verhalten lässt sich das kaum, gewissermaßen nur „unter einem Vergrößerungsglas" erkennen; Anne spielt nämlich weiter mit, rutscht auf allen Vieren durch den Raum, wenn das erforderlich ist, lacht mit Klaus, schweigt mit Klaus und lässt ihn weiter den Weg weisen. Etwas unterschiedlich sind jetzt jedoch ihre Verbalisierungen. Sie begleitet Klaus zwar weiter mit ihren Äußerungen wie „das hat aber gut getan", oder „den wirst du schon klein kriegen"; neu ist aber, dass sie jetzt in ihren Versprachlichungen mehrere Beobachtungen zusammenfasst

Die Pädagogisch-therapeutisch orientierte Spielstunden mit Klaus 121

und z.B. sagt: „... das Erschießen ist wirklich etwas Wichtiges für dich, das macht dir besonderen Spaß ...", oder „... wenn du an deinen Papa denkst, dann wirst du fuchsteufelswild und stimmst ein Indianergeheul an" oder auch, dass sie mehr und mehr versucht, Klaus Spielgewohnheiten mit seinem Affekt in Verbindung zu bringen. Anne würde aber nie so etwas sagen, wenn es nicht für Klaus augenfällig wäre, sie würde ihm also nie ihre eigenen Interpretationen und seine Zustimmung dazu aufdrängen. Neu ist jetzt auch, dass Anne vorsichtig Angebote einbringt, wenn das zu passen scheint, aber dabei stets auf der Hut ist, Klaus nicht von seinem eingeschlagenen Weg abzubringen.

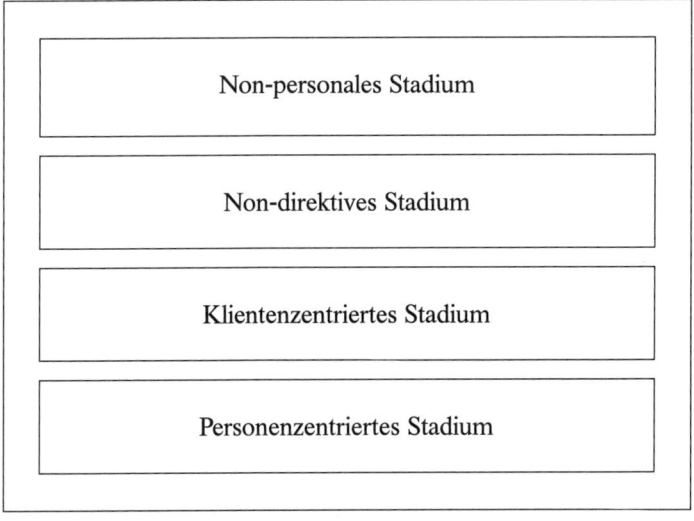

Abb. 4: Die Phasen der Personenzentrierten Spieltherapie

So hat sie sich eine Metaphergeschichte zu seiner existentiellen Einsamkeit überlegt, die sie ihm auch erzählt, als der Moment dazu günstig erscheint.

In der Geschichte ging es um zwei große Sterne, die ihren Lauf am Firmament so einrichteten, dass sie sich zeitweise kreuzten und zusammen wanderten; und da war dann noch der kleine Stern mit dem schönen Namen Bernstein, der so schön glitzern konnte, und der auch gern mitwandern wollte, aber nicht konnte, weil die beiden größeren Sterne bald wieder andere, getrennte Bahnen nahmen und auch viel schneller kreisten, als er das vermochte. Der kleine Stern Bernstein schaute in benachbarte Sternenhimmel und sah, wie andere kleine Sterne zurechtkamen. Also versuchte er das auch auszuprobieren, was er erfahren hatte: Er schlug seinen eigenen Weg ein, nicht so weit weg von beiden Großen, aber eben doch seinen eigenen. Das war zu Anfang nicht einfach für ihn, denn im Himmelsgewölbe gibt es ja auch viele Stürme, und du weißt ja, wie das ist, wenn man durch einen Sturm laufen muss. Aber schließlich schaffte er es und fand seinen eigenen Weg.

Die kleine Geschichte endete schließlich damit, dass die beiden Großen sich einmal umsahen und darüber staunen mussten, was der kleine Stern Bernstein zustande gebracht hatte: schön leuchtend in ihrer Nähe, und einen großen Glanz ausstrahlend. Da ließen sie ihm seine Bahn und seinen Glanz, nahmen ihn in die Mitte und streiften gemeinsam durch das Firmament. Vielleicht kann man die drei nachts sogar am Himmel entdecken?

Klaus reagiert zunächst äußerlich gar nicht auf Annes Geschichte und spielt – wie so häufig – mit den Rennautos. Gelegentlich aber fragt er nach: „Wieso haben die großen Sterne den kleinen Stern bloß so allein gelassen?" Spontan lässt er mit Tuschfarbe ein Bild mit Sternen entstehen, die menschliche Gesichter tragen. Dabei sagt er, kaum hörbar: „Das ist ja wie bei mir."

Anne bekommt von den Lehrkräften zu hören, dass sich Klaus Verhalten in der ersten Zeit nicht verbessert, sondern sogar verschlimmert habe. Aber in letzter Zeit hätte es doch eine merkliche Beruhigung gegeben, auf jeden Fall würde der Junge nicht mehr so viel stören; und in der Pause gäbe es kaum noch Probleme, im Gegenteil, man hätte beobachtet, dass er ab und zu schon mal richtig mitspielt, was sicherlich ein Ergebnis der Spieltherapie sei, so die Lehrkräfte.

Der wesentliche Kern der weiter ablaufenden Spielstunden sind jedoch nicht Annes „Sonderangebote", sondern Klaus intensive Auseinandersetzung mit sich und seiner häuslichen Umgebung. Es gibt geradezu dramatische Episoden, während derer Klaus z.B. in Annes Schoß sitzt, weint und von seinem Kummer erzählt, dass er eigentlich gar keinen Papa mehr hat, dass sie sich immer streiten,

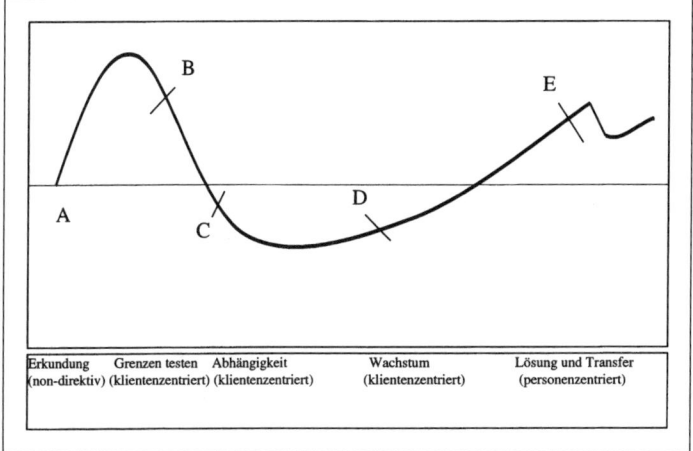

Abb. 5: Veränderung der Emotionalität über den Spieltherapieverlauf

und er ist schuld daran, dass die Mama nur noch schreit, weil er alles falsch macht. Und von einem Schwesterchen will er schon gar nichts wissen, weil „sie mich dann sicher wegschmeißen". Bei aller Empathie – Anne ist manchmal selbst fast zum Heulen, wenn sie ihn so reden hört – ergreift sie nie „Partei" und bewertet z. B. das Elternverhalten als unakzeptabel; sie widersteht bewusst auch der Versuchung, als eine „bessere Mutter" vor Klaus zu erscheinen. Sie bleibt seine Spielförderin – und nicht mehr.

Es vergehen weitere Stunden, und wiederum ist eine neue Qualität in Klaus Verhalten und Erleben zu entdecken; dieses „Neue" deutet sich vage an, wird von Stunde zu Stunde klarer und mündet schließlich in ein letztes Stadium der Spieltherapie:

2.4 Die personenzentrierte Phase

In diesem personenbezogenen Stadium wachsen Klaus und Anne als Spielpartner noch enger in ihrer Beziehung zusammen, so dass geradezu von einem partnerschaftlichen Verhältnis (ROGERS, 1978) gesprochen werden kann. Partnerschaftlichkeit bedeutet dabei keineswegs die Nicht-Wahrnehmung von realen Unterschieden zwi-

schen ihnen als Personen unterschiedlichen Alters; vielmehr wird es möglich, zum Beispiel bei Konflikten den Standpunkt beider Seiten zur Geltung zu bringen, indem zum Beispiel Ich-Botschaften ausgetauscht und Konfliktlösungen ohne Verlierer eingeübt werden.
„Personenzentriert" bedeutet also, dass die Förderlehrerin mehr die Helferin als die Therapeutin ist; sie kann sich selbst in das Geschehen einbringen, da eine belastungsfähige Beziehung aufgebaut ist. Auf das Reflektieren von Gefühlen kann an vielen Stellen verzichtet werden, da das Kind sich auch ohne es akzeptiert fühlt und intensives Erleben auch auf anderen Wegen ermöglicht wird, z.B. Entspannungsübungen, Interaktionsspiele, Rollenspiele etc. Kennzeichnend ist aber auch die Vorbereitung des Kindes auf die Lösung dieser engen Beziehung und auf die Anfechtungen der Welt draußen, die die geradezu luxuriösen Beziehungsangebote der personenzentrierten Spieltherapie nur in Ausnahmefällen parat hält.

In den Spielstunden nimmt der Aggressionsgehalt nun deutlich ab; auf spielerischer Ebene finden sich die Gestalten mehr zusammen. Die beiden Rennautos gelangen z.B. erstmalig gemeinsam ins Ziel; Klaus sagt zum „ewig Zweiten": „Hast dich ganz schön wacker geschlagen, sollst auch nicht leben wie ein Hund!", sowie: „Von Schumi hört man ja auch nicht nur Gutes".

Der „autoritären" Handpuppe sagt er jetzt kräftig die Meinung, bis ihr nichts mehr einfällt und sie einen kläglichen Abgang nimmt.

Er bevorzugt jetzt die Kiste mit dem trockenen Sand, in der „seine" Welt entsteht, ein Anwesen mit vielen Tieren und Menschen; in einer Ecke hält eine weibliche Figur ein Mini-Baby im Arm.

Klaus spielt mitunter kaum noch und erzählt z.B. davon, dass er einen neuen Freund gewonnen hat, der ganz toll Klavier spielen kann, ob er das auch mal probieren sollte? Und außerdem haben sie ihn jetzt in die Fußballmannschaft aufgenommen, als Verteidiger, und an ihm kommt kein Ball vorbei.

Anne sieht die Sommerferien kommen und denkt sich, dass dieser Einschnitt als vorläufiges Ende der Spielstunden dienen könnte. Deshalb bereitet sie ihn „auf die Zeit danach" vor, indem sie ihm Möglichkeiten vermittelt, mit sich selbst und mit anderen in Krisensituationen zurechtzukommen. „Klaus, was machst du eigentlich, wenn dir jemand so richtig dämlich kommt?" fragt sie ihn; fast automatisch hätte Klaus geantwortet ‚ich hau' ihm eins in die

Die Pädagogisch-therapeutisch orientierte Spielstunden mit Klaus

Fresse', aber nun hält er inne, es fällt ihm ein, ‚so hab' ich das früher gemacht, da gab's dann nur Ärger', überlegt und fragt Anne: „Was würden Sie denn da machen?" Anne lächelt ihn an, und Klaus versteht schon: „Ja, ja, ich weiß schon, ich soll mir selber 'was ausdenken." Und tatsächlich fallen ihm ein paar Möglichkeiten ein, z.B. gar nichts zu sagen, dem anderen aus dem Weg zu gehen oder nach der Uhrzeit zu fragen. „Und wenn das alles nichts helfen sollte?" Nun ist Klaus aber wirklich ratlos. „Dann kannst du immer noch zu einem Großen, dem du vertraust, gehen." Klaus hatte das wirklich vergessen und denkt sich, zu ihr würde ich schon damit kommen.

„Klaus, was tust du eigentlich, wenn du dir etwas Gutes tun willst?" Klaus ist ziemlich ratlos, was sie wohl mit dieser Frage meint. „Stell' dir vor, du willst dich selbst für etwas belohnen." „Na ja, ich könnte mir eine Schokolade kaufen." Anne drängt ihn ein wenig, es mit dieser Möglichkeit nicht gut sein zu lassen. Es entstehen zwei Listen, auf einer Liste steht, was Anne tut, um sich etwas Gutes zu tun, auf der anderen stehen Klaus Möglichkeiten; aber Klaus ist natürlich sehr an ihrer Liste interessiert und denkt sich: ‚Das wäre auch 'was für mich: Musik hören, einen Freund anrufen, mein Zimmer umräumen, einen Brief schreiben, ausgehen'. Aber: sich schminken, ein tolles Abendkleid anziehen, in die Sauna gehen und so komische Sachen, also die findet er ja nun nicht so toll.

Anne stellt ihm auch andere, unbequemere Fragen, z.B.:

„Klaus, was würdest du tun, wenn dir hundeelend zumute ist?"

„Klaus, was machst du, wenn du weiter Krach mit den Lehrern hast?"

„Klaus, stell' dir vor, sie machen dich an und fragen dich, ob du wieder ein Messer dabei hast?"

Anne spricht aber nicht nur darüber, sie schlüpft in andere Rollen und lässt Klaus ausprobieren, was er in einer kritischen Situation für hilfreich hält. Er wird sich sicher, dass ihn viele Anfechtungen nicht mehr ‚umhauen' werden, aber bei manchen Sachen weiß er das doch noch nicht so genau, z.B. wenn er an sein Zuhause denkt. „Wenn's ganz schlimm ist, darf ich Sie dann mal anrufen?" fragt er mit schüchterner Stimme. Als Anne zustimmt, möchte er sofort ihre Telefonnummer haben und schreibt sie mit einem Filzstift auf seinen Arm.

Schließlich kommt die Zeit des Abschiednehmens, und Anne öffnet ihr dickes Buch mit den Reflexionen; sie müssen herzlich lachen über die erste Stunde, als Klaus „hier alles zusammenschlagen wollte, und Sie auch". Sie denken an die schönen und die weniger schönen Spielzeiten zurück, und Klaus kann es sich nicht verkneifen, Anne zu sagen, dass er doch mal heimlich und von ihr unbemerkt eine kleine Figur hatte mitgehen lassen. Sie schauen sich alle Bilder und Polaroid-Fotos an, die in den Stunden entstanden sind. Aber Klaus erzählt mehr von den aktuellen Ereignissen, die mit den Spielstunden nichts zu tun haben.

„Ich glaube, wir werden Meister, und ich soll bald Stürmer werden!" Und so ist auch die letzte Stunde wie im Flug vergangen. Ohne Anne noch groß zu beachten, strebt Klaus ein Lied pfeifend der Tür zu.

Doch bevor Klaus den Raum verlässt, schaut er noch ein letztes Mal zu Anne zurück, die dabei ist, die Sachen wieder zurechtzustellen. „So was wie dich will ich später mal heiraten." Anne kann noch ein leichtes Erröten in seinem Gesicht sehen, bevor er in seine Klasse zurück spurtet.

3. Abschließende Überlegungen

Die personenzentrierte Spieltherapie (ROGERS 1952 & 1978, AXLINE 1972) kann die Grundlage für pädagogisch-therapeutisch orientierte Spielstunden darstellen, die auch von Sonderschullehrern durchgeführt werden können. Diese Spielstunden, die als besondere Fördermaßnahme in der Schule zu verstehen sind, stellen *keine* Minitherapie dar. Es sind Spielstunden, die sich hinsichtlich der Prinzipien, der Phasen und der Methoden an die personenzentrierte Spieltherapie anlehnen. Dabei sind insbesondere der Beachtung einiger Prinzipien im pädagogischen Rahmen u. U. Grenzen gesetzt (bezogen auf die therapeutische Kompetenz, auf räumliche und materiale Gegebenheiten sowie bezogen auf pädagogisch-schulische Freiheitsgrade).

Ein Großteil der Prinzipien ist allerdings auch bedeutsam im Hinblick auf die Unterrichtsgestaltung in der Gruppe. Das bedeutet: Unterstützend zu den pädagogisch-therapeutisch orientierten Spielstunden könnte die Klassenlehrerin mit den Prinzipien vertraut gemacht und hinsichtlich ihres Einbezugs in die Unterrichtsgestaltung beraten werden.

Auch eine pädagogische Elternarbeit wäre auf der Basis der Prinzipien möglich.

Insgesamt können die theoretischen Grundlagen der personenzentrierten Spieltherapie vielfältige Anregungen für (sonder-)pädagogisches Handeln bei Verhaltensauffälligkeiten von Kindern und Jugendlichen bieten (vgl. GOETZE 1981 & 2002).

Literatur

AXLINE, Virginia (1972). Spieltherapie im nicht-direktiven Verfahren. München.
BENECKEN, J. (1982). Kinderspieltherapie – Fallstudien. Stuttgart.
BETTELHEIM, B. (1977). The uses of enchantment. New York.
ERICKSON, M. H./ROSSI, L. E. (1979). Hypnotherapy: An Exploratory Casebook. New York.
GARDNER, R. A. (1977). Modern Fairy Tales. Philadelphia.
GOETZE, H. (Hrsg.) (1981). Personenzentrierte Spieltherapie. Göttingen.
GOETZE, H./JAEDE, W. (1974). Die nicht-direktive Spieltherapie. München.
GOETZE, H. (1998). Der personenzentrierte Ansatz. In: WITTROCK, M. (Hrsg.). Verhaltensstörungen als Herausforderung: Pädagogisch-therapeutische Erklärungs- und Handlungsansätze. Oldenburg, 62–82.
GOETZE, H. (2001). Grundriss der Verhaltensgestörtenpädagogik. Berlin
GOETZE, H. (2002). Handbuch der personenzentrierten Spieltherapie. Göttingen.
GORDON, D. (1978). Therapeutic Metaphors. Cuperino (Ca.).
MOUSTAKAS, C. (1953, 1974). Children in play therapy. New York.
OAKLANDER, V. (1978). Windows to our children. Moab-Utah. (dt.: Gestalttherapie mit Kindern und Jugendlichen. Stuttgart 1981).
ROGERS, C. (1942). Counseling and psychotherapy. Boston. (dt.: Die nichtdirektive Beratung. München 1972).
ROGERS, C. (1952). Client-centered Therapy. Boston. (dt.: Die klientbezogene Gesprächstherapie. München 1973).
ROGERS, C. (1978). Die Kraft des Guten. München.
SCHMIDTCHEN, S. (1974). Klientenzentrierte Spieltherapie. Weinheim.

Tausch, R./Tausch, A. (1956). Kinderpsychotherapie im nicht-direktiven Verfahren. Göttingen.
Tausch, R./Tausch, A. (1978). Gesprächspsychotherapie. Göttingen.
Tausch, R./Tausch, A. (1979). Erziehungspsychologie. Göttingen (7. Aufl.).

Gestaltpädagogischer Ansatz

Roland Stein

Die Gestaltpädagogik hat sich seit den 70er Jahren entwickelt und stellt den vermutlich lebendigsten Zweig der verschiedenen Ansätze Humanistischer Pädagogik dar. Wie die beiden anderen bekanntesten Zweige dieser Strömung, der Personenzentrierte Ansatz sowie die Themenzentrierte Interaktion, hat sie einige Verwurzelungen in der Psychotherapie. Allerdings liegt im Unterschied zu den beiden anderen genannten Konzepten beim Gestaltansatz ein Bruch vor, indem hier nicht etwa durch Psychotherapeuten ein Konzept in die Pädagogik übertragen wurde, sondern im Falle der Gestaltpädagogik Pädagogen im Nachhinein bei engem Bezug auf die Gestalttherapie versucht haben, eine eigene Pädagogik zu entwickeln. Dies wird auch dadurch deutlich, dass hier für Therapie und Pädagogik unterschiedliche Vertreter im Vordergrund stehen: im Falle der Gestalttherapie insbesondere Fritz und Laura PERLS, im Falle der Gestaltpädagogik nach den frühen Arbeiten von PETZOLD und BROWN später für den deutschen Sprachraum insbesondere BUROW, PRENGEL und BÜRMANN. Ein gewisser „Bruch" zwischen Therapie- und Pädagogik-Konzept wird aber ebenso deutlich, wenn man die Gestaltpädagogik näher betrachtet, denn sie nimmt zwar enge Rückbezüge auf die Gestalttherapie, versteht sich aber auch als eklektisch und bezieht Sichtweisen oder methodische Konzepte aus verschiedenen Quellen.

Die Gestaltpädagogik hat seit den 80er Jahren eine rasante Entwicklung genommen und Konzepte für verschiedene pädagogische Arbeitsbereiche entwickelt. Dies gilt auch für den deutschsprachigen Raum, wo auch verschiedenste Angebote spezifisch gestaltpädagogischer Fortbildungen und Zusatzausbildungen entstanden sind.

1. Zum Hintergrund von Gestaltpädagogik

Trotz des „eklektischen" Charakters der Gestaltpädagogik stellt die Gestalttherapie ihre stärkste Wurzel dar, und von dort wurde ja auch der Name bezogen. Die Gestalttherapie wurde seit den 40er und 50er Jahren des vergangenen Jahrhunderts von Fritz und Laura PERLS entwickelt, zwei deutschsprachigen Psychoanalytikern, die in die USA emigrieren mussten (vgl. PERLS 1978; PERLS, HEFFERLINE & GOODMAN 1981, 1991). Aus Kritik an der psychoanalytischen Theorie und Psychotherapie entwickelten sie nach und nach ein eigenes therapeutisches Konzept. Ihre Hauptkritik an der traditionellen Psychoanalyse bezog sich auf deren Vergangenheitsorientierung und ihr recht hierarchisches Therapiekonzept, bei dem der „Patient" Material bietet und der Therapeut dieses „deutet". Gestalttherapie wurde zu einer Therapie, die intensiv am existentiellen Augenblick, am „Hier und Jetzt" dessen arbeitet, was gegenwärtig im „Klienten" und im Kontakt zwischen Klient und Therapeut vorgeht. Dabei wird der Vergangenheit durchaus eine Bedeutung beigemessen, aber nur insofern, wie sie im gegenwärtigen Moment eine Rolle spielt. Einflüsse aus der Charakteranalyse von Wilhelm Reich und aus dem Zen-Buddhismus führten zu einer Berücksichtigung des „ganzen" Klienten in der Therapie: seiner Gedanken, Gefühle, Körperempfindungen, seiner Mimik, Gestik, Atmung und Körperhaltung. Dies alles wird diagnostisch und therapeutisch genutzt. Die Rolle des Therapeuten im Rahmen dieser „Konzentrationstherapie" ist dabei insbesondere die eines mit schwebender Aufmerksamkeit („awareness") Wahrnehmenden im Hinblick auf das, was in der Interaktion mit dem Klienten und innerhalb des Therapeuten selbst abläuft. Das Ziel besteht darin, dem Klienten eine möglichst weitgehende, unverzerrte Wahrnehmung von allem zu ermöglichen, was in ihm und um ihn her vorgeht. Auf der Basis soll er in der Lage sein, alle Ressourcen zu nutzen, die jeweils verfügbar sind: in seiner Person sowie in seiner Umgebung. Auf diesem Wege sollen sein persönliches Wachstum und seine Fähigkeiten zur Selbstverwirklichung befreit werden.

Den Namen „Gestalttherapie" wählte Fritz PERLS unter Bezug auf die Gestaltpsychologie, eine grundlegende Schule der Wahrnehmungspsychologie, deren bedeutendste Aktivitäten deutlich früher, zu Beginn des 20. Jahrhunderts bis in die zwanziger Jahre hinein, erfolgten. „Gestalt" bezeichnet eine Ganzheit; diesen deutschen Begriff gibt es auch im Englischen bzw. Amerikanischen. Gestaltpsychologen versuchten die Annahmen des sogenannten „Assoziationismus" zu widerlegen, dass Wahrnehmungen (insbesondere im optischen und akustischen Bereich) durch eine Auflösung des Wahrnehmungsobjektes in seine Einzelbestandteile zu erklären sind. Die Gestaltpsychologen sammelten experimentelle Nachweise für eine Reihe von „Gestaltgesetzen". Sie sehen den Wahrnehmungsraum als Zusammenspiel von „Figur" und „Grund": Kein Vordergrund existiert ohne einen Hintergrund, und beides kann in der Wahrnehmung (unter Umständen rasch) wechseln. Eine Figur sehen sie als „mehr als die Summe ihrer Einzelteile": Eine Symphonie ist mehr als eine Ansammlung von Noten. Die Wahrnehmung von Menschen ist so strukturiert, dass „gute Gestalten" gebildet werden: Wahrgenommenes wird in möglichst prägnante und einfache Strukturen aufgelöst – und es wird gegebenenfalls durch die menschliche Wahrnehmung auch „automatisch" vervollständigt (vgl. STEIN 2003b). Dies gilt ähnlich für das Handeln: Es besteht die Tendenz, „unerledigte Gestalten" wie etwa eine unvollendete Aufgabe zu „schließen", also zum Abschluss zu bringen.

Insofern ist der Name für die Therapie nur eine Anleihe bei der Gestaltpsychologie und entspricht nicht unbedingt einer direkten geistigen Verwandtschaft. Der Bezug auf die Gestaltgesetze, die ja für Wahrnehmungsphänomene formuliert wurden, ist auch stark metaphorisch zu verstehen, indem diese Gesetze auf komplexere Phänomene im Leben von Menschen übertragen werden.

2. Grundkonzepte der Gestaltpädagogik

Die Gestaltpädagogik hat versucht, zentrale Erkenntnisse, Sicht- und Arbeitsweisen der Gestalttherapie für pädagogische Handlungsfelder nutzbar zu machen und dabei auch andere Konzepte mit hinzuzunehmen, soweit sie als kompatibel zur Gestalttherapie betrachtet wurden. Das Konzept kann beschrieben werden durch bestimmte zentrale Prinzipien, durch den so genannten „Kontaktzyklus", durch charakteristische Methoden sowie auch durch die gestaltpädagogische Haltung. Diese vier Aspekte werden im Folgenden jeweils kurz beschrieben.

Zunächst ist zu sagen, dass über alle Arbeitsbereiche und Teilkonzepte der Gestaltpädagogik hinweg bestimmte *zentrale Orientierungen und Prinzipien* gelten – im Folgenden werden nur die Wesentlichen genannt:
- die Orientierung am Gegenwärtigen, am Hier und Jetzt;
- die Betrachtung des Wahrnehmungsfeldes der verschiedenen Beteiligten als einer Ganzheit, die sich jeweils aktuell aus Figur und Grund konstituiert;
- die offene Aufmerksamkeit der Pädagogen für alles, was in ihnen und um sie her abläuft;
- die Sicht des Lerngeschehens als prozesshaft und dynamisch;
- die integrative Sicht der beteiligten Personen in Berücksichtigung ihrer Emotionen, Kognitionen und ihrer Körperlichkeit – sowie
- der Versuch einer dynamischen Balance zwischen den Aspekten der Sache („Es"), der einzelnen beteiligten Personen („Ich"), der Gruppe („Wir") sowie des Umfeldes („Globe"), wie sie die Themenzentrierte Interaktion (vgl. COHN 1975) beschreibt.

Grundsätzlich besteht das Ziel darin, ein persönlich bedeutsames Lernen anzustreben. Dabei wird Lernen als ein Kontaktprozess gesehen (vgl. BUROW 1988). Dieser Kontakt verläuft zyklisch zwischen Kontaktaufnahme und Rückzug aus dem Kontakt („*Kontaktzyklus*") und besteht aus vier Phasen (vgl. ebd., 55 ff.):
- Kontaktanbahnung: Hier kommt ein anregender Reiz von außen (etwa ein Lernangebot), oder ein Bedürfnis im Individuum entsteht, den Kontakt mit einer Person oder einem Aspekt (etwa einem Lerngegenstand) aufzunehmen.
- Vorkontakt: In dieser Phase erfolgt die Entscheidung, den Kontakt aufzunehmen oder aber ihn abzulehnen.
- Kontaktvollzug: Ein optimaler Kontakt äußert sich in einer phasenweisen „Selbstvergessenheit" bei Auseinandersetzung mit dem Kontakt.
- Nachkontakt: Alle Erfahrungen bedürfen der Integration. Erst im Nachhinein werden neue Erfahrungen in aller Regel wirklich verarbeitet, durch Nachdenken, Einordnen, Bewerten oder dem Erfahrenen einen Sinn abgewinnen. Zu dieser Verarbeitung

gehört es auch, offene Gestalten, die nach dem Kontaktvollzug geblieben sind, zu schließen.

Es handelt sich hier um ein Idealmodell „guten Kontakts", das zum Ziel der gestaltpädagogischen Arbeit wird.

Die wichtigsten, typischen gestaltpädagogischen *Methoden* entstammen der Gestalttherapie – aber eben nicht alle. Im Gesamtbild stehen die folgenden Methoden im Vordergrund der gestaltpädagogischen Arbeit (vgl. auch BUROW 1988, 175 ff.; FATZER 1988, 71 ff.):

- Identifikation und Projektion: Identifikationen können angeregt werden im Hinblick auf reale Personen, fiktive Personen oder Objekte. Eine Person wird aufgefordert, sich mit einer Person oder einem Objekt möglichst intensiv zu identifizieren und aus dieser Perspektive heraus wahrzunehmen, zu denken und zu fühlen. Dabei werden auch Projektionsmedien wie etwa ein leerer Stuhl oder ein Kissen genutzt, auf welche die Person oder das Objekt in der Phantasie „projiziert" wird.
- Polaritätenübungen: Dabei werden zwei (extreme) Seiten, Aspekte oder Meinungen der eigenen Person ausgelotet, indem die Person selbst wechselweise diese beiden Pole einnimmt, aus diesen Positionen heraus spricht, fühlt und denkt. Das Ziel besteht in einer prägnanteren, klareren Wahrnehmung bestimmter Bereiche der eigenen Person, die erst im Nachhinein „integriert" werden sollen.
- Phantasiereisen: Hierzu gehören gelenkte oder auch offenere Phantasiereisen als typische gestaltpädagogische Methoden, die oft mit anderen Methoden und Phasen der Auseinandersetzung mit einem Gegenstand verkoppelt sind und insbesondere einer „affektiven Aufladung" von Lerngegenständen und Thematiken dienen.
- Rollenübernahmen: Darunter sind sowohl typische Rollenspiele zu verstehen als auch der „Dialog zwischen zwei Seiten einer Person", indem eine Person wechselweise zwei Seiten von sich selbst einnimmt und auf diese Weise mit sich selbst kommuniziert – eine Verbindung von Rollenübernahme und Polaritätenübung.
- Feedback und Sharing: Dabei handelt es sich um zwei wesentliche Elemente aus der Gruppentherapie – die Beobachter eines Geschehens oder einer Person geben Rückmeldungen über das

Wahrgenommene (Feedback) oder teilen ihre eigenen Gefühle und Gedanken angesichts des gerade Erlebten mit (Sharing). In pädagogischen Situationen wird es oft notwendig sein, für Feedbacks Vorgaben zu machen, damit sie nicht verletzend wirken – beispielsweise nur positive Feedbacks zuzulassen.
- Körperwahrnehmung, Bewegung und Körperkontakt: Im Sinne des „holistischen" Charakters der Gestaltpädagogik werden bei vielen Lernerfahrungen auch die Körperprozesse und Körperempfindungen bewusst mit einbezogen. Bewegungsübungen dienen dem aktiven Kontakt mit sich selbst und der Berücksichtigung entsprechender Bedürfnisse bei Menschen, insbesondere (aber keineswegs nur) bei Kindern. Körperkontakt wird als wesentliche Ebene des zwischenmenschlichen Kontaktes (in einer Kultur, in der Kontakt zumeist als verbaler Austausch geschieht) mit aufgenommen.
- Kreative Übungen: Der Einsatz des gesamten Spektrums kreativer Medien soll verschiedene Funktionen erfüllen: Selbstausdruck, affektiv orientierte Auseinandersetzung mit Lerngegenständen sowie auch Kontakt in der Lerngruppe und Kontakt zu sich selbst.

Ziel des Einsatzes von Methoden ist es, ein möglichst lebendiges Lernen zu erreichen und Lerninhalte „affektiv aufzuladen", ihnen also emotionale Bedeutung und persönliche Relevanz zu verleihen. Daher ist die Grundlage hier eine Art „anything goes": Auch weitere Methoden neben den aus der Therapie entlehnten sind integrierbar, soweit sie dem beschriebenen Ziel dienen.

Dabei ist zu beachten, dass nicht die Methoden das typisch Gestaltpädagogische ausmachen, wenn auch einige dieser Methoden recht eigen wirken mögen. Das Entscheidende ist eine *gestaltpädagogische Haltung*, die entsprechend arbeitende Pädagogen entwickeln müssen, und welche die eigene Sicht von Lehren und Lernen betrifft (vgl. STEIN 2003b): eine Orientierung am Hier-und-Jetzt, eine Offenheit für das Gegenwärtige, eine holistische Auffassung von Lernen als Wachstumsprozess und eine Unterstützung des kreativen Wachstumspotenzials der Lernenden. Damit kommt der Umsetzung der zentralen Prinzipien in eine solche „pädagogische Haltung" ein zentraler Stellenwert zu. Diese Umsetzung ist in aller Regel nur erreichbar durch eine langfristige Auseinandersetzung mit dem Gestaltansatz, etwa in Form einer mehrjährigen Fortbildung (S. 4.).

3. Zur gestalttherapeutischen Sicht von Verhaltensstörungen

Aus der Gestaltpädagogik heraus wurde kein eigenes „Störungsmodell" entwickelt. Ihre Konzepte sind auf die reguläre Pädagogik hin orientiert. Für eine „gestaltorientierte" Betrachtung von Verhaltensstörungen muss man auf das gestalttherapeutische Störungsverständnis zurückgreifen. Störungen werden hier als Beeinträchtigungen des Kontakts zwischen Organismus und Umfeld betrachtet (vgl. PRENGEL 1989). Die Grenze zwischen Individuum und Umfeld ist im idealen Fall sehr flexibel; sie kann geöffnet oder geschlossen werden. Normal ist ein Zyklus von Zuwendung und Rückzug, von Öffnung und Verschließen. Beeinträchtigungen der Kontaktfähigkeit eines Menschen entstehen grundsätzlich als sinnvolle Anpassungen an seine Lebenssituation. Sie werden jedoch unter Umständen chronifiziert durch Fixierungen und Blockierungen, indem ein gelerntes Muster des Kontaktes in zukünftigen Situationen immer wieder verwendet wird, jedoch in solchen neuen und anderen Situationen gar nicht mehr sinnvoll ist (vgl. HANSEN & HANSBERG-SCHRÖDER 1990).

Störungen des Kontakts können im Rahmen des „Kontaktzyklusses" auftreten, indem beispielsweise immer wieder in einer bestimmten Kontaktphase eine Unterbrechung oder ein Abbruch erfolgen. Es können aber auch bestimmte Muster des Verhaltens in Kontaktsituationen im falschen Moment oder aber auch stereotyp immer wieder eingesetzt werden. Ausgehend von den Arbeiten von PERLS (vgl. PERLS, HEFFERLINE & GOODMAN 1981, 240ff.) beschreibt die Gestalttherapie verschiedene solcher „Störungen von Kontaktfunktionen" oder auch „Muster der Kontaktvermeidung", die teilweise eng verwandt sind mit bekannten psychoanalytischen Abwehrmechanismen, hier aber vor allen Dingen im Hinblick auf ihr Funktionieren im „Hier und Jetzt" betrachtet werden. In neuerer Zeit ist dabei neutraler von „Kontaktfunktionen" die Rede (vgl.

GREMMLER-FUHR 1999). Unterschieden werden insbesondere folgende Funktionen (vgl. REVENSTORF 1983, 65f.; HANSEN & HANSBERG-SCHRÖDER 1990, 57ff.; STEIN 2003a; 2003b):
- Introjektion: Die Kontaktgrenze wird zu weit gesteckt und damit auch „Nicht-Eigenes" als zur eigenen Person gehörig wahrgenommen. So ist vielleicht ein junger Erwachsener überzeugt, bestimmte Einstellungen seine die Seinen – und in Wirklichkeit wurden sie unhinterfragt von seinen Freunden oder Eltern übernommen.
- Projektion: Die Kontaktgrenze ist in die eigene Person hinein verengt. Dabei werden eigene Anteile „abgespalten" und etwas außen Befindliches gesehen, beispielsweise als Anteile anderer Personen. Ein Mädchen beschimpft beispielsweise andere Jugendliche als „hinterlistig" – und nimmt ihre eigene Hinterlistigkeit nicht wahr.
- Konfluenz: Hier liegt eine zu durchlässige, unklare Kontaktgrenze vor. Es kann nicht unterschieden werden, was zur eigenen Person und was zum Umfeld, beispielsweise zu anderen Personen gehört. Ein Jugendlicher „verschmilzt" vielleicht mit seiner Gang. In der Regel steht dahinter die Angst, ein „Individuum" zu sein und damit gesehen und möglicherweise angegriffen zu werden oder aus dem sozialen Gefüge heraus zu fallen.
- Retroflexion: Die Kontaktgrenze ist sehr starr, so dass Impulse nicht von innen nach außen gelangen. Die Person geht mit sich selbst so um, wie sie gerne mit anderen umgehen würde. Der vielleicht deutlichste Fall einer solchen Retroflexion sind Autoaggressionen, indem aggressive Impulse nicht nach außen gelassen werden, sondern ein Mensch gegen sich selbst aggressiv wird. Unter Umständen können aber auch Bedürfnisse der Zuneigung zu anderen nicht nach außen gelangen – dann wird ein Mensch unter Umständen „sein eigenes Liebesverhältnis" (POLSTER & POLSTER 1983, 87).
- Deflektion: Auch hier ist die Kontaktgrenze verhärtet oder geschlossen. Der Austausch zwischen Person und Umwelt wird reduziert oder abgelenkt. In der Regel wird der Kontakt deshalb in dieser Form abgeschwächt, weil er als zu gefährlich und angstbesetzt erlebt würde. Ein Kind im Heim verweigert sich beispielsweise der Zuneigung eines Erziehers und nimmt dessen

Bemühungen unter Umständen gar nicht wahr – weil es Angst davor hat, wieder enttäuscht und verlassen zu werden.
- Desensitivierung: Hier werden Erlebnisse aus der Umwelt, aber auch aus der Person heraus gedämpft. Es kommt bei dauerhafter Desensitivierung zu einer Art Abstumpfung. Desensitivierung kann beispielsweise durch Alkohol- oder Drogenkonsum erreicht werden.

Diese Funktionen können in einer aktuellen Situation eingesetzt werden – und sie können im Sinne eines verfestigten Musters immer wieder auftreten. Man kann sie bei Kindern und Jugendlichen beobachten – aber durchaus auch bei Pädagogen.

4. Gestaltpädagogische Arbeitsbereiche

Mittlerweile kann man vier zentrale Felder unterscheiden, für die gestaltpädagogische Konzepte und Modelle entwickelt und in denen sie umgesetzt werden (vgl. STEIN 2003a):

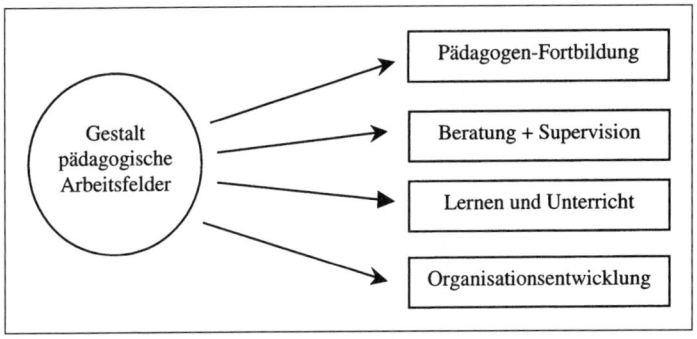

Abb. 1: Gestaltpädagogische Arbeitsfelder (vgl. Stein 2003a)

Der älteste, traditionelle Bereich ist die Fort- und Weiterbildung von Pädagogen. Dabei wird stark selbsterfahrungs-zentriert gearbeitet. Ziel ist die Weiterentwicklung einer sensiblen Wahrnehmungsfähigkeit im Hinblick auf sich selbst und die Umgebung, etwa das, was in den Edukanden vor sich geht. Des Weiteren wird angestrebt, eigene (berufliche) Leitmotive zu erkennen und diese gegebenenfalls zu verändern (vgl. BUROW 1993).

Zunehmend werden gestaltpädagogische Konzepte zur Beratung und zur Supervision von einzelnen Pädagogen und pädagogischen oder interdisziplinären Teams herangezogen (vgl. RAHM 1990; FUHR 1999; FENGLER 1999).

Die gestaltpädagogischen Fortbildungen haben viele Lehrer durchlaufen, die dann auch versucht haben, die in der Fortbildung erfahrenen spezifischen Methoden in ihrer eigenen Schulpraxis umzusetzen und diese methodisch wie inhaltlich zu bereichern. Für verschiedenste Schulfächer wurden Konzepte und Vorschläge entworfen (vgl. BUROW, QUITMANN & RUBEAU 1987). BUROW (vgl. 1988) hat ein Konzept gestaltpädagogischer Didaktik entwickelt, das psychologische Aspekte des Lernens ins Zentrum rückt und ihnen fachliche sowie auch gesellschaftspolitische Aspekte an die Seite stellt, also im Vergleich zu traditionellen didaktischen Konzepten der Fachlichkeit eben nicht den zentralen Stellenwert beimisst (s. auch STEIN & FAAS 1999).

Auch zur Weiterentwicklung von Organisationen und Institutionen werden mittlerweile verstärkt gestaltpädagogische Ansätze genutzt (vgl. BUROW 1988; FATZER 1988; 1999). Dabei besteht der konsequenteste Weg der Umsetzung im Grund in der Weiterentwicklung zu einer gestaltpädagogisch geprägten Institution, beispielsweise einer „Gestaltschule" (vgl. BUROW 1988, 223 ff.; STEIN 2003b).

5. Zur Zukunftsfähigkeit der Gestaltpädagogik

Gerade als ein jüngerer pädagogischer Ansatz, der sehr in der Entwicklung und Veränderung begriffen ist, wird sich die Gestaltpädagogik einer Reihe von Kritikpunkten stellen müssen. Ihre „Zukunftsfähigkeit" wird von den gefundenen Antworten abhängen. Einige wesentliche dieser kritischen Punkte sollen hier kurz angesprochen werden (s. STEIN 2003b):
- Der besondere Beitrag der Humanistischen Psychologie bestand darin, therapeutische Prozesse als Wachstumsprozesse der Person zu betrachten. Die Hypothek liegt darin, dass dadurch die

Grenzen zwischen Therapie, Beratung und auch Pädagogik recht stark verwischt wurden. Im Sinne einer verantwortlichen, professionellen Arbeit wird es darum gehen, wieder stärker herauszuarbeiten, wo die Unterschiede liegen. Dies gilt auch für die Gestaltpädagogik.

- Die verschiedensten Strömungen der Gestaltpädagogik vermitteln auch heute ein recht idealistisches Gesamtbild. Dieser Idealismus erfüllt sicher eine wichtige Funktion – allerdings bedarf es für eine wirkliche Weiterentwicklung auch einer gesunden Portion Selbstkritik.
- Den seit den 60er und 70er Jahren des zwanzigsten Jahrhunderts „boomenden" humanistischen Therapieformen wird oft vorgeworfen, die Befreiung des Individuums zur Selbstverwirklichung in den Vordergrund gestellt zu haben und damit einen Individualismus zu verfolgen, der das Wohl der Gemeinschaft allzu sehr aus dem Blick verliert. Diese Problematik gilt grundsätzlich auch für die pädagogischen Konzepte, die auf dieser Basis entstanden sind – wie etwa die Gestaltpädagogik.
- Wenn im Vordergrund der gestaltpädagogischen Sicht von Lernen die persönliche Bedeutsamkeit, vor allem jedoch immer wieder „affektive Aufladungen" stehen, kommt der Eindruck auf, dass hier zwar eine „holistische" Sicht vom Menschen und von Lernen entwickelt wird, in einer Art Gegenreaktion auf das „klassische", stark kognitive schulische Lernen jedoch affektive Momente allzu stark in den Vordergrund geraten. Insofern sich Schule und Lernen heute verändern und von einer rein kognitiven Orientierung wegrücken, wird auch die Gestaltpädagogik zukünftig gefordert sein, ihre Konzepte in Richtung eines wirklichen Holismus weiterzuentwickeln, der alle Aspekte der Person und des Lernens gleichberechtigt und balanciert berücksichtigt.

6. Zur gestaltpädagogischen Förderung von Klaus

Nachdem bis hierher Grundzüge der Gestaltpädagogik umrissen wurden, stellt sich nun die Frage, wie denn eine gestaltpädagogische Förderung von Klaus aussehen könnte.

Klaus zeigt im schulischen Kontext ein aggressives Verhalten, das sich jedoch bis auf einen Vorfall auf verbale Aggressionen, insbesondere Drohungen mit Vernichtungsphantasien, beschränkt. Diese aggressiven Phantasien tauchen auch in seinen kreativen Produktionen im Unterricht auf. Auf der anderen Seite steht ein teilweise eher scheuer und zurückhaltender Eindruck. Seine Leistungen haben sich deutlich verschlechtert. Im Vordergrund der Beschreibung der familiären Situation stehen die berufliche Pendeltätigkeit seines Vaters, der nur am Wochenende da ist, die Ansicht seiner Mutter, Klaus sei schon immer schwierig gewesen, und die kurz bevorstehende Geburt eines Geschwisters.

6.1 Gestaltpädagogisch orientierte Hypothesen und Förderziele

Was die Aggressionen angeht, die Klaus in seine Klasse hineinträgt und die auch zur Eskalation der schulischen Situation geführt haben, liegen zwei Hypothesen besonders nahe:
- Klaus lenkt im Sinne einer Art Deflektion seine Umwelt, aber auch sich selbst durch die aggressiven Reaktionen und Drohungen von seinen eigentlichen, schmerzhaften Gefühlen ab: Er fühlt sich unter Umständen zurückgewiesen, unerwünscht, allein gelassen und auch leistungsschwach. Die Gestalt seines wirklichen Erlebens könnte vielleicht lauten: „Ich bin verzweifelt, weil ich mich als unwert empfinde!" oder auch: „Ich bin verzweifelt, weil ich immer Schwierigkeiten bereite!"
- Klaus geht mit anderen so um, wie mit ihm umgegangen wird. Er trägt die Aggressionen, die er möglicherweise seitens der überforderten und entnervten Mutter erfährt, und möglicherweise auch die erlebte Vernachlässigung durch die Abwesenheit des Vaters weiter in den aggressiven Umgang mit seinen Klassenkameraden.

Dabei handelt es sich hier nur um Hypothesen auf Basis der aktuellen Problemsituation. Die Aufgabe eines gestaltpädagogisch oder -therapeutisch geschulten Sonderpädagogen ist es, im Zuge schulischer Förderung (und einer möglichen Einzelförderung) sowie einer Beratung, soweit möglich,

Gestaltpädagogischer Ansatz

– mehr darüber heraus zu finden, ob eine dieser beiden Kontaktfunktionen in Klaus Verhalten und Erleben im Vordergrund stehen. Dann müsste er, möglichst weitgehend gemeinsam mit Klaus,
– herausarbeiten, in wie fern diese „Muster" in der aktuellen Lebenssituation „funktional" oder auch „dysfunktional" sind, in wie fern sie die Weiterentwicklung von Klaus blockieren – und
– welche anderen Wege er für sich finden könnte.

Aus dieser Problemlage heraus steht im Zentrum der folgenden Gedanken eine Förderung von Klaus im schulischen Unterricht. Auf dem Hintergrund der bereits erfolgten, ergebnislosen Bemühungen wird diese allerdings nicht ohne weitere Maßnahmen auskommen: Dabei wird im Folgenden insbesondere eine ergänzende Eltern- bzw. Familien-Beratung beschrieben, aber auch eine mögliche zusätzliche, pädagogisch-therapeutisch orientierte Einzelförderung von Klaus soll angesprochen werden.

6.2 Förderung im Klassenunterricht (auch über Beratung der Lehrer)

Um eine gestaltpädagogische Förderung im Unterricht durchzuführen, müsste zumindest die Klassenlehrerin eine entsprechende Ausbildung haben. Falls dies nicht der Fall ist, könnte allerdings beispielsweise auch ein gestaltpädagogisch ausgebildeter Sonderpädagoge eine Beratung im Hinblick auf die weitere unterrichtsbezogene Förderung von Klaus durchführen.

In einem ersten Schritt könnte sich die Klassenlehrerin selbst hinterfragen: Sieht sie die Bedürfnisse und Probleme von Klaus auch dann, wenn er sich (wie für ihn vielleicht eher typisch) still und zurückhaltend verhält und nicht aggressiv, wütend und aufbrausend? Falls sie erkennen sollte, dass ihr Klaus emotionale Lage dann nicht auffällt, wenn er ruhig ist, könnte sie versuchen, daran zu arbeiten, Klaus auch dann Aufmerksamkeit und emotionale Zuwendung zu spenden. Unter Umständen wird es hilfreich sein, für eine solche Selbst-Hinterfragung einen Berater hinzu zu ziehen. Diese Aufgabe ergibt sich insbesondere für die Klassenlehrerin, jedoch auch für die anderen Lehrer, die mit Klaus arbeiten.

Ein Schwerpunkt der Förderung von Klaus wird im Unterricht selbst liegen, auch wenn hier, insbesondere von Seiten der Klassenlehrerin, schon Bemühungen erfolgt sind. Selbst, wenn ihr Unterricht eher „offen" ist, hat vermutlich kognitives Lernen einen zentralen Stellenwert. Wichtig wäre es, Krisensituationen, in denen Klaus aggressiv reagiert, gemeinsam mit der Klasse auszuwerten. Dazu muss sich die Atmosphäre zunächst etwas beruhigt haben. Dann können in der gemeinsamen Arbeit gestaltpädagogische Methoden wie Rollenspiele, Identifikationsübungen, (pädagogisch gelenktes) Feedback und Sharing, eventuell auch Polaritätenübungen und kreative Medien eingesetzt werden. Die zentralen Fragen dieser gemeinsamen Bearbeitungen von Konflikten sind die Folgenden:
– Wie ging es Klaus in der konflikthaften Situation, und warum?
– Wie haben die anderen Schüler die Situation sowie Klaus Verhalten erlebt?
– Wie könnte Klaus anders mit diesen Situationen umgehen, unter Umständen auch vorbeugend?
– Wie könnten die anderen Schüler (und die Lehrer) mit Klaus umgehen, so dass er nicht zu aggressiven Verhaltensweisen „Zuflucht" nehmen muss?

Angesichts der Klassensituation, in der Klaus Verhalten einen besonderen Stellenwert hat, wäre es vielleicht auch möglich, sehr behutsam sozial-emotionale Themen wie etwa Aggressionen, Klassenkonflikte oder den Status eines „Problemschülers" anzusprechen und gemeinsam zu bearbeiten.

Für eine förderliche Aufnahme der aufgetretenen und vermutlich weiter auftretenden Konflikte eignen sich verschiedene Schulfächer: etwa Religion oder Ethik sowie auch Deutsch. Dabei könnte dem einen Lehrer, in dessen Unterricht sich Klaus unauffälliger verhält, als einer möglichen Vertrauensperson eine besondere Rolle zukommen. Unter Umständen ist es ihm angesichts des nicht unproblematischen Verhältnisses zwischen Klaus und seiner Klassenlehrerin auch möglich, zu der einen oder anderen Konfliktbearbeitung als Vermittler mit hinzu zu kommen.

Im Kunstunterricht könnte der zuständige Lehrer behutsam und annehmend mit Klaus über seine Bilder sprechen, soweit dies im Klassenrahmen möglich ist. Er könnte hinterfragen, was es mit verschiedenen Elementen der Bilder auf sich hat und dadurch ein vertieftes Verständnis der emotionalen Situation von Klaus gewinnen. Vielleicht wäre auch eine offensivere Aufarbeitung in der Klassensituation möglich. Ein besonderer Zugang könnte dabei in Klaus Vorliebe für technisches Basteln und der Verknüpfung mit kreativen Aufgaben bestehen, in denen er seine gegenwärtigen Konflikte ausdrücken kann. Dafür könnte ihm im Rahmen entsprechender Unterrichtsfächer mehr Raum gegeben werden.

Es gilt im Rahmen der unterrichtsbezogenen Förderung immer auch auf zweierlei zu achten: Können die Pädagogen auf Basis ihrer gestaltpädagogischen (aber nicht therapeutischen) Ausbildung verantwortlich mit dem umgehen, was sie bei Klaus möglicherweise zu Tage fördert? Und haben sie dazu im Rahmen des Unterrichtsalltages genügend Zeit? Sie sind gut beraten, ihre Impulse und die thematisierten Aspekte dem entsprechend klar zu beschränken.

Eine weitere, wichtige Intervention wäre indirekt möglich: Die von den Störungen durch Klaus betroffenen Lehrer treffen sich außerhalb des Unterrichts und geben sich, im Sinne einer kollegialen Supervision, gegenseitige Beratung. Dies ist gerade dann von Bedeutung, wenn, wie hier, eine Klassenlehrerin das Gefühl hat, sie habe schon alles Mögliche versucht und das Verhältnis zum Kind sei beeinträchtigt. Auch im Rahmen dieser kollegialen Beratung können die typischen Gestaltmethoden als wichtige Hilfsmittel genutzt werden, um über eigene Gefühle und Gedanken, die Beziehung zum Schüler und die Verhältnisse in der Klasse Klarheit zu gewinnen: Identifikation, Projektion, Polaritäten, leerer Stuhl und andere.

6.3 Beratung der Eltern

So weit möglich wäre es sinnvoll, zumindest innerhalb einiger Stunden eine „Gestaltberatung" der Eltern durchzuführen. In der „Gestaltberatung" mit den Eltern wird es zunächst darum gehen, den Eltern mitzuteilen, welche aktuellen Problematiken und Themen Klaus bei der vertieften schulischen Förderung (sowie der möglichen Einzelförderung) zu Tage getreten sind. Des Weiteren werden aber auch die herausgearbeiteten Ressourcen von Klaus ein wichtiges Thema sein, aus der Problemsituation herauszukommen.

Das zentrale Ziel dieser Beratung wird die Erweiterung der Handlungsmöglichkeiten in der Familie sein, indem sich neben Klaus auch die Mutter und der Vater der Problemlagen bewusst werden, aber auch der Wege heraus. Es ist ja zu vermuten, dass Klaus schulische Probleme und seine heftigen Aggressionen Reaktionen auf Prozesse sind, die sich zurzeit, aber auch schon seit längerem in der Familie abspielen. Zwei *aktuell* besonders hervorstechende Aspekte sind dabei die für die Familie vermutlich recht belastende Pendeltätigkeit des Vaters, der nur am Wochenende anwesend ist, und die anstehende Geburt eines Geschwisters, in das angesichts der Probleme mit Klaus große Hoffnungen gesetzt werden – etwas, das ihm wohl kaum verborgen bleiben wird und das vermutlich auf seine psychische Situation wirkt. Ein möglicherweise *überdauernd* wirkender Aspekt ist die Beziehung zwischen Klaus und seiner Mutter: Welcher Kontakt besteht zwischen beiden, und welche Möglichkeiten des Kontaktes (der Kontaktfunktionen sowie der Muster einer Kontaktvermeidung) hat Klaus auf Basis dieser Beziehung entwickelt, die er nun auch in schulischen Situationen umsetzt?

Ein wichtiges erstes Ziel der Beratung wird darin bestehen, heraus zu finden, inwiefern in der Familie gegenwärtig bestimmte Probleme und deren Wahrnehmung „vermieden" werden. Vielleicht sind es die erheblichen Folgen, welche die Abwesenheit des Vaters auf die sozial-emotionale Situation der Familie hat, wobei ein „Schein-Ausweg" in der Geburt des zweiten Kindes gesehen wird. („Das wird nicht so problematisch ... Dann wird alles besser ...") Vielleicht ist es die problematische Beziehung zwischen Mutter und Klaus. Erst dann wird es der gesamten Familie, insbesondere auch den Eltern, möglich, „Kontakt mit dem Problem" aufzunehmen und es auszuloten. Dabei könnten auch inszenierte „Dialoge" mit Hilfe der Technik des Leeren Stuhls eingebunden werden. Wichtig ist der Schritt, dass die Familie die Probleme nicht nur erkennt, sondern auch als gegenwärtige Realität akzeptiert – also beispielsweise: „Es ist nun einmal so, dass mein Mann in 200 km Entfernung arbeitet." „Unser Sohn ist zurzeit nun mal kein einfacher Schüler!" „Auch durch das Baby sind keine wunderbaren Veränderungen für uns zu

Gestaltpädagogischer Ansatz 145

erwarten!" Dabei wird der Gestaltberater möglicherweise „gestalttypische" Methoden einsetzen, je nach dem, wie viel Zeit verfügbar ist und ob die Eltern motiviert dazu sind. Aus dieser Kontaktaufnahme heraus könnten mögliche Problemlösungen formuliert und erprobt werden. Dabei kann der Berater auch Vorschläge machen oder Bedenken äußern. Im Vordergrund stehen Rückmeldungen, was die Wahrnehmung der familiären Situation und der familiären Interaktionsprozesse in ihm an Gedanken und Gefühlen auslösen. Die Lösungen kommen allerdings wiederum aus der Familie von Klaus heraus. Auch Phantasiearbeit könnte der Berater hier zur Erprobung verschiedener Lösungen anbieten. Es sollen nicht vorschnell Lösungen formuliert und übernommen werden, die nachher „im Sande verlaufen", weil sie nicht zur Familie von Klaus passen oder aus anderen Gründen einfach nicht funktionieren.

Die wichtigsten Schritte der beraterischen Arbeit mit den Eltern wären die Folgenden:
- Erkennen von aktuellen Problematiken innerhalb der Familie
- Verstehen und Akzeptieren der problematischen Verhaltensweisen von Klaus als sinnvolle Reaktionen in seiner aktuellen Situation
- Erweiterung der Sicht von Veränderungsmöglichkeiten innerhalb der familiären Situation
- angstfreie Erprobung verschiedener Lösungsvarianten
- gegebenenfalls verantwortliche Entscheidung aller Familienmitglieder für einen bestimmten Lösungsversuch als Ausweg aus der gegenwärtigen Krise

6.4 Einzelförderung von Klaus

Hilfreich wäre in diesem Fall, wenn möglich, eine teilweise individuelle Förderung von Klaus wenigstens in ein bis zwei Stunden pro Woche. Aufgrund der Situation wäre dies allerdings eine eher therapeutische Einzelförderung, die am besten ein ausgebildeter Gestalttherapeut durchführen sollte. Falls diese Einzelförderung nicht von der gleichen Person übernommen wird, die auch die Elternberatung durchführt, wäre ein ausführlicher Informationsaustausch und eine enge Zusammenarbeit unverzichtbar. Im Vordergrund der Einzelförderung stünde eine Aufarbeitung der Problemlage. Hier wäre mehr Raum verfügbar dafür, die Bilder aufzugreifen, die Klaus im Kunstunterricht gemalt hat, neue Bilder zu malen und zu bearbeiten oder bestimmte Übungen und Rollenspiele durchzuführen.

Die wichtigsten Schritte der gestaltpädagogischen Einzelförderung von Klaus wären die Folgenden:
- Bewusstwerden seiner eigenen Gefühls- und Gedankenlage und der Bedeutung, welche seine aggressiven Reaktionen und schwachen Leistungen in der Klasse in diesem Zusammenhang einnehmen
- Unterstützung für seine Selbstakzeptanz, auch für die Akzeptanz seiner „problematischen" Seiten wie der Aggressivität, der schwachen Schulleistungen oder hinter der Aggressivität möglicherweise stehenden Gefühlen der Zurückweisung oder Einsamkeit
- Erkennen und Freisetzung verfügbarer Ressourcen, seine schulischen inneren Konflikte anders als durch Aggressionen zu lösen und problematische Aspekte seine Lebenssituation aktiv zu verändern

Dabei wären etwa folgende Fragen und Impulse sinnvoll (vgl. OAKLANDER 1981):
- Fragen zu seinen Gedanken und Gefühlen, während er ein Bild malt.
- Die Aufforderung, ein Bild zu beschreiben.
- sich mit dem Bild zu identifizieren und dann sich zu beschreiben.
- sich mit bestimmten Aspekten und Personen des Bildes zu identifizieren und aus diesen Rollen heraus zu sprechen.
- Dialoge zwischen verschiedenen Aspekten des Bildes durchzuführen.

Bei all diesen Schritten fungiert der Betreuer als Helfer; er muss darauf achten, Klaus zu seiner eigenen Klarheit zu verhelfen und ihm nicht seine eigenen Interpretationen und „Deutungen" aufzuoktroyieren. Er wird vor allen Dingen versuchen, die Gefühle und Gedanken von Klaus durch nachgehende Fragen herauszuarbeiten und von den in den Bildern zu findenden Thematiken auch den Bogen zu Klaus Realität und Alltag zu schlagen. Dabei wird er seine Wahrnehmung aller Signale von Klaus schärfen: Gesagtes, Tonfall,

Sprachmelodie und Lautstärke, Mimik, Körperhaltung, Gesten usw. Er wird auch darauf achten, welche Gefühle und Gedanken in ihm, dem Therapeuten, in der aktuellen Situation mit Klaus entstehen. Je nach dem wird er Klaus davon erzählen. Ein im Gesamtbild ähnliches Vorgehen gilt für den zweiten Schritt, Hilfen und Auswege zu finden: Zwar wird der Pädagoge vielleicht Ideen äußern, aber er wird eher Fragen stellen, um Klaus zu helfen, selbst Möglichkeiten zu finden, seine Lage zu verbessern.

Neben der Arbeit an den Bildern könnte der Sonderpädagoge in der Einzelförderung verschiedene andere kreative Medien nutzen: Basteln, das Erfinden oder Weitererzählen von Geschichten, Rollenspiele, Pantomimen. Da eine besondere Brisanz in der familiären Situation von Klaus gesehen werden kann, bieten sich gerade Rollenspiele besonders an, soweit Klaus dabei mitspielt. Dies wird vermutlich abhängen von der Qualität des Kontakts und Vertrauens, die der Sonderpädagoge in den wenigen Förderstunden zwischen Klaus und ihm aufbauen kann. Dann könnten familiäre Szenarien aufgebaut werden und möglicherweise ein „leerer Stuhl" zu Hilfe genommen werden.

Abschließend sei noch darauf hingewiesen, dass die eingangs angesprochenen Hypothesen zur Situation lediglich als allgemeine Arbeitskonzepte und Ansatzpunkte der einsetzenden Förderung und Beratung zu verstehen sind. Dies ist sehr wichtig, denn es geht ja aus gestaltpädagogischer Sicht gerade nicht darum, dass eine Problemsituation von außen „gedeutet" wird, sondern Hilfen zu bieten, damit die Betroffenen zu einer „Selbst-Deutung" und darauf folgenden Änderungsversuchen kommen. Allerdings muss die Arbeit mit bestimmten Annahmen starten, die jedoch offen und veränderbar sind zugunsten der Sichtweisen und der Bedürfnisse der Betroffenen.

Literatur

BROWN, G. I./PETZOLD, H. (Hrsg.) (1978). Gefühl und Aktion. Gestaltmethoden im integrativen Unterricht. Frankfurt a.M.
BÜRMANN, J. (1992). Gestaltpädagogik und Persönlichkeitsentwicklung. Bad Heilbrunn/Obb.

BUROW, O. A. (1988). Grundlagen der Gestaltpädagogik. Dortmund.
BUROW, O. A. (1993). Gestaltpädagogik. Paderborn.
BUROW, O. A. (1999). Gestaltpädagogik und Erwachsenenbildung. In: FUHR, R./SRECKOVIC, M./GREMMLER-FUHR, M. (Hrsg.). Handbuch der Gestalttherapie. Göttingen, 1051–1068.
BUROW, O. A./GUDJONS, H. (Hrsg.) (1994). Gestaltpädagogik in der Schule. Hamburg.
BUROW, O. A./QUITMANN, H./RUBEAU, M. P. (1987). Gestaltpädagogik in der Praxis. Unterrichtsbeispiele und spielerische Übungen für den Schulalltag. Salzburg.
COHN, R. (1975[1]; 1994[12]). Von der Psychoanalyse zur Themenzentrierten Interaktion. Stuttgart.
FATZER, G. (1988[2]). Ganzheitliches Lernen. Humanistische Pädagogik und Organisationsentwicklung. Paderborn.
FATZER, G. (1999). Der Gestalt-Ansatz in der Organisationsentwicklung. In: FUHR, R./SRECKOVIC, M./GREMMLER-FUHR, M. (Hrsg.). Handbuch der Gestalttherapie. Göttingen, 1069–1076.
FENGLER, J. (1999). Gestalt-Supervision. In: FUHR, R./SRECKOVIC, M./GREMMLER-FUHR, M. (Hrsg.). Handbuch der Gestalttherapie. Göttingen, 1025–1036.
FUHR, R. (1999). Gestaltberatung. In: FUHR, R./SRECKOVIC, M./GREMMLER-FUHR, M. (Hrsg.). Handbuch der Gestalttherapie. Göttingen, 1003–1024.
FUHR, R./SRECKOVIC, M./GREMMLER-FUHR, M. (Hrsg.) (1999). Handbuch der Gestalttherapie. Göttingen.
GREMMLER-FUHR, M. (1999). Grundkonzepte und Modelle der Gestalttherapie. In: FUHR, R./SRECKOVIC, M./GREMMLER-FUHR, M. (Hrsg.). Handbuch der Gestalttherapie. Göttingen, 345–392.
HANSEN, G./HANSBERG-SCHRÖDER, D. (1990). Analytische Gestalttherapie. Bad Heilbrunn/Obb.
KLEBER, E. W./STEIN, R. (2001). Lernkultur am Ausgang der Moderne. Baltmannsweiler.
OAKLANDER, V. (1981). Gestalttherapie mit Kindern und Jugendlichen. Stuttgart.
PERLS, F. S. (1978). Das Ich, der Hunger und die Aggression. Stuttgart.
PERLS, F. S./HEFFERLINE, R. F./GOODMAN, P. (1981[7]). Gestalt-Therapie. Lebensfreude und Persönlichkeitsentfaltung. Stuttgart.
PERLS, F. S./HEFFERLINE, R. F./GOODMAN, P. (1991). Gestalttherapie. Praxis. München.

PETZOLD, H./BROWN, G. I. (Hrsg.) (1977). Gestaltpädagogik. Konzepte der integrativen Erziehung. München.

POLSTER, E./POLSTER, M. (1983). Gestalttherapie. Theorie und Praxis der integrativen Gestalttherapie. Frankfurt a.M.

PRENGEL, A. (Hrsg.) (1983). Gestaltpädagogik. Therapie, Politik und Selbsterkenntnis in der Schule. Weinheim.

PRENGEL, A. (1989). Gestaltpädagogik. In: GOETZE, H./NEUKÄTER, H. (Hrsg.). Handbuch der Sonderpädagogik, Bd. 6 – Pädagogik bei Verhaltensstörungen. Berlin, 793–803.

RAHM, D. (1990^6). Gestaltberatung. Grundlagen und Praxis integrativer Beratungsarbeit. Paderborn.

REVENSTORF, D. (1983). Psychotherapeutische Verfahren. Band III: Humanistische Therapien. Stuttgart.

STEIN, R. (2003a). Pädagogik bei Verhaltensstörungen. Studienbrief im Rahmen des Fernkurses zur „staatlich anerkannten Heilpädagogin"/zum „staatlich anerkannten Heilpädagogen". Katholische Erwachsenenbildung Rheinland-Pfalz. In Vorbereitung

STEIN, R. (2003b). Einführung in die Gestaltpädagogik – und ihre Sicht von Störungen des Erlebens, Verhaltens und Lernens. Baltmannsweiler. In Vorbereitung

STEIN, R./FAAS, A. (1999). Unterricht bei Verhaltensstörungen. Entwurf eines integrativen didaktischen Modells. Neuwied.

STEVENS, J. O. (1975). Die Kunst der Wahrnehmung. Gütersloh.

Ansatz der Lebensproblemzentrierten Pädagogik

Manfred Wittrock

1. Einführung

In einer Grundschule besteht ein scheinbar massives Problem mit und bei einem Schüler des 2. Schuljahres. Die zur Unterstützung und Beratung hinzugezogene Sonderpädagogin berichtet von den Problemen, die die Lehrer und Mitschüler, aber auch die Mutter mit dem Schüler Klaus haben und sie berichtet damit auch über die Probleme, die Klaus mit ihnen und mit sich selbst hat. Aus pädagogischer Sicht stellen sich nun u.a. die folgenden Fragen:
– Wie ist das Verhalten (das Handeln) von Klaus zu entschlüsseln/ zu verstehen?
– Was ist zu bedenken, was sollte abgeklärt werden, damit es zu einer wirksamen und für Klaus und alle Beteiligten förderlichen Entwicklung kommt und
– wie könnte eine hilfreiche Intervention in diesem Fall aussehen?

Was ist zur Beantwortung dieser Fragen bedeutsam, was lässt sich umsetzen? Vor Beantwortung dieser Fragen ist einzugestehen, dass durch Unterricht und Erziehung in der Schule nur in begrenztem Umfang auf die Verhaltensproblematik und das jeweilige Bedingungsgefüge im verändernden Sinne eingewirkt werden kann. Jede/r Lehrer/in sollte die Kompetenz (erworben) haben, seine/ihre Schüler als Person zu verstehen, d.h. auch die Probleme der Schüler zu verstehen. Jeder Lehrer sollte aber auch wissen, dass sein Einfluss nur von begrenzter Reichweite ist, dass er oftmals nicht hinreichend an die „Ursachen" der Probleme oder an das Bedingungsgefüge der Probleme herankommt.

Trotzdem: Jeder Lehrer muss sich immer wieder in der Schule der Aufgabe stellen, auch die Schüler zu unterrichten und zu erziehen, die sich seinen Angeboten entziehen und sich nicht auf die Entwicklungsangebote der Schule einlassen.

Welches Angebot kann in diesem Zusammenhang die Konzeption der Lebensproblemzentrierten Pädagogik machen (vgl. WACHTEL/WITTROCK 1993; WITTROCK 1998a)?

2. Theoretische Grundlegung

Der Begriff „Lebensproblemzentrierte Pädagogik" ist planvoll und m.E. zutreffend gewählt. Im Rahmen der Lebensproblemzentrierten Pädagogik wird der Begriff „*Lebensproblem*" abgeleitet vom griechischen Wort „problema/problemata". Das frühgriechische Wort „Problemata" bedeutete: *zu lösende Aufgaben.* Im Rahmen der Lebensproblemzentrierten Pädagogik werden „Lebensprobleme" als zu lösende Aufgaben, die das Leben stellt, betrachtet. Somit hat jeder Mensch ständig „*Lebensprobleme*" (vgl. WACHTEL, WESTPHAL & WITTROCK 1988).

Eine Schwierigkeit bildet dabei die heutige Konnotation des Begriffes „Problem", die diesem einen eher negativen Charakter mitgibt. In unserem Verständnis sind Probleme demgegenüber etwas, was jeden Menschen ein ganzes Leben lang begleitet im Sinne aktiv zu lösender Aufgabenstellungen. Von daher ist jede menschliche Handlungsweise eine subjektiv problemlösende Handlungsweise (vgl. HURRELMANN 1979). Wenn wir diese Grundannahme ernst nehmen und erkennen, dass Lebensprobleme Gestaltungsaufgaben sind, die das Leben stellt mit dem Ziel des Weiterlebens, dann können wir uns dem Begriff der Lebensproblemzentrierung angemessener nähern.

Kinder und Jugendliche mit/in großen Schwierigkeiten sind somit Kinder und Jugendliche, deren (im Laufe der eigenen Sozialisation erworbene/gelernte) Problemlösungsstrategien sich in unserer Gesellschaft entweder unangemessen darstellen oder die sich für sie selbst als unangemessen, schädigend oder entwicklungshemmend darstellen oder die für ihre Bezugsgruppe, in der sie leben und handeln, unangemessene oder schädigende Lösungsmuster sind. Jeder Mensch (somit auch die Kinder und Jugendlichen mit abweichenden Verhaltensweisen) versucht ständig, seine Lebensprobleme zu lösen.

Die Lebensprobleme im speziellen, die wir in der Pädagogik bei Verhaltensstörungen zu analysieren und zu bearbeiten versuchen, sind zahlreich und vielfältig. Bemühungen, „Probleme" zu klassifizieren, sind bei verschiedenen Autoren zu finden (vgl. dazu MYSCHKER 1996/2002; GOETZE/NEUKÄTER 1993). Von daher scheint diese Vorgehensweise, alle Abweichungen, Störungen, „Auffälligkeiten" zu sammeln und damit zu komplettieren, nicht weit zu führen. Es liegt im Bereich der Pädagogik bei Verhaltensstörungen eine große Fülle an Literatur aus unterschiedlichster Sichtweise zum Begriff und zur Thematik „Verhaltensstörungen" vor (vgl. GOETZE & NEUKÄTER 1993).

Dabei wäre die zentrale Annahme wesentlich, dass der größte Teil dieser Literatur Zutreffendes beschreibt, Hilfreiches und Förderliches entwickelt (insbesondere die in diesem Buch vertretenen Ansätze). Für mich ist es in meinem professionellen Handeln von Bedeutung, wenn ein Vertreter des kommunikationstheoretischen Ansatzes förderliche und hindernde Interaktionsprozesse beschreibt und daraus resultierende Schwierigkeiten. Für mich ist es von Bedeutung, wenn ein kognitiver Lerntheoretiker (mit verhaltenstheoretischem Hintergrund) Lernprozesse durch Konditionierungsprozesse oder durch Lernen am Modell beschreibt. In allen diesen Ansätzen findet man viel von dem, was man im Alltag vorfindet, theoretisch strukturiert und reflektiert wieder. Somit wäre es ein erster Zugang zur Konzeptbildung zu sagen, dass mehrere theoretische Ansätze zutreffende, förderliche und hilfreiche Zugänge zu einer Pädagogik bei Verhaltensstörungen anbieten. Nicht die Ausgrenzung der falschen Aussagen bzw. der wenig hilfreichen Ansätze ist das Problem, sondern wie jeder einzelne die Vielfalt an hilfreichen, förderlichen, interessanten Aussagen – auf der Basis eines theoretischen Ansatzes – für sich überschaubar und handlungsrelevant machen kann.

Dieses Problem ist ein wohlvertrautes, das sich tagtäglich im pädagogischen Handlungsfeld stellt: Wie kann ich auf der einen Seite die Vielfalt des Existenten berücksichtigen und gleichzeitig durch gezielte und planvolle Auswahl handlungsfähig bleiben? Und diese Aufgabe stellt sich für uns tagtäglich. (Auch das ist ein Lebensproblem, nämlich das Problem der Gestaltung der Aufgabe, Vielfalt zu berücksichtigen und gleichzeitig zielgerichtet handlungsfähig zu bleiben, sowohl in der theoretischen Auseinandersetzung als auch bei pädagogischen Entscheidungen).

Somit richtet sich eine Lebensproblemzentrierte Pädagogik nicht gegen eine andere Pädagogik oder gegen einen anderen pädagogisch-therapeutischen Ansatz, sondern versucht vielmehr einen weiteren Weg anzubieten. Dieser Zugang erscheint vielleicht zuerst etwas ungewöhnlich.

Die Lebensproblemzentrierte Pädagogik fasst das umfangreiche und hoch komplexe Praxisfeld des Lehrers, die Gestaltung von Unterricht und Erziehung für Schüler im Raum der Schule, als eine Beziehungs- und Wirkungseinheit auf: Es geht in der Schule immer darum, dass die Schüler Beziehungen zu Sachen, Gegenständen und Inhalten aufnehmen sollen, um durch den Umgang mit ihnen, ihre Fähigkeiten, Fertigkeiten, Einstellungen und Haltungen im Sinne von Erweiterung zu verändern. Zugleich nehmen sie immer auch Beziehungen zum Lehrer und zu den Mitschülern auf. Es entsteht eine Beziehungs- und Wirkungseinheit. Von dieser Grundannahme her interessiert es uns, wie diese Beziehungs- und Wirkungseinheit zu charakterisieren ist, mit Hilfe welcher Kategorien sie sich erfassen und beschreiben lässt und wie sie vom Lehrer absichtsvoll strukturiert und organisiert werden kann (vgl. WACHTEL & WITTROCK 1991). Neben dieser schulischen Wirkungseinheit bestehen zahlreiche weitere Wirkungseinheiten für Klaus, z.B. in der Familie (ebenfalls verstanden als eine Beziehungs- und Wirkungseinheit) oder in der peer-group.

Wir haben das Erleben und Verhalten von Schülern im Unterricht erforscht und beschrieben (WESTPHAL 1976; WACHTEL, WESTPHAL & WITTROCK 1988), dass sich ihnen bei der Anbahnung und Ausgestaltung von Beziehungen im Unterricht immer wieder sechs *Gestaltungsaufgaben* stellen.

Gestaltungsaufgaben (Lebensprobleme)

- „*versorgen*" und „*entwickeln*"
- „*ordnen*" und „*handeln*"
- „*anpassen*" und „*entfalten*".

Ansatz der Lebensproblemzentrierten Pädagogik

Diese sechs Gestaltungsfaktoren sind rein idealtypisch und als Konstrukte zu verstehen. Sie werden in drei Gegensatzeinheiten beschrieben und stehen in einem dialektischen Spannungsverhältnis zu einander. Mit Hilfe dieser Gestaltfaktoren lassen sich die in einer Schulklasse (bzw. Familie, Gruppe der Gleichaltrigen) real existierenden Lebensprobleme und die mehr oder minder gelungenen Lösungsversuche der Beteiligten verstehen und konkrete Handlungsvornahmen für den Unterricht gewinnen (die sechs Gestaltfaktoren werden bei WITTROCK & WACHTEL 1991 und WACHTEL & WITTROCK 1993 differenziert beschrieben).

Hier wird deutlich, dass die Lebensproblemzentrierte Didaktik und Pädagogik eine wichtige Grundlage im dialektischen Denken hat, da nach dem Verständnis der Lebensproblemzentrierten Pädagogik Bewegung und Entwicklung nur beschrieben werden kann aus einem Spannungsverhältnis zwischen Polen.

Die zentralen Probleme, die sich bei Schülern mit Verhaltensauffälligkeiten bzw. Lernbeeinträchtigungen in der Schule (verstanden als Teil ihres Lebensfeldes) zeigen, lassen sich vereinfacht wie folgt beschreiben und akzentuieren:

- Die Versorgungsprobleme hemmen die Entwicklung.
- Die Ordnungsprobleme schränken das Handeln ein.
- Die Anpassungsprobleme beeinträchtigen die Entfaltungsansätze (vgl. WACHTEL, WESTPHAL, WITTROCK 1988).

Kurz zusammengefasst heißt das:

Eben weil die Schüler (Menschen) aufgrund ständiger Wahrnehmung des psychosozialen Unterversorgtseins durchgängig danach streben, Anerkennung und Zuwendung zu erfahren, können sie wenig riskieren und sich nicht auf Entwicklung einlassen.

Weil sie die Ordnungen und Strukturen nicht durchschauen und ihnen der Sinn der unterrichtlichen Auseinandersetzung häufig nicht einsichtig wird, handeln sie nicht themenbezogen und zielgerichtet.

Und weil sie sich dauernd an ihnen fremde Themen, Inhalte, Formen, Regeln und Anforderungen anpassen müssen, bleiben ihnen wenige Möglichkeiten, sich mit ihren Absichten durchzusetzen.

Die Lebensprobleme sind zum einen analytische Kategorien für das Beschreiben und Verstehen eines beweglichen und veränderlichen Prozesses. Der pädagogische Prozess oder die Beziehungseinheit Unterricht muss vom Lehrer aber nicht nur verstanden werden. Der Unterricht muss absichtsvoll geplant und durchgeführt werden. Die sechs Gestaltfaktoren der Lebensprobleme können zum anderen auch in konstruktivem Sinne zur Planung und Gestaltung von Unterricht und Erziehung zugrunde gelegt werden.

Wenn die Annahmen richtig sind, dass es bei der Gestaltung von Beziehungen zu Menschen und zu Sachen im Unterricht immer um die Lebensprobleme des *Versorgens* und des *Entwickelns*, des *Ordnens* und des *Handelns*, des *Anpassens* und des *Entfaltens* geht, dann ist es sinnvoll, Unterricht unter der Fragestellung zu konzipieren, inwieweit diese Lebensprobleme und die individuellen Lösungsmöglichkeiten berücksichtigt werden. Diese Berücksichtigung der Lebensprobleme bedeutet, dass die fachlichen (unterrichtlichen) Arrangements den dargestellten drei Gegensatzeinheiten in dem Sinne entsprechen, dass in verschiedenen Formen des *Austausches* sowohl das Versorgen als auch das Sich-Versorgen, das Entwickeln und das Sich-Entwickeln ermöglicht; das notwendige Anpassen und Sich-Anpassen, das Entfalten und Sich-Entfalten *gesichert* und mittels *Orientierungen* sowohl das Ordnen und Sich-Einordnen als auch das Handeln und Behandelt werden unterstützt wird.

Im Unterricht, in professionellen Beratungs- und Fördersituationen müssen somit die besonderen Akzente der Gestaltung auf die planvolle Förderung von Prozessen des *Austauschens*, des *Sicherns* und des *Orientierens* gelegt werden. Somit erfordert der Lebensproblemzentrierte Ansatz immer eine bestimmte Lehrerhaltung (vgl. dazu auch ROGERS 1974 und GOETZE in diesem Reader) und die Berücksichtigung bestimmter didaktischer Prinzipien. (Differenziertere Ausführungen zu einer Lebensproblemzentrierten Didaktik und zu der damit verbundenen Unterrichtsgestaltung finden sich bei WACHTEL & WITTROCK 1993, 1997 & 2001).

3. Grundsätzliche Ableitungen und Fragestellungen

Der Ansatz der Lebensproblemzentrierten Pädagogik ist, wie oben beschrieben, gewonnen worden durch Unterrichtsbeobachtungen, in erster Linie in Schulen für Lernbehinderte und für Erziehungshilfe und aus der Beschreibung dort auftretender Probleme – d. h. nicht gelöster oder ungeeignet gelöster Lebensaufgaben. Bei den Problemata, die dort auftraten, standen bestimmte im Vordergrund und bei dem Versuch, diese zu systematisieren und planvoll zu beschreiben, schälten sich sechs Problembereiche (in drei Gegensatzeinheiten) heraus, die unsere Aufgabe der Lebensbewältigung umschreiben. Auf diese sechs Aspekte (*„anpassen – entfalten"*; *„ordnen – handeln"*; *„versorgen – entwickeln"*) werde ich im Folgenden – unter besonderer Berücksichtigung von Klaus – näher eingehen.

Ein Problem, das der beratenden Sonderpädagogin in der Grundschule begegnet, ist, dass Klaus sich scheinbar nicht einlassen kann auf Neues (Sachen/Themata) und Neue (Menschen). Dieses Problem liegt im Spannungsfeld von *„anpassen und entfalten"*.

Spannung erzeugt Bewegung. In diesem Fall, des Sich-nicht-Einlassen auf Neues/Neue, ist das Spannungsverhältnis zwischen dem Problem der Anpassung und dem Wunsch nach Entfaltung. Wir alle müssen uns ununterbrochen diesem Problem stellen – wir alle, so auch Klaus. Wir alle unterliegen ständig dem Prozess des Sich-Anpassens und des Andere-an-uns-Anpassens, wie z. B. PIAGET (1978) es sehr gut beschreibt. Der Begriff der Anpassung, der hier gewählt wird ist also kein passiver Anpassungsbegriff, sondern ein sowohl aktiver als auch passiver Anpassungsbegriff. In diesem Spannungsverhältnis zwischen Anpassen und Entfalten sind Lösungsmöglichkeiten zu finden. Lebensprobleme, wie wir sie aus der Schule beschreiben, ergeben sich in erster Linie dann, wenn es Schüler/Schülerinnen, Lehrer/Lehrerinnen nur unzureichend gelingt, sich an die Gruppe oder sich an das Thema oder sich an die Umwelt anzupassen oder die Umwelt, das Thema, die Gruppe an sich anzupassen: Klaus.

Im Gegenlauf dazu ‚Entfaltung': Wir alle haben die Tendenz – hoffentlich –, uns nach dem Lustprinzip, nach dem Prinzip des Lebenwollens endlos zu entfalten, auszudehnen, auszubreiten, so auch Klaus. Wenn wir im Ausleben der Entfaltungstendenzen der

Grenzenlosigkeit anheim fallen, entsteht dort das Lebensproblem, dass wir andere nicht mehr zur Kenntnis nehmen, dass wir über andere hinweggehen in unserer Entfaltungstendenz. Ein bekanntes Problem („eine zu lösende Aufgabe") auch aus der Schule.

Unsere Schüler/Klaus würde(n) somit in zweiter Linie Verhaltenstendenzen in der Form zeigen, dass spezielle „Absicherungstechniken" (absichernde Verhaltensweisen) Entfaltungsprozesse überformen. Das ist ein weiteres Phänomen, das wir aus der Schule kennen. Schülern sichern sich ab, indem sie sagen, „ach, was ist das ätzend" oder „so'n Quatsch, was sollen wir damit", „so'n Unsinn, das interessiert mich nicht, da mach ich nicht mit". Diese Verhaltensweisen, als Absicherungstechniken vor dem nächsten „Sich selbst als gescheitert erleben müssen" zu begreifen, müssen wir verstehen lernen, um zu erkennen, dass genau diese Absicherungstechniken, dieses Zumachen, obwohl es häufig so angreifend („aggredi") wirkt, als ein Hemmnis von Entfaltungsprozessen und neuen Möglichkeiten zu verstehen sind. Ein Mensch, der sich, z.B. aus Angst vor weiterer Verletzung, hochgradig absichert, wird sich nur sehr schwerlich entfalten können und Neues (Förderliches) erleben.

Im zweiten Aspekt (Gegensatzeinheit) – „*ordnen – handeln*" – begegnet uns in erster Linie die Struktursuche, die Orientierungsproblematik. Uns begegnen Schüler/innen und Lehrer/innen, die in deutlicher Art und Weise entweder sehr viel handeln ohne ihr Handeln auf eine Struktur, einen Plan zurückführen zu können. So werden z.B. zehn Arbeitsblätter in einer Stunde verteilt, ohne dass die Schüler so recht wissen, wofür diese zehn Arbeitsblätter gut sind. Auch dies ist eine Strukturlosigkeit, die wir in der Schule erleben. Diskutiert und bemängelt wird aber in erster Linie die Strukturlosigkeit der Schüler.

Die Orientierungsproblematik der Schüler (von Klaus), ist die Suche nach Halt, die Suche nach etwas was Orientierung bietet. (Von daher kann man durchaus nachvollziehen, warum viele Vorschläge von Fachkollegen in Richtung strukturierter Unterricht, Klarheit, Ordnung und ähnlichem gehen, was aber allein zu kurz greift.) Ein Mensch, der sich nicht orientieren kann, der keine Orientierungsmaßstäbe hat, hat große Schwierigkeiten zielgerichtet zu handeln (s. Klaus). Denn, eine *Orientierungsproblematik schränkt*

Ansatz der Lebensproblemzentrierten Pädagogik

Handeln ein. Im Gegenlauf dazu besteht in einzelnen Fällen, was uns sicherlich bei Kollegen eher bekannt ist, eine *Ordnungsdominanz*. Eine Ordnungsdominanz schränkt Handeln ebenfalls ein. Es gibt Menschen, die vor lauter Ordnung nicht mehr Handeln können.

Der letzte Aspekt, der uns bei der Beschreibung und Analyse von schulischen Problemen begegnete, ist die Gegensatzeinheit von *„versorgen und entwickeln"*. Uns begegnet in der Schule (in allen Lebensbereichen!) eine sehr starke Tendenz Aufmerksamkeit zu erhalten. Dieser Aspekt begegnet uns in der Schule in erster Linie in der Form des *Aufmerksamkeit-Suchens, Nähe-Suchens* (s. Klaus). Hier wird ein weiterer zentraler Aspekt von Lebensgestaltung angesprochen, dass wir alle uns versorgen (müssen) mit existentiellen, sozialen und emotionalen Anteilen und Werten. Teilweise versorgen wir uns mit solchen Werten und Qualitäten, indem wir andere versorgen, auch das ist eine Form der Lebensproblemgestaltung: Leben gestalten durch Versorgung anderer.

Insgesamt zeigt sich hier das Problem, die zu lösende Aufgabe, dass Unterversorgung oder Überversorgung Entwicklung hemmt (s. Klaus). Ein unterversorgter Mensch wird in seiner Entwicklung in allen seinen Aspekten zurückbleiben. So ist sowohl aus der medizinischen als auch aus der psychologischen und der erziehungswissenschaftlichen Forschung bekannt, dass Menschen, die in ihrem sozialen und in ihrem emotionalen Qualitäten unterversorgt werden, auch in ihrer gesamten Entwicklung zurückbleiben (Körperwachstum, Sprachentwicklung u. a. m.).

Von daher versuchen wir in der Lebensproblemzentrierten Pädagogik ausgehend von diesen sechs Qualitäten

- Anpassen,
- Entfalten,
- Ordnen,
- Handeln,
- Versorgen,
- Entwickeln,

eine Pädagogik und kindangemessene (aber auch lehrerangemessene) Unterrichtsgestaltung zu entwickeln, die sowohl präventiven als auch rehabilitativen Charakter in Bezug auf die Förderung der Bewältigung der Lebensprobleme hat.

Im präventiven Bereich würden wir vorschlagen, insbesondere bei der *Orientierung* anzusetzen. Für Menschen, die wir präventiv dabei unterstützen möchten, dass sie nicht in ungünstige Formen der Lebensproblemgestaltung hineinwachsen, ist es in erster Linie notwendig, dass wir ihnen Orientierung geben. Hierbei wird bewusst der Begriff der Orientierung benutzt und nicht der der Ordnung. Orientierung ist eine bewegliche Ordnung, die Gestaltungsräume enthält. Ein Mensch, dem ich eine Orientierung anbiete/ermögliche, dem ich Möglichkeiten zur Strukturierung und Planung gebe, (planen und kontrollieren sind wichtige Aspekte der Perspektivgewinnung!) benötigt des Weiteren eine Chance und die Kompetenz zum sich Entfalten.

Wir müssen Menschen Freiräume bieten, Spielräume zum *Probehandeln*. Bei den Spielräumen für Probehandeln wird deutlich, dass durch Orientierung in Spielräumen wieder Handeln gewonnen werden kann. Menschen müssen viel mehr Möglichkeiten haben, sich zu erproben: „Falsches" machen zu dürfen, nicht Bewertetes machen zu können, um für sich selbst eine Form (eine stimmige *Gestalt*) zu finden. Frühzeitiges bewerten durch Autoritätspersonen (Lehrer) führt zu Schutzverhaltensweisen (Abwehr) beim Kind.

Ein dritter Aspekt, der unter präventiven Gesichtspunkten wesentlich erscheint, wäre, beim Prinzip der *Versorgung* anzusetzen, d.h. wir müssen in der real existierenden Schule akzeptieren, dass wir uns „unsere" Schüler nicht aussuchen können, sondern das sie so sind, wie sie sind. Unsere Schüler werden zu einem hohen Prozentsatz mit Versorgungsproblemen, in erster Linie emotionaler Art, aber zunehmend auch sozialer und existentieller Art in unsere Schule kommen und der Lehrer muss sich auf *alle* Schüler einstellen. Versorgung darf hierbei aber nicht als „Einbahnstraße" missverstanden werden, in der allein der Lehrer die Versorgung des Schülers zu leisten hat. Speziell ein positives Schul-, Klassen-, Unterrichtsklima gibt Sicherheit und befördert und unterstützt gelingende Versorgungsprozesse (vgl. AURIN 1991).

4. Analyse des vorgestellten „Falles"

Schauen wir uns die geschilderte Situation von Klaus in der Schule (und soweit unsere Informationen reichen zu Hause) einmal etwas genauer an:
- Klaus ist in der Klasse isoliert.
- Er zeigt in Nicht-Beachtungs-/Bewertungs-/Krisensituationen verbale Reaktionen mit Worten wie: „Ich mache euch alle tot. Ich werfe eine Bombe in die Klasse. Ich bringe ein Messer mit und ersteche dich."
- Er malt Bilder, die Zerstörung, Explosionen oder Gewalt mit Messern zum Gegenstand haben.
- Er scheint zwischen weiblichen und männlichen Personen/Lehrern zu differenzieren, indem er auf männliche Personen angepasster reagiert.
- Er hat ein großes Interesse an technischen Themen und er bastelt viel und lang andauernd.
- In einer eskalierenden Auseinandersetzung verletzte er einen Mitschüler mit einem mitgebrachten Küchenmesser leicht.
- Klaus leidet unter der Abwesenheit seines Vaters.
- Die Mutter redet (auch in seiner Gegenwart) nachteilig über ihn.
- Sie ist mit der gesamten Situation völlig überfordert.
- In „schwierigen" Situationen schlägt sie ihn manchmal und
- Sie hat Angst, dass er auf die „schiefe Bahn" kommen könne.
- Sie erwartet ein zweites Kind, auf das sie sich freut.

Dies ist nur eine knappe Aufzählung möglicher mitbedingender Faktoren, die noch deutlich vermehrt werden könnten. Als scheinbare „Fakten" bzw. mögliche Einflussfaktoren erzeugen sie Vorstellungen über Zusammenhänge in uns. Sie bleiben aber reine Vermutungen. Wir können nicht direkt ableiten, welche dieser (oder anderer) Faktoren für die eingetretene Entwicklung und für das Verhalten von Klaus (und das seiner Mutter, seiner Lehrerin, u.a.m.) mitbedingend sind, wir können nur mittels explizierter *Hypothesen* planvoll intervenieren und erneut beobachten (in Form eines Phänomen-Hypothese-Handlungs-Kreises).

> Ausgangshypothese: Die von Klaus gezeigten Verhaltensweisen und Reaktionen sind subjektiv problemlösende, aber Klaus löst damit intersubjektiv seine Probleme nicht, vielmehr vermehren sich seine Probleme (= zu lösenden Aufgaben).

Aus der Sicht des Lebensproblemzentrierten Ansatzes wäre zu prüfen, welche *Verhaltensmuster* (welche *Handlungsgestalt*) Klaus in der Beziehungs- und Wirkungseinheit Schulklasse (bzw. in seiner Familie) zeigt. Welche Problemlösungsmuster zeigt Klaus und wie sind diese in Bezug auf die sechs grundlegenden (Gestaltungs-)Faktoren „*versorgen – entwickeln*", „*ordnen – handeln*", „*anpassen – entfalten*" zu verstehen?

1. These: Klaus ist unterversorgt mit Anerkennung, Aufmerksamkeit, partnerschaftlicher Kommunikation und Zuwendung.
   Mögliche Folge: Seine Versorgungsprobleme hemmen seine soziale, kognitive und psychische Entwicklung (z.B. die Fähigkeit mit Nicht-Beachtung und Rückmeldungen umzugehen und Konflikte in konstruktiven Austauschprozessen zu lösen).

2. These: Klaus hat Probleme sich an die Gruppe der Gleichaltrigen anzupassen und sich auf andere einzulassen.
   Mögliche Folge: Seine Anpassungsprobleme erzeugen abwehrende Verhaltensmuster und beeinträchtigen seine Entfaltungsmöglichkeiten (z.B. über Freundschaften).

3. These: Klaus hat Probleme in der Schule, in der Klasse, im Unterricht seinen Halt (Sicherheit) zu finden.
   Mögliche Folge: Seine Orientierungsprobleme schränken sein Handeln (sein Handlungsrepertoire) ein (z.B. in den offenen Formen des Unterrichtes).
   Zwischen diesen Annahmen (und ihren Folgen) bestehen eindeutig Wechselwirkungen.

Ausgehend von diesen Hypothesen stehen für die Gewinnung einer pädagogischen Handlungsplanung folgende Fragen im Vordergrund:
   Mittels welcher Verhaltensmuster versucht Klaus sich (und seine Umwelt) zu *versorgen* bzw. zu *entwickeln*?

Ansatz der Lebensproblemzentrierten Pädagogik 163

Mittels welcher Verhaltensmuster versucht er sich und seine Umwelt *anzupassen* bzw. sich zu *entfalten,* versucht er sich (und seine Umwelt) zu *ordnen* bzw. zu *handeln*?

Dazu müssen wir lernen, hinzuschauen und die Verhaltensweisen des Kindes (Klaus) in der jeweiligen Wirkungseinheit zu beschreiben, mit dem Ziel besser zu verstehen, welche Daseins- und Überlebenstechniken Klaus (seine Mutter, seine Klassenlehrerin, die Mitschüler, der Vater ...) musterhaft herausgebildet hat. Dabei gewinnen wir aber keine „objektiven Daten", sondern wir erfahren etwas über unsere Wahrnehmung von und unsere Beziehung zu Klaus (zu seiner Mutter ...) in einer je spezifischen Wirkungseinheit (z. B. Klasse oder Familie). Es geht dabei nicht um die Klärung der „Schuldfrage", sondern um die Gewinnung von fundierten Hypothesen, um pädagogisch handlungsfähig zu werden.

Mögliche Ziele einer pädagogischen Intervention: Klaus muss sein Leben in seinem Umfeld entwicklungsförderlich und möglichst gewaltarm gestalten und dabei mit seinen Lebensproblemen (= zu lösende Aufgaben) umzugehen lernen.

Diese erfolgreiche Lebensproblemgestaltung könnte wie folgt aussehen:
- Gestaltung der Beziehung zu seiner Mutter (gerade in einer Zeit in der sie ein Geschwisterkind erwartet)
- Gestaltung der Beziehung zum abwesenden Vater (gerade während der Zeit seiner Abwesenheit)
- Gestaltung der Zeit (die gerade von fehlenden Aktivitäten mit Gleichaltrigen gekennzeichnet ist)
- Gestaltung des Umgehens mit Nicht-Beachtung, mit Ablehnung, mit Überforderung, mit Isolationserleben.

Das pädagogische Handeln muss sich insbesondere (unter Beachtung der sechs Lebensproblemfaktoren und der spezifischen Ausprägung bei Klaus) auf eine besondere Akzentuierung des Gebens von Halt, Vertrauen und Sicherheit, der (spielerischen) Förderung vielfältiger konstruktiver Austauschprozesse in der Gruppe und der Familie und dem Anbieten von zielgerichteten, interessegeleiteten Möglichkeiten zum Probehandeln (Ausprobieren) neuer Verhaltensweisen (und Interessen) ausrichten. Dies gilt nicht nur für Klaus, sondern ebenso für seine Mutter. Auch sie benötigt Halt und Sicherheit, konstruktive Austauschprozesse mit Angehörigen ihrer peer-group und Möglichkeiten zum Erproben neuer Verhaltensformen.

Diese Handlungsanregungen beinhalten, dass nicht nur *über* Klaus geredet, sondern *mit* ihm und dass ihm die Sicherheit gegeben wird, dass er und seine Meinungen, Hoffnungen, Wünsche wichtig sind und ernst genommen werden. Danach ist es wesentlich eine Klassen- und Unterrichtsstruktur (aber auch Familienstruktur!) zu schaffen, die Klaus hinreichend Halt gibt und seine Interessen und Kompetenzen berücksichtigt. Zahlreiche Unterrichtseinheiten existieren z.B. zum Thema „Förderung von Freundschaften" oder viele fächerübergreifende Unterrichtseinheiten nehmen technische Interessen auf und bieten Möglichkeiten zum manuellen Tun („basteln").

Auch Trainingsprogramme zur Förderung der Selbststeuerung könnten in der Folge eine hilfreiche Ergänzung des pädagogischen Handlungsplanes sein. Daneben müsste die Mutter pädagogisch-psychologische Unterstützung erfahren bzw. eine systemische Familientherapie erfolgen und die Klassenlehrerin sich in eine kollegiale Praxisberatung, Fallberatungsgruppe einbinden.

Diese Liste von Handlungsanregungen kann deutlich erweitert werden durch zahlreiche Vorschläge, die bei der Darstellung der anderen in diesem Buch vertretenen Ansätze zu finden sind. Wesentlich ist nur, dass diese Handlungsvorschläge nicht unreflektiert übernommen werden, sondern auf ihre „Passung" unter dem Blickwinkel der vorherrschenden Lebensprobleme und der daraus entwickelten Absicherungs-/Daseinstechniken und ihren Handlungsmustern geprüft werden.

Gerade bei der notwendigen Unterstützung der Mutter bzw. der Eltern werden aber die Grenzen einer wirksamen pädagogisch-psychologischen Intervention in der Schule deutlich. Hier enden in den meisten Fällen die Möglichkeiten der Lehrer (und auch der beratenden Sonderpädagogin).

Ansatz der Lebensproblemzentrierten Pädagogik

5. Konsequenzen für das Pädagogenhandeln

Wenn wir davon ausgehen, dass ein Ansatzpunkt für die Veränderung und konstruktive Gestaltung von Lebensproblemen in der Schule in den Aspekten *Orientierung*, *Entfaltung* und *Versorgung* liegt, dann dürfen wir nicht bei der Analyse von „Fällen" und den dazu passenden Interventionen stehen bleiben (dann wären wir nur ein „Reparaturbetrieb"), sondern wir müssen uns der Frage stellen, ob Menschen (Lehrer, Eltern und Schüler) im System Schule überhaupt eine Chance haben, solche Leistungen zu vollbringen?

Ich würde diese Frage bejahen und das an einem Schaubild erläutern.

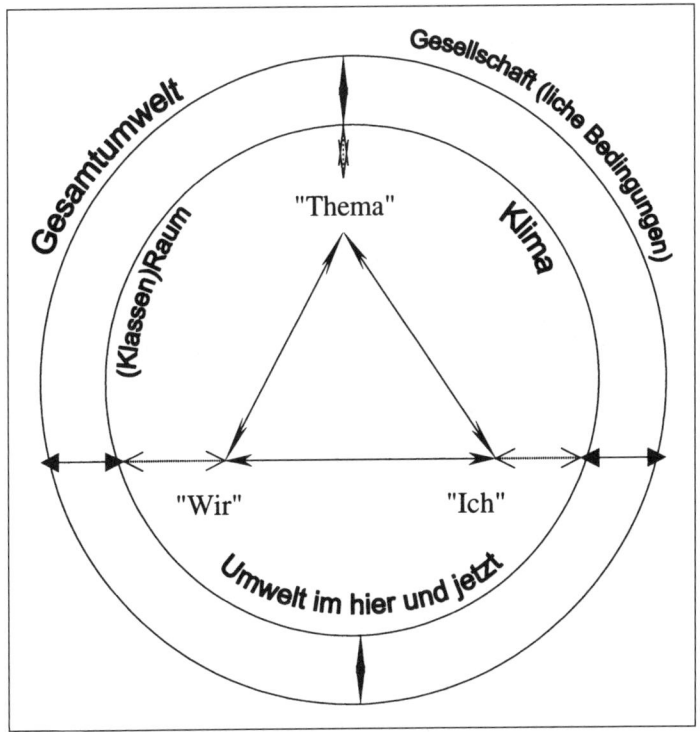

Abb. 1: Unterrichten als Prozess

Das kleine Schaubild versucht folgendes zu verdeutlichen: Ausgehend von der konkreten Situation der Schule entsteht, wenn man sich innerhalb von Schule Lebensprobleme, Spannungsverhältnisse deutlich machen will, in erster Linie das „didaktische Dreieck" bzw. das Dreieck der Themenzentrierten Interaktion (TZI) nach Ruth COHN (1975):

„*Ich*" – der Lehrer/die Lehrerin/die Schülerin/der Schüler – habe im Regelfall mit mir selbst Probleme und diese Probleme mit mir selbst bringe ich in den Unterricht (bzw. in alle meine Beziehungseinheiten) mit und in ihn ein.

Ich habe Probleme mit dem *Wir*, in Beziehung zum *Wir*, d.h. ich habe Probleme mit meinem Kollegium, ich habe Probleme mit der Gruppe/Klasse. Dieses *Wir*, z.B. das Kollegium, hat mit sich selbst Probleme und wir haben alle Probleme mit den „*Themen*", sowohl die Schüler als auch die Lehrer (was häufig geleugnet wird).

Die Probleme, die Lehrer mit „*Themen*" haben, sind kaum geringer als die Probleme die Schüler mit Themen haben. Es wird nur viel weniger thematisiert. Wenn ich aber akzeptiere, dass ich selbst Probleme mit Themen habe, dann wird mir deutlich, dass auch bei mir eine Gestaltungsaufgabe vorliegt, nämlich wie ich damit klar komme, dass ich Schwierigkeiten mit einem Thema habe.

Dieses Ganze ist aber nicht in einem unbeeinflussten Raum zu sehen. Deswegen greift das ursprüngliche didaktische Dreieck zu kurz, das gesamte Geschehen („Leben") findet (vereinfacht) in zumindest zwei „*Umwelten*" statt: Erstens in der konkreten Umwelt, die in erster Linie durch den Klassenrahmen und durch das Klassenklima (das kommunikative Klima, das soziale Klima in der Klasse) gekennzeichnet ist. Nicht zufälligerweise hat m.E. bereits die Untersuchung von Heinz BACH 1984 in Rheinland Pfalz erbracht, dass ein bedeutsamer (signifikanter) Faktor für die Abnahme von sogenannten Verhaltensauffälligkeiten der Faktor „Gestaltung des Klassenraums" war (vgl. BACH 1984). Hier zeigt sich die Bedeutung des Aspektes Klassenraum/soziales Klima. Wobei hier nicht das Ergebnis allein das wesentliche ist, sondern ebenso der Prozess.

Wir leben aber auch in unserem Klassenraum bzw. Lehrerzimmer nicht in einem „luftleeren" Bereich, sondern uns umgibt eine je spezifische Gesellschaft, mit gesellschaftlichen Rahmenbedingungen und uns umgibt eine je spezifische Umwelt, mit ganz speziellen

Umweltbedingungen – mit einem Golfkrieg, mit einem Tschernobyl, mit einer Regenwaldvernichtung, mit Hungersnöten und ähnlichem. Auch das ist unsere Umwelt. Hier ergibt sich eine weitere Chance von Schule zur Weiterentwicklung.

Schule, ähnlich wie Familie, als kommunikatives System (vgl. WATZLAWICK 1969) zu begreifen, eröffnet nicht nur Möglichkeiten zur Analyse (zum „Verstehen"), sondern begreift auch eine Chance. Denn Schule (verstanden als kommunikatives System) hat die potentielle Möglichkeit, ähnlich wie Familie, gesamtgesellschaftliche Bedingungen zu verschärfen, zu fokussieren, auf den Punkt zu bringen, aber sie kann auch diese gesamtgesellschaftlichen Bedingungen abfedern, ein wenig in den Hintergrund drängen, Freiräume zum Probehandeln schaffen. Wenn z. B. bestimmte Normen und Werte in unserer Gesellschaft gelten, dann können wir sie in der Schule entweder noch stärker auf den Punkt bringen, können noch mehr darauf achten, noch genauer hingucken – z. B. in den Faktoren Ordnung oder Anpassung. Wir können also verschärfend wirken. Wir können aber auch, wie in der Familie, bestimmte herrschende Bedingungen/Vorstellungen filtern, etwas zurückhalten und damit Chancen zum Probehandeln schaffen.

„*Probehandeln*" ist der Bereich, der heutzutage den Kindern sehr viel geringer zufällt, weil sie häufiger als Einzelkinder aufwachsen, in einer stärker verplanten Umwelt aufwachsen und diffuser (aber auch länger, z. B. in beruflichen Fördermaßnahmen) von Erwachsenen beobachtet und bewertet werden als früher. Probehandeln wäre also der Bereich, zu ermöglichen, dass alternative Verhaltensweisen ausprobiert werden und erlebt wird, was zu mir passt. Und nicht nur in diesem Prozess verstellt frühzeitige Bewertung die Entwicklungschancen eines Menschen.

Andererseits darf Schule nicht als eine Anstalt des „laissez faire", des Laufen-lassens missverstanden werden. Das oben beschriebene Anbieten von *Orientierungen* muss (verstanden als dialektische Gegensatzeinheit) das Ausprobieren ausbalancieren.

Wenn wir Schule als eine Schule, die vielfältige Möglichkeiten zum Probehandeln und Orientierung bietet, verstehen, die präventive Entwicklungsförderung für die jungen Menschen in unserer Gesellschaft vollbringen kann, dann erfordert das bestimmte Veränderungen. Diese Veränderungen sind aber nur zu erreichen, indem wir bei uns anfangen (und bei niemandem anderen sonst). Es gibt dazu einen mich nachdenklich machenden, aber auch anregenden KONFUZIUS zugeschriebenen Sinnspruch: „Es ist besser ein Licht anzuzünden, als über das Dunkel zu jammern". Und häufig verlaufen Lehr(er)veranstaltungen genau so, dass wir uns in erster Linie damit befassen darüber zu jammern, dass das System falsch, die Kollegen, die Unterrichtsstunden/Methoden, die Ausstattung, die Materialien falsch sind. Und die Schüler? Die sind sowieso die „falschen".

Von daher erscheint es mir zwar, dass das Ansetzen bei einem Aspekt wie *Probehandeln* nicht mehr als ein „Licht" ist, aber dieses Licht können nur wir setzen und niemand anderes sonst! Nicht die Schüler können im System Schule mit entwicklungsförderndem Probehandeln beginnen ohne unsere Unterstützung, nicht das schulische bzw. gesellschaftliche „System" kann anfangen mit dem Probehandeln, sondern nur wir können damit anfangen. Damit wir aber anfangen können, dieses Licht zu setzen, was auf Schule verändernd wirkt und sie präventiv verändern kann, benötigen wir etwas ganz spezifisches. Wir – Lehrer, Lehrende aller Art eingeschlossen – benötigen ein *Selbstbildungskonzept* (vgl. WITTROCK 1998b). Jeder der mit dem „Licht" (KONFUZIUS) anfangen will, muss bei sich und bei niemand anderen anfangen.

Und dieses *Selbstbildungskonzept* kann auf vier Ebenen beschrieben werden und diese vier Ebenen sind nicht hierarchisch aufgebaut. Jede/r kann an dem Punkt ansetzen, der sein/ihr Ansatzpunkt ist. (Sonst wäre es kein Selbstbildungskonzept, sondern wieder ein Fremdbildungskonzept.)

1. Jede/r, der/die sich auf Veränderungen (von Schule) einlassen will und auf die Berücksichtigung von Lebensproblemen, Gestaltungsaufgaben von Leben wie wir sie bei den Schülern, bei Klaus, bei uns vorfinden, muss sich auf sich selbst einlassen. Auf sich selbst einlassen, heißt *Selbsterfahrung* regelmäßig zu betreiben. Das heißt, sich öffnen für Prozesse, heißt beweglich bleiben. Beweglich im sogenannten ganzheitlichen Sinne, von Leib, Geist und Seele. Innerlich beweglich bleiben durch Selbsterfahrung ermöglicht einen Zugang zum Probehandeln.
2. Diese Selbsterfahrung bleibt beim Selbst, bei der Autonomie, wenn sie nicht ergänzt wird durch die Interdependenz, in der wir

Menschen leben. Das heißt, wir benötigen regelmäßig Gruppenerfahrungen. *Gruppenerfahrung* heißt sich selbst in der Begegnung mit anderen und anderem, den Lernsachen, den Institutionen wahrnehmen. Das heißt für sich etwas klar bekommen, das heißt ordnen, Orientierung für sich selbst finden. Sich selbst einbringen in Gruppen, heißt auch Einfluss nehmen auf und nicht passiv zuschauen, dass andere etwas „Falsches" machen.
3. Dieses sich selbst in der Begegnung mit anderen wahrnehmen führt dazu, dass jede/r *Probehandeln* muss. Auch ich muss regelmäßig Felder haben, in denen ich ausprobiere, was zu mir passt. Womit möchte ich mich weiterentwickeln? Womit möchte ich mich neu ausrüsten? Keine/r hat/wird eine Ausrüstung in der ersten und zweiten Phase der Lehrerausbildung fürs Leben erhalten, denn dann wären/würden wir alle fehl ausgerüstet. Sondern *Ausrüstung* ist ein Prozess, der ständig und lebenslang stattfindet. Jede/r von uns muss sich somit selbst dem Prozess des Probehandelns aussetzen, um stets so gut wie möglich professionell ausgerüstet zu sein.
4. Dieser Gesamtprozess kann nur von Bedeutung für Schule und Schüler/innen werden, wenn wir konkret in unserem Subsystem Schule die Beziehungsprozesse mitgestalten und uns selbst in die Prozesse einbringen. Das heißt konkret in einer *Lehrerarbeitsgruppe* („Supportgroup") mit zu arbeiten. Als Einzelkämpfer haben wir keine Chance zur Umgestaltung von Schule und zur Berücksichtigung unserer eigenen und der Lebensprobleme der Schüler/innen. Eine Reflexion und Widerspiegelung unserer eigenen Handlungsmuster kann nur in der Auseinandersetzung mit *unserer* peer-group stattfinden. Aber *unsere* peer-group sind nicht die Schüler! Und: Eine Bezugsgruppe gibt Halt!

Schüler werden nicht selten, insbesondere so genannte Sonderschüler, missbraucht, um Lehrern Halt und Rückmeldung zu geben. Das ist fatal, wenn wir einer Zielgruppe, die eine der schwächsten unserer Gesellschaft ist, auch noch die Aufgabe zuschreiben, uns zu stützen, uns Halt und Rückmeldung zu geben. Diese fatale Situation kann nur aufgebrochen werden, indem wir uns tatsächlich aktivieren. Und für jeden von uns besteht ein anderer Ansatzpunkt der Aktivierung. Der eine oder die andere kann sich im hier und jetzt am besten in Gruppen einbringen und sich auseinandersetzen, andere arbeiten schon in ihrer kontinuierlichen Arbeitsgruppe oder sie könnten sich selbstreflexiv eingestehen, dass Selbsterfahrung oder Probehandeln etwas für sie „Schwieriges" ist (und somit dringend erforderlich!) und damit beginnen.

6. Schlussbemerkung

Wenn wir den Ansatz der Lebensproblemzentrierten Pädagogik ernst nehmen, sind all die „Themata", die ich (Sie) vor meinem (Ihrem) eigenen Selbst versuche(n) zu leugnen, genau diejenigen, um die es geht. Jede/r, der bei sich denkt, „Selbsterfahrung, wie schrecklich, was da alles passieren kann", hat recht. Da ereignet, verändert sich etwas! Doch dann muss sich jede/r Einzelne fragen, warum will er/sie nicht, dass sich etwas verändert?

Es passiert tatsächlich sehr wenig in der Entwicklung unserer Schulen und in der Entwicklung professioneller Berufskompetenz. Mittlerweile scheint der Punkt erreicht, wo man sagen kann, es liegen von zahlreichen theoretischen Ansätzen (vgl. die in diesem Reader vertretenen) hinreichend Erkenntnisse und Handlungskonzepte vor. Der Schüler Klaus steht in einem Wirkungsgeflecht von Familie, Schule, peer-group und Freizeitgestaltung. Hier muss die notwendige Kind-Umfeld-Analyse ansetzen (vgl. u.a. den Beitrag zum Feldtheoretischen Ansatz in diesem Reader). Nur: „Es gibt nichts Gutes außer man tut es" (KÄSTNER).

Und von daher komme ich wieder zurück zu KONFUZIUS: Es ist eben nicht entwicklungsförderlich über das Dunkel zu jammern, wenn wir wissen, wo die Kerzen sind und das Feuer – denn holen müssen wir es selbst. Und anfangen können auch nur wir selbst. Entweder durch Selbsterfahrung, durch Gruppenerfahrung, durch zielgerichtetes Probehandeln und/oder durch Lehrerarbeitsgruppen, um in einem guten Schulklima Freiräume mit Orientierung, Orientierung mit Freiräumen auf der Basis einer emotionalen, sozialen und kognitiven (Mindest-)Versorgung zu geben: Auch das ist Lebensproblemzentrierte Pädagogik.

Literatur

AURIN, K. (1991²). Gute Schulen – worauf beruht ihre Wirksamkeit? Bad Heilbrunn.

BACH, H. (1984). Verhaltensauffälligkeiten in der Schule. Statistik, Hintergründe, Folgerungen. Mainz.

COHN, R. (1975). Von der Psychoanalyse zur themenzentrierten Interaktion. Stuttgart.

GOETZE, H./NEUKÄTER, H. (Hrsg.) (1993²). Pädagogik bei Verhaltensstörungen. Handbuch der Sonderpädagogik, Bd. 6. Berlin.

HURRELMANN, K. (1979). Schulische Sozialisation und abweichendes Verhalten. In: ASMUS, H. J./PEUCKERT, R. (Hrsg.). Abweichendes Schülerverhalten. Heidelberg.

MYSCHKER, N. (2002). Verhaltensstörungen bei Kindern und Jugendlichen. Stuttgart.

PIAGET, J. (1978). Theorien und Methoden der Erziehung. Frankfurt a.M.

PIAGET, J./INHELDER, B. (1978). Die Psychologie des Kindes. Frankfurt a.M.

ROGERS, C.R. (1974). Lernen in Freiheit. Zur Bildungsreform in Schule und Universität. München.

WACHTEL, P./WESTPHAL, E./WITTROCK, M. (1988). Aspekte lebensproblemzentrierter Pädagogik. Oldenburg.

WACHTEL, P./WITTROCK, M. (1993). Zentrierung um Lebensprobleme als schulisches Gestaltungsprinzip. Zeitschrift für Heilpädagogik 44, 642–649. Überarbeitete Fassung in: SCHMETZ, D./WACHTEL, P. (Hrsg.) (1994). Erschwerte Lebenssituationen: Erziehung und pädagogische Begleitung. Würzburg (ed. Bentheim), 98–112.

WACHTEL, P./WITTROCK, M. (1997). Lebensproblemzentrierter Sachunterricht. In: HEIMLICH, U., Zwischen Aussonderung und Integration. Schülerorientierte Förderung bei Lern- und Verhaltensschwierigkeiten. Neuwied, 235–247.

WACHTEL, P./WITTROCK, M. (2001). Was ist beim Fördern, Entwickeln, Helfen … zu beachten? Grundsätzliche Gedanken zu einer pädagogischen Entwicklungsförderung. In: Sonderpädagogik, 31. Jg., 102–107.

WATZLAWICK, P./BEAVIN, J. H./JACKSON, D. D. (1969). Menschliche Kommunikation. Formen, Störungen, Paradoxien. Bern.

WESTPHAL, E. (1976). Lebensprobleme und Daseinstechniken lernbehinderter Schüler – eine Herausforderung an die Didaktik. Zeitschrift für Heilpädagogik 27, 201–210.

WITTROCK, M./WACHTEL, P. (1991). Konzeptionelle Überlegungen und praktische Anregungen für einen lebensproblemzentrierten Unterricht.

In: NEUKÄTER, H. (Hrsg.). Verhaltensstörungen verhindern. Oldenburg, 197–204.

WITTROCK, M. (1998a). Ansatz der lebensproblemzentrierten Pädagogik. In: WITTROCK, M. (Hrsg.). Verhaltensstörungen als Herausforderung: Pädagogisch-therapeutische Erklärungs- und Handlungsansätze. Oldenburg, 138–156.

WITTROCK, M. (1998b). Die Profession „Sonderpädagoge/in": Tätigkeitsmerkmale und Qualifikationsanforderungen im Übergang zum 21. Jahrhundert. In: ANGERHOEFER, U./DITTMANN, W. (Hrsg.). Lernbehindertenpädagogik: eine institutionalisierte Pädagogik im Wandel. Neuwied, Berlin, 82–96.

Der Feldtheoretische Ansatz nach Kurt Lewin

Gisela Schulze

„Wissenschaft heißt Fortschritt und Fortschritt heißt Veränderung. Immerwährende Veränderung – das ist die Essenz der Wissenschaft."

Kurt LEWIN (zitiert nach MARROW 1977, 35)

1. Einführung

Störendes Verhalten fordert zu Veränderungsprozessen heraus – so auch das Verhalten von Klaus. Die Auseinandersetzung mit wissenschaftlichen Ansätzen bildet die Grundlage, um Veränderungsprozesse bei auffälligem Verhalten gestalten und erarbeiten zu können. An dieser Stelle wird als geeignete Theorie und Methode zur Entwicklung von Interventionsmöglichkeiten die sozialpsychologisch orientierte „Feldtheorie" von Kurt LEWIN vorgestellt und am Beispiel von Klaus einführend erläutert.

In der Darstellung der Sonderschullehrerin wird deutlich, dass Klaus im Verlauf seiner Entwickelung schrittweise störende Verhaltensweisen bis hin zu bereits verfestigten Mustern gebildet hat. Sie zeigen sich im Rahmen der Fallbeschreibung parallel sowohl im häuslichen als auch im schulischen Raum. Die ungelösten Konflikte in Elternhaus und Schule wirken in dem beschriebenen Prozessgeschehen mitunter wie eine Kette von circuli vitiosi, die einander bedingen und sich wechselseitig beeinflussen. Sie spiegeln sich in vielen Lebensbereichen wieder und erschweren das Zusammenleben der beteiligten Personen teilweise nachhaltig. Der beginnende soziale Ausgrenzungsprozess, verbunden mit einem offensichtlichen Leistungsabfall, stellt für Klaus gesamte weitere psychosoziale sowie auch schulische Entwicklung einen nicht zu unterschätzenden Risikofaktor dar. Das komplexe Geschehen erfordert eine individuelle differenzierte Untersuchung.

Im Rahmen dieser Feldtheorie werden der Lebensraum und die darin vorhandenen Wirkungsräume einer Person aufgezeigt sowie

Wirkzusammenhänge (Feldkräfte) in ihrer Gesamtheit analysiert. Sie vereint in sich den ganzheitlichen Charakter und den dynamischen Zusammenhang von Wahrnehmung, Erleben und Verhalten.

Es folgt eine kurze Einführung in ausgewählte theoretische Grundlagen der Feldtheorie von LEWIN, die aus der Willens- und Gestaltpsychologie heraus entwickelt wurde und für viele Bereiche der Psychologie und Pädagogik auch heute noch bedeutsam ist und angewendet werden kann.

2. Theoretische Grundlegung

Die Leistungen des Psychologen Kurt LEWIN (1890–1947) liegen in verschiedenen Gebieten. Er gilt als Mitbegründer der experimentellen Sozialpsychologie, der Gruppendynamik sowie der Aktionsforschung, er gab wichtige Impulse zur Ökologischen Psychologie und adaptierte Begriffe aus der Physik, z.B. Feld, Kraft, Vektor, in den psychologischen Bereich. Bekannt wurde er mit seiner populären Arbeitsmaxime „Es gibt nichts, was so praktisch wäre wie eine gute Theorie" (MARROW 1977, 1), die er und seine zahlreichen Schüler durch vielfältige alltagsnahe Experimente und Untersuchungen immer wieder belebte. Will man Leben erfassen und erklären, ist es sinnvoll, induktiv vorzugehen, d.h. von Einzelbeobachtungen zu allgemeineren Aussagen in Form von Theorien zu gelangen. Diese Erkenntnis entwickelte LEWIN durch eine dynamische Betrachtungsweise psychologischer Vorgänge und belegte sie im Rahmen eines eigenen feldtheoretischen Konzeptes, das sein Lebenswerk wurde. LEWIN stellte heraus, dass nicht nur die menschliche Wahrnehmung, sondern auch das menschliche Handeln Gestaltcharakter aufweist und es sinnvoll ist, von einer Analyse der Gesamtsituation auszugehen. Die Feldtheorie wurde in ihren gedanklichen Ansätzen von LEWIN und seinen Mitarbeitern in den zwanziger Jahren in Deutschland vorbereitet, in den dreißiger Jahren in Amerika ausformuliert und in den vierziger Jahren erprobt. Ihre sehr umfangreichen Ansätze sind international bekannt und werden bis heute in verschiedenen Wissenschaftszweigen, vorwiegend im Arbeitsgebiet der Wirtschaftslehre und Betriebspsychologie, aufgenommen und weiter entwickelt. Aber auch für den entwicklungspsychologischen und erziehungswissenschaftlichen Bereich bietet die Feldtheorie vielfältige Möglichkeiten zur Ableitung von aktuellen Handlungsstrategien bei gegenwärtigen Problemkonstellationen im pädagogischen Alltag.

2.1 Charakteristika der Feldtheorie

Auf der Grundlage zahlreicher Untersuchungen und Veröffentlichungen stellte LEWIN 1942 charakteristische Merkmale der Feldtheorie heraus, die verdeutlichen, dass man ihr durchaus einen metatheoretischen Charakter zuschreiben kann.

Die Feldtheorie:
1. ist eine konstruktive und konstruierende Methode
2. hat einen dynamischen Ansatz. Es werden Konstrukte und Methoden entwickelt, welche die dem Verhalten zu Grunde liegenden Kräfte aufzeigen
3. hat einen psychologischen Ansatz. Es gilt, dass das Feld, welches ein Individuum bestimmt, nicht in objektiven, physikalischen Begriffen beschrieben wird, sondern in der Art und Weise, in der es für die jeweilige Person zu einer gegebenen Zeit existiert. Die Entwicklung wissenschaftlicher Konstrukte und operationaler Definitionen sind dabei eine wichtige Aufgabe
4. analysiert die Gesamtsituation, um eine feldtheoretisch beschreibbare Ausgangslage zu schaffen. Nach einer Beschreibung/Charakterisierung der Gesamtsituation werden verschiedene Aspekte und Situationsteile nacheinander einer spezifischeren differenzierenden Analyse unterzogen
5. beschreibt Verhaltensweisen als Funktion des Feldes. Vergangenes als solches bedingt nicht direkt aktuelles Verhalten. Da aber der Ursprung des gegenwärtigen Feldes auch in der Vergangenheit liegt, fließt die Vergangenheit in gegenwärtiges Verhalten mit ein. LEWIN drückt dies in einer universellen Verhaltensgleichung aus $V = f(P,U)$. Nach dieser Gleichung ist das Verhalten (V) eine Funktion (f) der Person (P) und der Umwelt (U). Daraus schließt LEWIN die Interdependenzannahme, „dass, da P und U nicht unabhängig voneinander sind, sowohl gilt, dass $U = f(P)$, wie auch, dass $P = f(U)$" (LEWIN 1942, 1982a, 27 ff.)

6. ermöglicht eine mathematisch geometrische Darstellung von psychologischen Situationen und Handlungsfeldern unter Verwendung der aus der Topologie bekannten Vektoren sowie einer logisch strukturierten Sprache
(vgl. LEWIN 1946, 1982b, 180 ff. und LÜCK 1996.)

Erfahrungen aus verschiedenen Wissenschaftsbereichen belegen, dass die Feldtheorie in ihrer Entwicklung weit über eine reine Metatheorie hinausgeht, da sie sowohl genauere Vorhersagen als auch spezifische Arbeitshypothesen abzuleiten ermöglicht. Auch LEWINs eigenes Verständnis von seiner Theorie hat sich im Laufe seines Lebens verändert. Er beschreibt und sieht sie in seinen letzten Schaffensjahren zunehmend als eine allgemeine Methodik sowie methodische Vorgehensweise zur Betrachtung und Analyse spezifischer Phänomene, eine logische Konsequenz seiner ganzheitlichen feldtheoretischen Betrachtungskonzeption.

2.2 Der Lebensraum – Spannungen, Feldkräfte, Wirkungsräume und Regionen

LEWIN bemühte sich um einen theoretischen Ansatz, mit dessen Hilfe die psychologischen Gesetze auf dem Gebiet der Bedürfnisse, des Willens und der Emotionen ausgedrückt werden können. Sein feldtheoretisches Konzept (Field Theory), den Menschen in einem Lebensraum (Life space) zu betrachten, ist zum Vorläufer des heutigen ökologischen Denkens geworden. Der Lebensraum jeder Person besteht sowohl aus ihren inneren Bedürfnissen als auch aus ihren spezifischen Umfeldfaktoren, die jedes Individuum subjektiv erlebt. Er umfasst die Umwelt sowie die Person als interdependente Variable und kann mathematisch wie folgt beschrieben werden: $V = f(LR)$, d.h. Verhalten ist eine Funktion der Person und ihrer Umwelt. Das Verhalten hängt dabei vom Lebensraum ab und die Entwicklung des Verhaltens ist von der Entwicklung des Lebensraumes abhängig. Es gibt folgende vier Dimensionen, in denen unterschiedliche allgemeine Entwicklungsstufen variieren:
1. Die Ausweitung des Lebensraumes
2. Die Zunahme der Differenzierung

3. Die Zunahme der Organisation
4. Die Veränderung der allgemeinen „Flüssigkeit" bzw. „Rigidität" (Starre) (vgl. LEWIN 1982b, 21)

Der Lebensraum schließt alle Fakten ein, die für eine Person existieren, und schließt all jene aus, die es nicht tun. Er umfasst Bedürfnisse, Ziele, Einflüsse, Annahmen, Erinnerungen und Ereignisse sozialer und gesellschaftlicher Art sowie alle Faktoren, die sich unmittelbar auf ihr Verhalten auswirken können. Der Lebensraum ist als ein geschlossenes System im Sinne einer Gestalt zu sehen (vgl. LEWIN 1933, 1982a, 27). In diesem Modell wirkt der Mensch durch sein Wahrnehmen und Beurteilen von Situationen als Element des Feldes: Er nimmt aktiv Einfluss und wird beeinflusst. Person(en) sowie Umwelt stehen in vielfältigen Wechselwirkungsverhältnissen.

Über Jahre entwickelte LEWIN ein psychologisches Begriffssystem, das auch heute noch genutzt wird. Er ging dabei von einer Theorie psychologischer Spannungen aus, die in nebeneinander liegenden Systemen vorkommen und er wies nachdrücklich darauf hin, dass nur die dynamischen Begriffe der „Energie", „Spannung" und „Kraft" den o.g. Wechselwirkungen gerecht werden können. Mit dem Terminus „Spannung" verbindet LEWIN einen wünschenswerten Zustand, eine Energieform, der/die sich darin auszeichnet, dass die Motivation bzw. Anstrengung einer Person bei der Verfolgung eines Zieles erhöht wird. Psychische Bedürfnisse sind in diesem Sinne Spannungssysteme. Das Streben nach Entladung der Spannung liefert Energie und ist Ursache für alle Aktivitäten. Um Verhalten verstehen und vorhersagen zu können, muss man sich deshalb mit psychischen Spannungen beschäftigen, die innerhalb eines psychischen Feldes in Beziehung stehen und dynamisch wirken. Die individuelle Spannungsenergie wird durch die echten Bedürfnisse (z.B. Durst, Hunger) aber auch durch die Quasi-Bedürfnisse (beruhend auf Absicht oder Intention) einer Person hervorgerufen. LEWIN entwickelte eine Reihe theoretischer Annahmen, in denen er die „Spannungsminderung" mit der „Erfüllung eines Bedürfnisses" und den „Aufbau einer Spannung" mit einer „Intention" gleich setzte (vgl. MARROW 1977, 44).

Die feldtheoretische Betrachtungsweise charakterisiert Prozessverläufe und zeigt Veränderungen im Lebensraum als Ergebnis von wirkenden Feldkräften auf. Sie nimmt an, dass das Verhalten einer Person sich aus einer Totalität gemeinsam existierender Fakten ergibt. Im Lebensraum, topologisch dargestellt als so genannte Jordankurve (ovale begrenzte Fläche, benannt nach dem französischen Mathematiker Camille Jordan), befindet sich die Person P in verschiedenen Regionen mit positiv und negativ besetzter Valenz (Aufforderungscharakter).

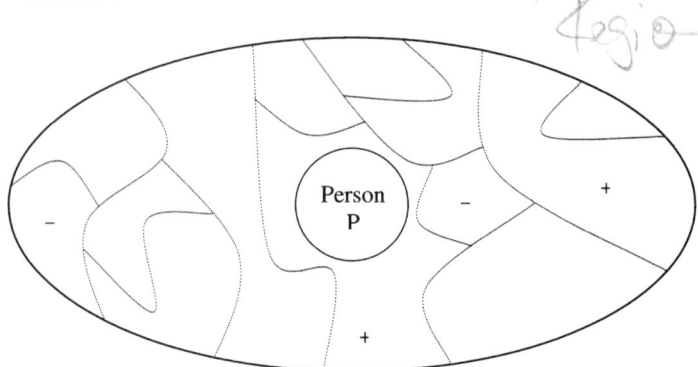

Abb. 1: Lebensraum einer Person

Der Aufforderungscharakter einer Region wird durch verschiedene Faktoren, z.B. der Art und Weise der Zugänglichkeit aber auch durch den Einfluss anderer Personen bestimmt. Er kann sich im zeitlichen Verlauf verändern. Die Regionen mit positivem Aufforderungscharakter werden von der Person als Zielregion angestrebt, Regionen mit negativen Valenzen dagegen gemieden. Der Begriff „Raum" und „Region" ist dabei keine physikalische Gegebenheit, sondern als ein psychologisches „Abbild" zu verstehen. Feldtheoretisch ist die Situation, in der eine Person an einer Handlung, an einem Gegenstand oder an einer anderen Person Interesse hat wie folgt zu beschreiben: Es besteht eine Valenz und es besteht eine Feldkraft von der Person in Richtung auf das Ziel, welches einen anziehenden Einfluss ausübt.

2.3 Barrieren und Konflikt

Wenn ein Ziel mit hohem Aufforderungscharakter nicht direkt erreicht werden kann, sondern erst Räume mit negativen Valenzen überwunden werden müssen, um den positiv besetzten Bereich zu erlangen, so spricht LEWIN von einem „Umwegproblem", hervorgerufen durch Barrieren. Barrieren im Lebensfeld sind Hindernisse, die eine Person vom erwünschten Ziel trennen. Sie können sowohl physischer Art, z.B. in Form des „Einsperrens" (LÜCK 1996, 49) Ausdruck finden als auch in formulierten Verboten oder zu hohen Anforderungen bestehen. In der Regel wehren sich Personen gegen Barrieren bzw. suchen nach „Aus-Wegen". Es kann aber auch zu einer sogenannten „Umdefinition" (LÜCK 1996, 49) kommen: der durch Barrieren eingegrenzte Raum wird akzeptiert und für besonders interessant befunden. Werden Handlungen durch Barrieren massiv erschwerend beeinflusst, bilden und entwickeln sich unter gegebenen Umständen Konflikte. Unter dem Begriff „Konflikt" werden in der Feldtheorie entgegengesetzt gerichtete, etwa gleich starke Feldkräfte, die gleichzeitig auf das Individuum einwirken verstanden. Es können nach LEWIN drei Konfliktarten unterschieden werden:

1. Der Appetenz-Appetenz-Konflikt: es wirken zwei positive Valenzen von annähernd gleicher Stärke, eine schwer fallende Entscheidung zwischen zwei angenehmen Dingen ist zu fällen (umgangssprachlich auch als „Interessenkonflikt" bekannt).
2. Der Aversions-Aversions-Konflikt: eine Entscheidung zwischen zwei etwa gleichstarken negativen Valenzen hat zu erfolgen, das kleinere „Übel" muss herausgefunden werden.
3. Der Appetenz-Aversions-Konflikt: positive und negative Valenzen gestalten sich derart, dass die Vektoren von derselben Stärke auf die Person einwirken.
4. Der doppelte Appetenz-Aversions-Konflikt (nach MILLER 1944, 431 ff.): Es sind bei beiden möglichen Entscheidungen sowohl positive als auch negative Valenzen etwa gleicher Stärke involviert, die zum „Aus-dem-Felde-gehen" (physisch als auch psychisch), sich „dem-Konflikt-nicht-stellen" führen können.
(vgl. SCHULZE & WITTROCK 2001, 47 ff.)

Für eine erfolgreiche „Konflikt-Lösung" müssen in der Regel Barrieren überwunden bzw. umgangen werden. Es können aber auch gezielt Barrieren zur pädagogischen Intervention eingesetzt werden, die z. B. das „Aus-dem-schulischen Felde-gehen" verhindern.

2.4 Das Lebensfeld eines Schülers

Da der Begriff des Lebensraumes in der Ideologie der Nationalsozialisten in einer anderen Bedeutungsfassung missbraucht und besetzt wurde und um diesbezüglichen Missverständnissen vorzubeugen, wird in den weiteren modifizierten feldtheoretisch geleiteten Ausführungen für „Lebensraum" synonym der Begriff des „Lebensfeldes" verwendet.

Um bestimmte Wirkfaktoren aus pädagogischer Sicht strukturierter veranschaulichen zu können ist es sinnvoll, das Lebensfeld, hier speziell eines Schülers, entsprechend eines feldtheoretischen Konzeptes, in vier Wirkungsräume („soziale Kraftfelder" LEWIN 1931, 1982b, 28) einzuteilen: den familiären Wirkungsraum, den schulischen Wirkungsraum, den Wirkungsraum der Peergroup (Bezugsgruppe) und den alternativen Wirkungsraum.

Familialer Wirkungsraum

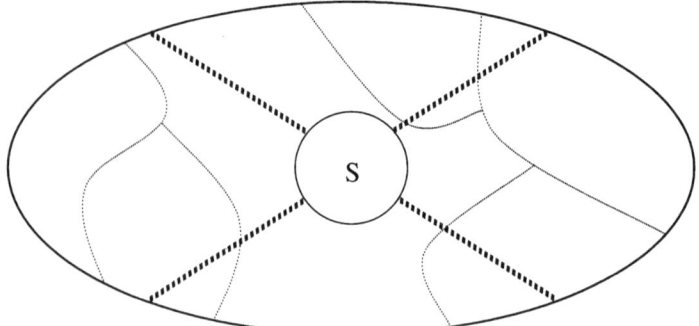

Wirkungsraum der Peergroup

Abb. 2: Lebensfeld eines Schülers

Der Schüler ist ein Teil des Lebensfeldes und steht im Idealfall in der Balance der Wirkungsräume im Mittelpunkt. Dort befindet er sich im Spannungsfeld der vier großen Einflussbereiche.

Die Wirkungsräume stellen Bereiche dar, von denen Kräfte ausgehen, die in dynamischer Beziehung zueinander und zur Person des Schülers selbst existieren. Es besteht ein wechselseitig beeinflusstes Fliessgleichgewicht, welches u.a. durch geöffnete Wirkungsraum überschreitende Regionen veranschaulicht werden kann.

Wichtig ist, dass es nicht um die objektiv existierenden Verhältnisse in diesen Bereichen geht, sondern um die jedoch auf objektiven Tatsachen beruhende subjektive Wahrnehmung und Bewertung dieser Bereiche durch die Person des Schülers. Wie ein Schüler sich zur Schule verhält, ob er gern hingeht, ihr eine positive Valenz zumisst und sich von ihr und den dort vorhandenen Personen „angezogen" fühlt oder ob sie für einen Schüler eine eher negative Bedeutung hat, er sich „abgestoßen" fühlt, ist ein Sachverhalt, der einer differenzierten Betrachtung der verschiedenen Wechselbeziehungen bedarf. Die feldtheoretische Konzeption bietet sich in diesem Rahmen als eine Form der Analysestrategie an.

2.5 Die Schüler-Lebensfeld-Analyse

Erziehungssituationen mit all ihren gesellschaftlichen und kulturellen Seiten sind als ein einziges konkretes dynamisches Ganzes zu betrachten. „Man wird die dynamischen Beziehungen zwischen den verschiedenen Teilen und Eigenschaften der Situation zu begreifen haben, in der und als Teil von der das Kind lebt (LEWIN 1953, 41).

Zwischen

a) dem Schüler, mit seiner individuellen psychisch-physischen Ausstattung,
b) den vier zentralen Wirkungsräumen, deren Regionen mit sowohl positiven als auch negativen Valenzen besetzt und prozesshaften Veränderungen unterworfen sind,
c) den situativen Bedingungen vor Ort zu einer bestimmten Zeit und
d) der Gesellschaft

besteht ein vielschichtiges Wirkfaktorengeflecht, welches durch entsprechende Wechselwirkungspfeile gekennzeichnet werden kann. Im Spannungsverhältnis der Wirkkräfte bestehen polare Gegensatzeinheiten von „Bindung" vs. „Ablösung" und „Attraktion" vs. „Aversion"., die vielfältige Strukturen und Beziehungen im subjektiven Lebensfeld des Schülers kennzeichnen, dynamische Prozesse verdeutlichen und sich miteinander in einem Fließgleichgewicht befinden.

Das Faktorengeflecht hat eine wesentliche Bedeutung bei der Herausbildung von Verhaltensweisen, Einstellungen und Haltungen. Um bei Problemen im Verhaltensbereich pädagogische Interventionsmöglichkeiten entwickeln zu können, sollten einzelne Elemente des individuellen Lebensfeldes des Schülers schwerpunktmäßig differenziert betrachtet und analysiert werden. Da jedes Element sich in eine Vielzahl von Unterbereichen gliedern lässt, sollte

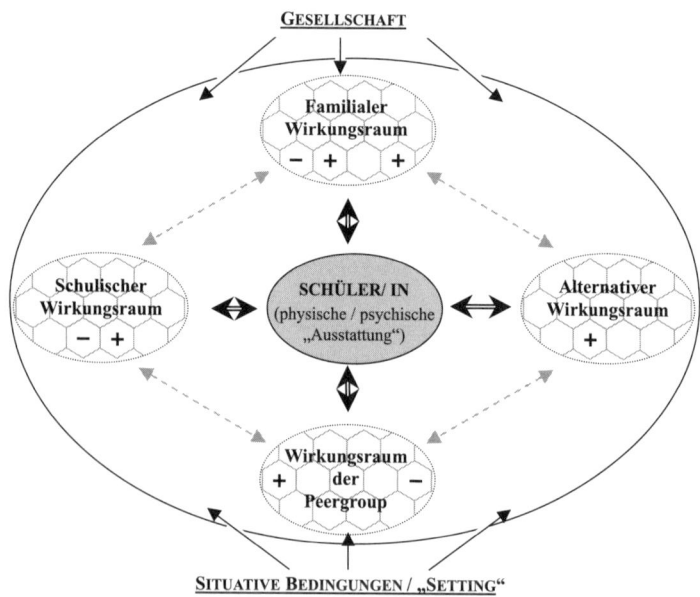

Abb. 3: Schüler-Lebensfeld-Analyse
(vgl. WITTROCK/SCHULZE 2001, 112)

man sich auf die Bereiche beschränken, für die entsprechende Aussagen aufgrund bekannter Fakten abgeleitet werden können und die für eine Intervention sinnvoll sind (SCHULZE 2002, 115).

Der Schüler mit seiner individuellen psychisch-physischen Ausstattung:

Der Schüler/die Schülerin ist Teil des Feldes und steht im Spannungsverhältnis der vier Wirkungsräume, der situativen Bedingungen und der Gesellschaft. Zu seiner psychisch-physischen Ausstattung zählen sowohl äußere Merkmale als auch persönliche Fähig- und Fertigkeiten sowie Interessen. Im Sinne einer feldtheoretischen Betrachtungsweise sind diese nicht als feststehende unveränderliche Persönlichkeitsmerkmale zu interpretieren sondern resultieren aus einem sich stetig ändernden Wechselwirkungsverhältnis mit der Umwelt.

Der familiäre Wirkungsraum:

Hierzu zählt der direkte Personenkreis der unmittelbaren Familienmitglieder, wie Eltern und Geschwister sowie die Stellung des Schülers in der Familie und in der Geschwisterreihe. Im Zeitalter der sogenannten „Patchworkfamilien" gehören all die Personen zur Familie, die die Erziehung direkt mit beeinflussen, z.B. Lebenspartner, Stiefgeschwister, Großeltern und Verwandte. Weiterhin umfasst der familiäre Wirkungsraum die sozial-strukturellen Daten der Erziehungsberechtigten, wie berufliche Tätigkeit und Arbeitsort, die sozioökonomische Situation der Familie, die räumlichen Wohngegebenheiten und die finanziellen Ressourcen. Wirkfaktoren und Beziehungen zwischen den Familienmitgliedern prägen die Gesamtpersönlichkeit des Kindes. Ungünstige familiäre Bindungsstrukturen wirken sich sowohl auf die Entwicklung des Kindes als auch auf seine Beziehungen zu/in den anderen Wirkungsräumen aus.

Der schulische Wirkungsraum:

Etwa ein Drittel des gesamten Tages verbringen Heranwachsende in der Institution Schule. Sie ist sowohl eine Stätte der Wissensvermittlung als auch ein Ort der sozialen Begegnung. Man lernt Kontakte knüpfen, trifft Verabredungen und findet Freunde. Der schulische Wirkungsraum untergliedert sich in viele personelle und strukturelle Unterbereiche, z.B. die Lehrer-Schüler-Beziehung und die Schüler-Schüler-Beziehung, das Schulgelände, das Schulgebäude und verschiedene Räumlichkeiten. Diese Bereiche können für den Schüler positive und negative Valenzen haben, was sich im Verlauf der Zeit wandeln kann. Täglich stellen sich Schüler vielfältige unterschiedliche Ziele, die sie erreichen wollen: z.B. Beachtung durch den Lehrer, Anerkennung von Mitschülern und gute Noten. Doch viele Schüler stoßen beim Streben nach diesen Zielen auf Barrieren. Können diese nicht überwunden oder umgangen werden, so kann der Schüler keinen Zugang mehr zu bestimmten Bereichen finden. Besonders problematisch gestaltet sich die Situation, wenn vormals positiv besetzte Bereiche nicht mehr erreicht werden können, da erst andere Bereiche durchquert werden müssen, die negativ besetzt, oder durch Barrieren abgetrennt sind. In der Folge entstehen häufig an anderen Stellen weitere Barrieren und Konflikte, die sich sowohl auf das Leistungs- als auch auf das Sozialverhalten auswirken.

Der Wirkungsraum der Peergroup (Bezugsgruppe):

Halt und Orientierung an gleich gesinnten Kindern und Jugendlichen sowie Freundschaften zu Mitschülern spielen eine entscheidende Rolle bei der Herausbildung von Haltungen und Einstellungen. Schüler, die in die Klassengemeinschaft positiv integriert sind, haben in der Regel eine positive Einstellung zur Schule. Besteht kein Beziehungsnetz und erlebt ein Kind keinen positiven Kontakt zu Mitschülern, kommt es häufig zum inneren Rückzug bis hin zur freiwilligen Isolation. Beziehungen können nicht entstehen und ausgebaut werden. Dauerhafte fehlende Beziehungen zu schulischen Peergroups ziehen häufig eine Orientierung an außerschulische Bezugsgruppen nach sich. Dabei besteht die Gefahr, dass problematische Verhaltensmuster der Peers übernommen werden.

Der alternative Wirkungsraum:

Alternative Wirkungsräume sind Bereiche, in denen sich Heranwachsende aufhalten, wenn sie sich nicht in einem der anderen

Wirkungsräume befinden oder alternative Wirkungsräume werden durch bestimmte Beschäftigungen/Tätigkeiten in diesem Bereich charakterisiert. Somit können alternative Wirkungsräume sowohl Bahnhöfe, Warenhäuser, Spielotheken und Go-Kart-Bahnen sein, wo sich Jugendliche allein aufhalten bzw. mit Freunden treffen, um einer bestimmten „Tätigkeit" nachzugehen. Es kann aber auch der Waldsee oder der Dachboden sein, an den man sich allein zurückzieht, angelt und/oder träumt. Alternative Wirkungsräume haben in der Regel einen hohen Aufforderungscharakter, die Kinder/Jugendlichen fühlen sich „hin- und angezogen", die Aktivitäten werden als attraktiv empfunden. Es gilt zu analysieren, welche attraktiven Elemente der alternative Raum aufweist und folglich welche Bedürfnisse und Motivationen davon für den jeweiligen Heranwachsenden abgeleitet werden können.

Die Gesellschaft:

Gesamtgesellschaftliche Entwicklungen, Tendenzen und Erwartungen spiegeln sich in dem Lebensfeld und in den Lebensproblemen des Schülers wieder. Marktwirtschaftliches Denken, steigende Leistungsanforderungen, Konsumdenken und Perspektivlosigkeit sind einige gesellschaftlich bedingte Faktoren, die auf den Heranwachsenden direkt oder indirekt über einen der vier Wirkungsräume im Lebensfeld einwirken.

Die situativen Bedingungen:

Situative Bedingungen umfassen sowohl die konkreten spezifischen physischen (materiellen, räumlichen, zeitlichen etc.) als auch die individuellen psychischen Gegebenheiten der Person. Zu den ersteren gehören beispielsweise territoriale Bedingungen (Klima, Wetter, usw.). An den psychischen Gegebenheiten sind immer Personen beteiligt, die mittelbar und unmittelbar auf das Individuum einwirken. Überforderung und Unterforderung, Versagensangst, Strukturmangel, unzureichende Zuwendung, Ungerechtigkeiten, um nur einige psychische Belastungssituationen zu nennen, sind situative Bedingungen, die die Entwicklung von Auffälligkeiten und Störungen im Verhalten in der Regel begünstigen (vgl. BACH 1993). Verhalten realisiert sich nicht im „leeren Raum" sondern ist stets an konkrete Situationen gebunden. Manche Heranwachsende haben trotz sehr hohen Belastungen so genannte Resilienzfaktoren, die sie vor bestimmten negativen Entwicklungstendenzen schützen, ein hoch interessanter, gegenwärtig noch wenig untersuchter Tatbestand.

Um Interventionsmöglichkeiten für das pädagogische Handeln aus der feldtheoretischen Modelldarstellung ableiten zu können, muss eine Problemanalyse der einzelnen Elemente des Lebensfeldes des jeweiligen Schülers erfolgen. Dabei gilt es, schwerpunktmäßig besondere Gegebenheiten vor Ort, aber auch Interessenlagen, Fähigkeiten, Fertigkeiten sowie Barrieren und Konflikte im Rahmen einer Prozessdynamik aufzuzeigen.

3. Individuelle Lebensfeld-Analyse „Klaus"

Anhand der feldtheoretischen Betrachtungsweise wird an dieser Stelle der Versuch unternommen, die Aussagen der Sonderschullehrerin gegliedert nach den Wirkungsräumen darzustellen, um differenzierte Interventionsmöglichkeiten ableiten zu können.

Angaben zu den gesellschaftlichen und situativen Bedingungen werden bei der Lebensfeldanalyse von Klaus nicht separat aufgeführt sondern fließen, soweit bekannt, in die Darstellung einzelner Bereiche mit ein. Im Sinne der Feldtheorie ist sowohl der „Fall Klaus" ein Prozessgeschehen als auch die individuelle Lebensfeld-Analyse ein Prozess, den es feldtheoretisch zu betrachten gilt. Der Analyse-Ersteller beobachtet die Prozesshandlungen im Lebensfeld „Klaus", ist selber Teil des Prozesses und initiiert das Prozessgeschehen der Analyse. So getroffene Aussagen zu Wechselwirkungsprozessen und Veränderungen sind feldtheoretisch immer an einen bestimmten zeitlichen Rahmen gebunden und sollten in entsprechend festgelegten zeitlichen Abständen wiederholt werden. Der Analyse-Ersteller muss sich der Prozessgestalt sowohl des zu untersuchenden individuellen Lebensfeldes als auch seines eigenen Handelns bewusst sein und entsprechend formulieren und handeln.

Der Schüler Klaus mit seiner individuellen psychisch-physischen Ausstattung:

- Alter: 7; 10 Jahre
- Größe und Gewicht: altersentsprechend
- Äußere Gestalt: ohne besondere Merkmale
- Im Kindergartenalter zurückhaltend und unauffällig im Verhalten
- Gemessene kognitive Leistungsfähigkeit (IQ 105)

Der familiale Wirkungsraum:

Personen- und sozial-strukturelle Daten:
- Mutter (27 Jahre) gelernte Anwaltsgehilfin, Hausfrau.
- Vater (29 Jahre) Mechaniker der Bundeswehr, arbeitet seit einem halben Jahr außerhalb und kommt nur am Wochenende nach Hause.
- (noch) keine Geschwister, Mutter im 7. Monat schwanger.

Sozioökonomische Verhältnisse:
- Familie lebt in einem neuen Reihenhaus nahe der Schule.
- Klaus hat ein eigenes Zimmer.
- Vater hat ein geregeltes Einkommen (Dauerstellung).

Die familiäre Situation gestaltet sich durch die problematische Mutter-Kind-Beziehung sowie den aus beruflichen Gründen nur am Wochenende entlastend wirkenden Vater zunehmend kompliziert. Die Mutter schildert ihren Sohn in seinem Beisein als seit der Geburt schwieriges und kränkliches Kind. Sie fühlte sich in der Erziehung von Anfang an überfordert und reagiert heute in Konfliktsituationen u.a. auch mit Gewalt in Form von Schlägen. Sie bringt recht deutlich ihre pädagogischen Versagensängste zum Ausdruck und setzt alle Hoffnungen auf das Geschwisterkind, das in Kürze geboren wird. Die Art und Weise des Umgangs miteinander während der beratenden Lehrergespräche lassen den Schluss zu, dass die Kommunikation (Inhaltsaspekt und Beziehungsaspekt) zwischen Klaus und seiner Mutter schon seit längerer Zeit gestört ist. Die negativen Aussagen der Mutter im Beisein von Klaus können verschiedene Ursachen haben im Spannungsbereich bzw. in Wechselwirkung von starker Überforderung, verbunden mit massiven Zukunftsängsten bis hin zu Bindungsstörungen, Selbstbildproblemen bzw. vielleicht auch mangelhafter Empathie. Klaus fühlt sich missverstanden und abgelehnt, reagiert aggressiv, zunächst verbal mit Unterstützung von optischen Signalen, z. B. in Form von Gewalt veranschaulichenden Bildern. Zu einem späteren Zeitpunkt kommt es in einer Konfrontationssituation zu einer tätlichen Auseinandersetzung. Ob Klaus Verhalten sich auch im familiären Umfeld zunehmend aggressiv gestaltet, wird leider nicht dargestellt. Deshalb bleibt es zum gegenwärtigen Zeitpunkt erst eine Vermutung, dass die Probleme im familiären Wirkungsraum mit Ursache für sein sich entwickelndes aggressives Verhalten im schulischen Wirkungsraum sind.

Ein besseres Verhältnis/eine ausgeglichenere Beziehungsgestaltung hat Klaus zu seinem Vater, der sich aus beruflichen Gründen allerdings nur an den Wochenenden und im Urlaub mit ihm beschäftigen (Spielen und Unternehmungen) kann. Klaus leidet sehr unter der räumlichen und zeitlichen Trennung und vielleicht sind seine aggressiven Verhaltensweisen auch Ausdruck massiver Verlustängste.

Leider gibt es, wie sehr häufig im pädagogischen Alltag, nur sehr wenige Aussagen zu Klaus Stärken, Neigungen und Fähigkeiten.

Er interessiert sich für technische Themen und spielt zu Hause gern und lang andauernd mit entsprechendem Spielzeug (Lego-Technik etc.).

Der schulische Wirkungsraum:

Strukturelle und personelle Gegebenheiten:
- Grundschule in einem kleinen Ort nahe einer Großstadt
- Klaus ist Schüler einer 2. Klasse
- 22 Mitschüler
- Klassenlehrerin 33 Jahre, sportlicher Typ, sechs Jahre an der Schule.

Aussagen zu den Schulleistungen:
- Seine ursprünglich durchschnittlichen Schulleistungen lassen in der 2. Klasse nach.
- Durch die Sonderpädagogin wird ein IQ von 105 diagnostiziert.

Verhältnis zu den Mitschülern:
  Klaus hat seit der 1. Klasse kleinere Probleme mit Mitschülern, keine festen Freunde und ist zunehmend isoliert. Seit Beginn des

zweiten Schuljahres ist er ungewöhnlich aggressiv. Mitte November bringt er ein scharfes Küchenmesser mit in die Schule, bedroht damit Mitschüler und verletzt einen Klassenkameraden in einer Konfrontation leicht. Als schulische Ordnungsmaßnahme wird Klaus für dieses Verhalten zwei Wochen vom Unterricht ausgeschlossen.

Verhältnis zu den Lehrern:
Die Klassenlehrerin praktiziert eine Variante des offenen Unterrichts. Sie sorgt sich um Klaus, sieht sich aber zunehmend von ihm abgelehnt. Sie beobachtet, dass Klaus besonders dann verbal aggressiv reagiert, wenn er meint, dass er nicht genügend beachtet wird bzw. sich abgewertet fühlt, z.B. in Situationen, in denen er meint, die anderen (Schüler) können bzw. wissen mehr als er. Sie stellt sich die Frage, ob sein Verhalten eine Reaktion auf ein subjektives Erleben von Überforderung ist. Klaus fällt im Kunstunterricht dadurch auf, dass er meist Bilder malt, die Zerstörung, Explosionen oder Gewalt mit Messern zum Gegenstand haben. Klaus zeigt vorwiegend verbal und visuell ausgedrückte Aggressionen, tendenziell in allen Fächern und Unterrichtsstunden. Die Klassenlehrerin führt in der Schule Beratungsgespräche mit der Mutter durch und erhält sehr emotional gefärbte Aussagen über die Problemlagen im familiären Wirkungsraum.

Bei dem in der Klasse unterrichtenden männlichen Lehrer ist Klaus weniger auffällig und angepasster.

Nach der Verletzung des Mitschülers wird eine Sonderpädagogin mit der Feststellung des sonderpädagogischen Förderbedarfs beauftragt. Sie hospitiert im Unterricht und betreut Klaus zwei Stunden pro Woche. Im Rahmen ihrer Beobachtungen bestätigt sie die Aussagen der Klassenlehrerin. In den „Spielstunden" mit der beratenden/fördernden Sonderpädagogin (Sonderschullehrerin) zeigt er sich eher angepasst und sehr zurückhaltend aber interessiert.

Interessen/Fähigkeiten/Fertigkeiten:
- Klaus Interessen und Stärken liegen eindeutig auf technischem Gebiet.
- Er bastelt viel und lang andauernd.

Sowohl die Aussagen der Klassenlehrerin als auch die der Sonderschullehrerin zum „Fall Klaus" verdeutlichen, dass Problemlagen, die auf den Schüler im familiären Wirkungsraum einwirken, sich häufig auch im schulischen Wirkungsraum wiederspiegeln und umgekehrt. Es sind bereits deutlich Barrieren und Konflikte in verschiedenen Bereichen, auf unterschiedlichen Ebenen erkennbar. So hat Klaus beispielsweise noch keine Bindung, kein „Involvement" (eingebunden sein) an das Subsystem Schule entwickelt (vgl. HIRSCHI 1971, 21 ff.). Es besteht kein Gemeinschaftsgefühl im Sinn von LEWINS „Wir-Gefühl". Er hat vielschichtige Beziehungsprobleme, sowohl zu Hause als auch in der Schule zu Lehrern und Mitschülern. Gegenwärtig verhindern zahlreiche Barrieren, z.B. seine subjektiv erlebten Versagensängste, das Erlernen einer konstruktiven Beziehungsgestaltung.

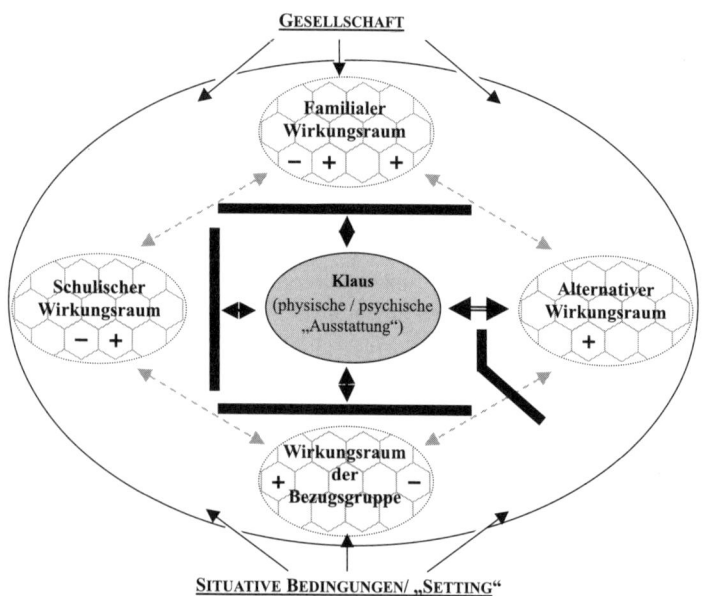

Abb. 4: Barrieren im Lebensfeld von Klaus

Versucht man die Barrieren in seinem Lebensfeld optisch darzustellen, wird deutlich, welche Wege sich für die Intervention anbieten. Sein Interesse und seine Fähigkeiten für technische Themen stellen

Feldtheoretischer Ansatz nach Kurt Lewin

zum Beispiel einen alternativen Wirkungsraum dar, der noch nicht durch Barrieren verbaut ist und über den eine einfühlsame soziale Beziehungsgestaltung schrittweise angebahnt werden könnte.

In der Falldarstellung wird allerdings deutlich, dass die Schule mit ihren Regeln und Konsequenzen für Klaus bewusst („abstrafen") oder unbewusst zusätzliche Barrieren aufbaut. Klaus, schon durch sein Verhalten zunehmend in und von der Schule und Mitschülern isoliert, wird im Rahmen einer Ordnungsmaßnahme 14 Tage vom Unterricht ausgeschlossen. Ein Vorgang, der unter Umständen zum freiwilligen physischen „Aus-dem-Felde-gehen" (im Sinne von Schulschwänzen) bzw. zur inneren Emigration „Isolation" führen kann. Dabei besteht die Gefahr, dass sich um Klaus ein Kreis von Barrieren schließt.

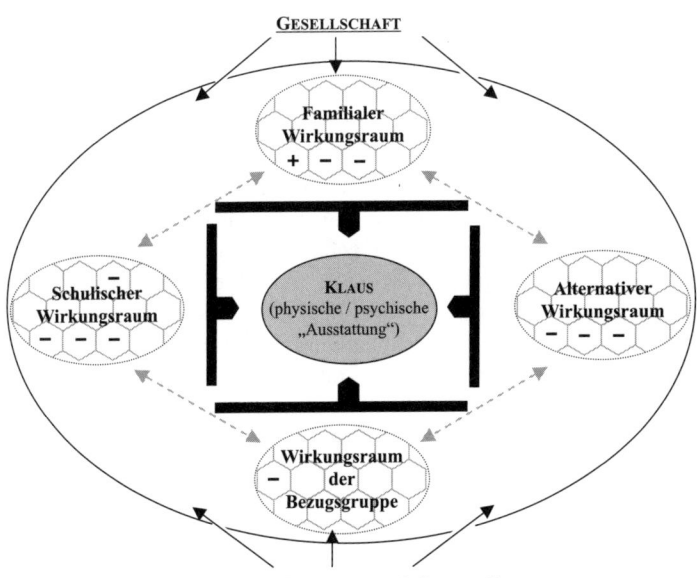

Abb. 5: Isolation

Der Wirkungsraum der Peergroup:

– Keine festen Freunde.
– Verhaltensprobleme mit Mitschülern.
– Bereits seit der ersten Klasse zunehmend isoliert.
– Keine Aussagen zu Kontakten mit Gleichaltrigen/Gleichgesinnten außerhalb der Schule.

Der alternative Wirkungsraum:

– Interessiert sich für technische Themen sowohl im familiären als auch schulischen Wirkungsraum.
– Spielt gern mit technischem Spielzeug.
– Bastelt viel und lang andauernd.

Aufgrund der vorhandenen Aussagen zum Lebensfeld von Klaus, gegliedert nach Wirkungsräumen, kann eine feldtheoretisch geleitete Faktendarstellung (s.o.) erfolgen. Für eine feldtheoretischen Analyse der Ausgangslage sowie eine Darstellung der vorhandenen Wechselwirkungsprozesse sind allerdings weitere differenziertere Angaben, u.a. zum familiären Wirkungsraum: Erziehungsstil der Eltern, Rolle der Großeltern, zum alternativen Wirkungsraum: Lieblingsspielort etc., dringend notwendig. Diese müsste man z.B. in einem weiteren gemeinsam geführten Beratungsgespräch von Klassenleiterin, Sonderschullehrerin und Eltern erheben. Davon unabhängig sollte auch Klaus zu den vier Wirkungsbereichen befragt werden, um seine subjektive Betrachtungsweise im Lebensfeld erfassen und berücksichtigen zu können.

4. Ausgewählte hypothesengeleitete Fragestellungen

Zum gegenwärtigen Zeitpunkt gibt es noch viele offene Fragen zum Lebensfeld von Klaus.

Sehr vorsichtig lassen sich aus den Angaben der Klassenlehrerin und der Darstellung der Sonderschullehrerin erste Hypothesen geleitete Fragestellungen entwickeln, die in einem anschließenden feldtheoretisch geleiteten Analyseprozess zu prüfen und weitergehend zu modifizieren sind (vgl. VERNOOIJ 1998, 53).

Dabei gilt es zu berücksichtigen, dass sich die Fragestellungen immer nur auf beschränkte Fakten in Bezug zur pädagogischen Bedeutsamkeit, zur Problemklärung und Intervention im „Fall Klaus" konzentrieren sollten.

1. Welche weiteren Wirkfaktoren gestalten das Lebensfeld von Klaus, differenziert nach den vier Wirkungsräumen?
2. Welchen speziellen Wechselwirkungsprozessen in Bezug zur Problemlage ist Klaus ausgesetzt?
3. Wo steht die Person Klaus in seinem Lebensfeld, zu welchen Wirkungsräumen/Regionen fühlt er sich hingezogen?
4. Wo sind spezielle Barrieren und Konflikte, die durch Intervention behoben, gemindert bzw. umgangen werden könnten?
5. Inwieweit beeinflussen die Probleme im familiären Wirkungsraum seinen schulischen Wirkungsraum?
6. Hat Klaus Resilienzfaktoren, die aktiviert werden können, um sein emotionales Fließgleichgewicht auszubalancieren und zu harmonisieren?
7. In welchem Wirkungsraum, in welcher Region liegen sie?

5. Ausgewählte Interventionsmöglichkeiten

Ausgehend von einer feldtheoretischen Existenzannahme von vier Wirkungsräumen, kann man auch Interventionsmöglichkeiten entsprechend gegliedert aufzeigen, wobei ersichtlich wird, dass sich bestimmte Bereiche überschneiden und ineinander wirken.

In der zum gegenwärtigen Zeitpunkt knappen Faktendarstellung zum individuellen Lebensfeld von Klaus wird deutlich, wie einzelne Wechselwirkungsprozesse, z.B. in der Kommunikations- und Beziehungsgestaltung, sich zunehmend problematisch gestalten. Es haben sich bereits erste Barrieren sowie Konflikte entwickelt, die besonders das emotionale Fließgleichgewicht zwischen einzelnen Personen, Regionen und Handlungen negativ beeinflussen.

Beim Aufstellen und Ableiten von Interventionsvorschlägen sollte deshalb ein ausbalanciertes Fließgleichgewicht im Wechselwirkungsprozess von Personen, Wirkungsräumen und Regionen berücksichtigt und angestrebt werden (vgl. WITTROCK 1998, 140ff.).

Da gegenwärtig die individuelle Lebensfeld-Analyse „Klaus", bezogen auf die Ausgangslage, noch nicht beendet ist, scheint es sinnvoll, als Beispiel ausgewählte Ideen und Vorschläge zu Interventionen für die Wirkungsräume stichpunktartig aufzulisten, um dann im weiteren Analyseverlauf gemeinsam mit Klaus, seinen Eltern, den Lehrern und anderen Helfern entsprechende Möglichkeiten auswählen zu können. Die bisherigen Angaben sind vorwiegend zum familiären und zum schulischen Wirkungsraum getroffen worden, zwischen denen vermutlich im vorliegenden „Fall Klaus" eine enge Wechselwirkung besteht. Deshalb konzentrieren sich die gegenwärtigen Vorschläge zur Intervention auf diese beiden Bereiche, wobei ersichtlich wird, dass eine eindeutige Zuordnung zu den Wirkungsräumen, auch denen der Peergroup bzw. den alternativen Wirkungsraum, nicht möglich ist.

Interventionsmöglichkeiten im familiären Wirkungsraum:
- Angebote für regelmäßige pädagogische Beratungsgespräche, nach der Geburt des zweiten Kinds vielleicht auch zu Hause, um die Mutter zu entlasten,
- Gemeinsames Aufstellen eines Verstärkersystems zur Verhaltensregulation (mit wenigen ausgewählten Normen/Regeln beginnen, max. 2–3) im familiären und schulischen Wirkungsraum,
- Tägliche Kontaktherstellung/Verbindung von Klaus zu seinem Vater ermöglichen, z.B. durch das Telefon bzw. das Internet,
- Beratung hinsichtlich der Antragstellung beim Jugendamt auf „Hilfen zur Erziehung",
- Psychologische Beratung der Mutter und therapeutische Interventionsangebote, z.B. in Form von Spieltherapie für Klaus,
- Suchen eines entsprechenden Freizeitangebotes, wo Klaus mit Gleichgesinnten einem Hobby (technischer Art) nachgehen kann,
- Gezieltes Aufsuchen von Spielplätzen, um Kontakt mit anderen Kindern zu ermöglichen,
- Die Einrichtung von „Spielzeiten" in der Familie, vielleicht am Wochenende mit dem Vater, schrittweise auch andere Kinder dazu nach Hause einladen.

Interventionsmöglichkeiten im schulischen Wirkungsraum:
- Einrichtung eines „Morgenkreises" einer „Sprech-Zeit", um die Kinder in der Schule ankommen zu lassen und Problemlagen gemeinsam möglichst im Vorfeld klären zu können, schult die sozialen Fähigkeiten aller Beteiligten,
- Mit allen Schülern gemeinsam einen spezifischen „Normen- und Regelkatalog" für die Klasse erarbeiten und sichtbar anbringen,
- Schaffung und Stärkung eines Gemeinschaftsgefühls („Wir-Gefühl") der Klasse als Gruppe durch besondere Aktivitäten, z.B. im Rahmen von Projekten, Klassenausflügen etc.,
- Differenzierte Leistungsanforderungen unter Berücksichtigung spezieller Neigungen und Begabungen der einzelnen Schüler,
- Durch „Partnerarbeit" und „Kleingruppenarbeit" schrittweise über längeren Zeitraum den Kontakt- und Beziehungsaufbau zu Mitschülern anbahnen,
- Im Rahmen der wöchentlichen zweistündigen sonderpädagogischen Förderung sollte Klaus eine Stunde individuell erhalten, in der zweiten Stunde sollte er gezielt mit einem anderen Kind (später mit mehreren) schrittweise soziale Kompetenz im Umgang miteinander üben,
- Aufbau von Freizeitangeboten außerhalb des Unterrichts an der Schule, z.B. in Form von Arbeitsgemeinschaften, Sport- bzw. Kunstveranstaltungen, Schülerclub,
- Aufbau einer aktiven Elternarbeit mit allen Familien, z.B. Schule als Treffpunkt für Eltern, für Elternselbsthilfegruppen usw.

Um Interventionsmaßnahmen erfolgreich in der Praxis zu etablieren, ist es notwendig, dass alle Beteiligten eng zusammen arbeiten und sich gegenseitig unterstützen. Langfristig müssen schulische Konzepte erarbeitet werden, mit denen sich Schüler, Eltern sowie Pädagogen identifizieren und in denen ein „Wir-Gefühl" entstehen kann. Es gilt, Netzwerke zwischen verschiedenen Institutionen zu entwickeln, die Schüler und ihre Familien (manchmal auch Lehrer) individuell in ihren Wirkungsräumen auffangen, stabilisieren und ihnen Hilfsangebote geben (SCHULZE 2003, 235).

Abschließend die fiktive Darstellung eines durch Schule initiierten Netzwerkes, hier feldtheoretisch modifiziert für den Schüler Klaus.

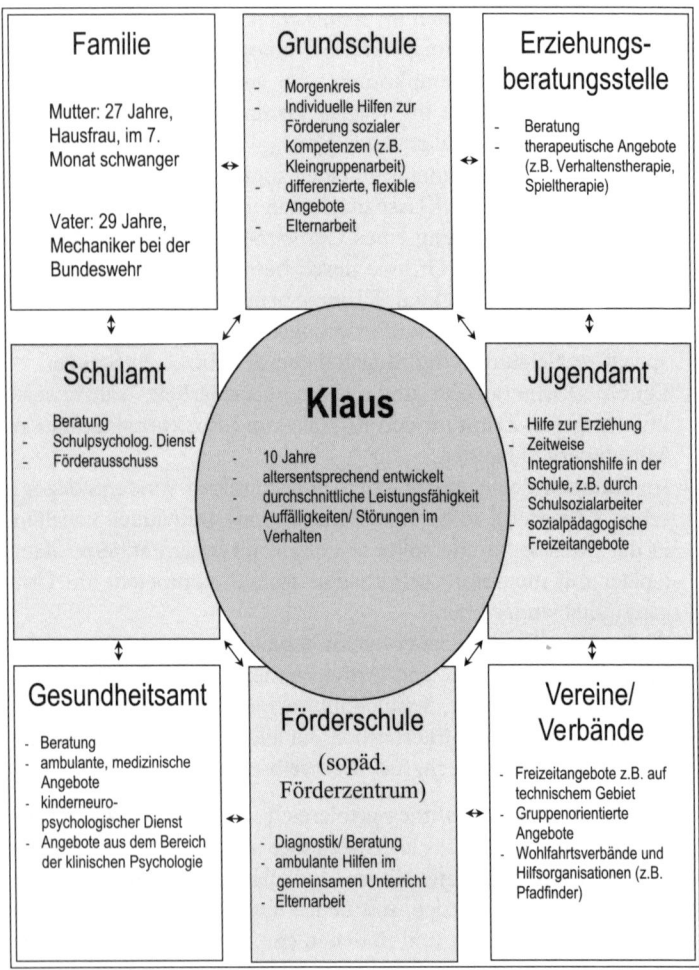

Abb. 6: Institutionelles Netzwerk

„Es ist daher für jede Gruppe wichtig, zu wissen, auf welcher Basis der Ausgleich zwischen den individuellen und den Gruppenbedürfnissen bewerkstelligt ist. ... Die Bereitschaft, die Gesichtspunkte und Ziele des anderen Mitgliedes in Erwägung zu ziehen und persönliche Probleme vernünftig zu erörtern, führt zu einer schnelleren Lösung von Konflikten." (LEWIN 1953, 151)

Literatur

BACH, H. (1993). Verhaltensstörungen und ihr Umfeld. In: GOETZE, H./ NEUKÄTER, H. (Hrsg.). Pädagogik bei Verhaltensstörungen, Handbuch der Sonderpädagogik Band 6. Berlin, 3–35.
FEGERT, J. M. (1999). Kinder in Scheidungsverfahren nach der Kindschaftsrechtsreform. Neuwied.
GRAUMANN, C. F. (Hrsg.) (1982a). Feldtheorie. Kurt-Lewin-Werkausgabe. Band 4. Bern, Stuttgart.
GRAUMANN, C. F. (Hrsg.) (1982b). Psychologie der Entwicklung und Erziehung. Kurt-Lewin-Werkausgabe. Band 6. Bern, Stuttgart.
HIRSCHI, T. (1971). Causes of Delinquency. Berkeley, Los Angeles, London.
LEWIN, K. (1953). Die Lösung sozialer Konflikte. Bad Nauheim.
LÜCK, H. (1993). Psychologie sozialer Prozesse. Opladen.
LÜCK, H. (1996). Die Feldtheorie und Kurt Lewin. Weinheim.
MARROW, A. J. (1977). Kurt Lewin – Leben und Werk. Stuttgart (Amerikanische Ausgabe: 1969. The practical theorist. The life and work of Kurt Lewin. New York).
MILLER, N.E. (1944). Experimental studies of conflict. In: J. McV. HUNT (Ed.). Personality and the behavioral disorders, Vol. 1. New York, 431–456.
RHEINBERG, F. (2000). Motivation. Stuttgart.
RINK, K./OTT, W./SCHLEE, J./WITTROCK, M. (Ed.) (2000). Youngster between freedom and social Limits. Vol. III. Oldenburg.
SCHULZE, G. (2002). Die Feldtheorie von Kurt Lewin – Ein Ansatz zur Klärung von Verhaltensmustern im Bereich einer Pädagogik bei Verhaltensstörungen. In: Zeitschrift Sonderpädagogik. Heft 2, 107–120.
SCHULZE, G. (2003). Unterrichtsmeidende Verhaltensmuster. Formen, Ursachen, Interventionen. Hamburg.
SCHULZE, G./WITTROCK, M. (2001). Abschlussbericht zum Landesforschungsprojekt Schulaversives Verhalten. Rostock.
SCHULZE, G./WITTROCK, M. (2002). Schulmeidung – Unterrichtsabsentismus: Formen – Entwicklungsgestalten – Interventionsmöglichkeiten. In: Schulverweigerer. Eine Herausforderung für Schule und Jugendhilfe. Bremen, 35–47.

SCHULZE, G./RICKING, H./WITTROCK, M. (2000). Unterrichtsmeidende Verhaltensmuster von Kindern und Jugendlichen vor dem Hintergrund der Reaktionsmusterforschung. In: RINK, K./OTT, W./SCHLEE, J./WITTROCK, M. (Ed.). Youngster between freedom and social Limits. Vol. III. Oldenburg, 127–141.

VERNOOIJ, M. A. (1996). Diagnostik – Förderdiagnostik – und was dann ? In: NEUKÄTER, H. (Hrsg.). Erziehungshilfe bei Verhaltensstörungen. Oldenburg, 123–139.

VERNOOIJ, M. A. (1998). Individualpsychologischer Ansatz. In: WITTROCK, M. (Hrsg.). Pädagogisch-therapeutische Erklärungs- und Handlungsansätze. Oldenburg, 39–61, sowie Artikel in diesem Band.

WESTPHAL, E. (1998). Verstehen und Entwickeln. Oldenburg.

WITTROCK, M. (1998). Ansatz der Lebensproblemzentrierten Pädagogik. In: WITTROCK, M. (Hrsg.). Pädagogisch-therapeutische Erklärungs- und Handlungsansätze. Oldenburg, 138–156, sowie Artikel in diesem Band.

WITTROCK, M./SCHULZE, G. (2000). Handlungskonzepte im Umgang mit schulaversiven / schulabsenten Schülern – Konsequenzen und Anregungen für schulische und außerschulische Einrichtungen. In: Vierteljahresschrift für Heilpädagogik und ihre Nebengebiete (VHN), 69, 390–396.

WITTROCK, M./SCHULZE, G. (2001). Lernen in der „Auszeit". In: HOFMANN, C. et al. (Hrsg.). Zeit und Eigenzeit als Dimensionen der Sonderpädagogik. Luzern, 109–119.

WITTROCK, M./SCHULZE, G. (2002). RPR – results and program development in Germany. In: RINK, K. et al. (Ed.). Youngsters between social limits and Freedom. Volume IV. Oldenburg. 143–157.

Systemische Konzepte am Beispiel der Familientherapie

Monika A. Vernooij & Ursel Winkler

1. Einführung

Die Therapiekonzepte, die in den ersten Jahrzehnten unseres Jahrhunderts entwickelt wurden, sind durch eine überwiegend analytisch-dualistische Form des Denkens gekennzeichnet. In den 50er Jahren begann eine reflektorische Wende, in der sich als neues Denkmodell der ganzheitlich-systemische Ansatz entwickelte. Er brachte das Infragestellen bisheriger Grundannahmen sowie die Entwicklung neuer Fragestellungen und Sichtweisen mit sich. Von besonderer Relevanz für den Kontext von Beratung und Therapie ist ein grundlegend anderes Verständnis von (psychischen) Störungen. Im Gegensatz zur individuumzentrierten Sichtweise innerhalb des alten Paradigmas werden im systemischen Denken Störungen unter dem Aspekt des an der Störung beteiligten Systems betrachtet. Diese Sichtweise impliziert die Notwendigkeit, veränderte bzw. neue Interventionsformen anzuwenden. Der vorliegende Fall soll im Folgenden unter systemischen Aspekten betrachtet werden.

Zum besseren Verständnis der Fallanalyse und einer Planung möglicher Interventionen zunächst einige theoretische Grundlagen der systemischen bzw. Familientherapie.

2. Theoretische Grundlegung

In der Geschichte der Systemtheorie werden zwei Phasen mit unterschiedlichen Aufgaben unterschieden. Von etwa 1950 bis 1980 stand die Entwicklung von *Theorien über beobachtete Systeme* im Mittelpunkt des Interesses. In Anlehnung an die von WIENER (vgl. 1948) begründete Forschungsrichtung Kybernetik, die die Beschreibung von Gesetzmäßigkeiten im Ablauf von Regelungs- und Steuerungsvorgängen in Systemen zum Inhalt hat, wird diese Phase als „*Kybernetik 1. Ordnung*" bezeichnet (vgl. SCHLIPPE/SCHWEITZER

1996, 53). Auf der Grundlage zahlreicher Forschungen wurden für Systeme u.a. folgende Eigenschaften als wesentlich erkannt:
- die *Homöostase* als ein Gleichgewichtszustand, den jedes System anstrebt, jedoch jeweils nur kurze Zeit erhalten kann (dynamisches Gleichgewicht);
- das *positive und negative Feedback* im Sinne eines Rückkoppelungsprozesses zur Überprüfung und ggf. zur Korrektur des jeweiligen Ist-Zustandes;
- die *Kalibrierung* bzw. Stufenfunktion als Prozess, bei dem Systeme innerhalb einer allgemeinen, kontinuierlichen Entwicklung (nicht in jedem Fall als positive Fortentwicklung zu verstehen), sich von einem Ist-Stand in Richtung eines subjektiven Soll-Standes bewegen. Das heißt: um sich den durch die Entwicklung veränderten Bedingungen anzupassen, werden die Systemgrenzen reguliert, die Systemregeln modifiziert.
- *Regeln*, die sowohl in *offener* als auch in *verdeckter* Form die Beziehungen der Systemmitglieder untereinander organisieren.

In der darauf folgenden Phase der „Kybernetik 2. Ordnung" beschäftigten sich die Systemtheoretiker mit der Entwicklung von *Theorien zur Beobachtung von Systemen, bzw. zur Tätigkeit des Beobachtenden*. Sie wendeten also die Prinzipien der Kybernetik auf diese selbst an (vgl. HOFFMANN 1987; SCHIEPEK 1991). Seit dem Beginn dieser zweiten Phase haben Konzepte wie die Chaostheorie (vgl. PRIGOGINE/STENGERS 1981), die Synergetik (vgl. HAKEN 1984, 1987), der Autopoiese-Ansatz (vgl. LUHMANN 1984; MATURANA/VARELA 1987) und der Konstruktivismus (vgl. VON FÖRSTER 1981; VON GLASERSFELD 1981; GUMIN/MEYER 1992) großen Einfluss auf die Diskussion genommen.

Die theoretische Grundlegung der systemischen Therapie ist mit dem einleitend angesprochenen neuen Paradigma verknüpft. Folgende Gegensatzpaare kennzeichnen das alte und das neue Paradigma (s. Tabelle auf S. 201).

Der zentrale Begriff der *linearen* Kausalität wurde abgelöst durch den Begriff der *zirkulären* Kausalität. Zirkuläres Denken ist dadurch gekennzeichnet, dass das Verhalten der Mitglieder eines Systems als Regelkreis verstanden wird und Ursache-Wirkungs-Hypothesen bedeutungslos werden. Es wird davon ausgegangen, dass alle Sys-

lineares/kausales Denken	versus	ökologisch/systemisches Denken
analytisch-dualistisches Denken	versus	ganzheitlich-systemisches Denken
Individualistisches Ursache-Wirkungs-Denken	versus	Denken in komplexen Vernetzungen
Reiz-Reaktions-Mechanismen als Grundlage für Verhalten	versus	Regeln bzw. Muster als Grundlage für Verhalten

Tab. 1: Vergleich traditionelles und systemisches Denken

temmitglieder in wechselseitiger Verbindung miteinander stehen. Dementsprechend ist das Auftreten von Problemen bei einzelnen immer systeminduziert und systemrückwirkend. Alle Mitglieder des Systems sind mittelbar betroffen oder beteiligt. Eine (psychische) Störung, Fehlentwicklung oder Auffälligkeit lässt sich aus systemischer Sicht nicht länger individuumzentriert als negatives Merkmal, als individuelle Störung eines Systemmitgliedes verstehen und damit isolieren. Vielmehr werden aus einem erweiterten Blickwinkel auch die anderen Mitglieder des betreffenden Systems wahrgenommen und einbezogen. Das „kranke" oder „gestörte" Systemmitglied wird dabei als definierter bzw. identifizierter Patient oder als Symptomträger verstanden. Verschiebungen der Symptomträger-Funktion von einem Element auf das andere sind möglich.

Die aus dieser veränderten Sichtweise resultierenden systemischen Interventionsformen basieren auf der Systemtheorie, die von ihrem Begründer VON BERTALANFFY (vgl. 1956) in den 50er Jahren als Metatheorie mit dem Ziel der Integration verschiedener Wissensgebiete entwickelt wurde (vgl. SCHLIPPE 1988, 21 f.).

Auf der Grundlage der jeweils diskutierten systemtheoretischen Erkenntnisse stellten Praktiker aus unterschiedlichen Arbeitskontexten weiterführende Überlegungen zur Entwicklung spezifischer systemischer Interventionsformen an. Im Unterschied zum Setting der Einzeltherapie in anderen Therapierichtungen wurde die Systemische Therapie in den ersten Jahrzehnten ihres Bestehens als Paartherapie und als Familientherapie realisiert. Vorausgegangen waren einzelne Formen theoretischer und praktischer Therapie, welche die Gesamtentwicklung der systemischen Therapie entscheidend prägten. So führte z.B. ADLER in den 20er Jahren Erziehungsberatung mit Familien durch und erweiterte damit bereits den Blickwinkel vom betroffenen Kind auf die betroffene Familie (vgl. RATTNER 1972).

In den 40er und Anfang der 50er Jahre sind im Kontext der Schizophrenie- und Kommunikationsforschung wichtige Vorarbeiten für die systemischen Therapieformen geleistet worden (vgl. z.B. WATZLAWICK et al. 1969).

Entscheidende Impulse folgten in den 60er Jahren durch das Mental Research Institut in Palo Alto. Das Forschungsinteresse richtete sich vornehmlich auf Kommunikationsmuster und Interaktionen in der Familie, wobei der sogenannten Double-bind-Theorie besondere Aufmerksamkeit zukam (vgl. MARC/PICARD 1991).

Im Unterschied z.B. zu den tiefenpsychologischen oder humanistischen Ansätzen, die jeweils auf *einen* Begründer zurückgehen, wurden die systemischen Therapieansätze von vielen Theoretikern gleichzeitig entwickelt. In den 70er und 80er Jahren bildete sich eine Vielzahl von Einzelansätzen für die Therapie mit Familien heraus. Sie können nach folgenden Schwerpunktsetzungen und Grundlagen unterschieden werden:

- *psychoanalytisch orientierte Familientherapie* mit den Schwerpunkten interfamiliäre Beziehungen und familiäre Kommunikationsprozesse (vgl. z.B. STIERLIN; RICHTER);
- *strukturelle Familientherapie* mit dem Schwerpunkt Analyse des Familiensystems und seiner Subsysteme (vgl. z.B. MINUCHIN);
- *entwicklungsorientierte Familientherapie* mit dem Schwerpunkt Kommunikation und Selbstwertgefühl (vgl. z.B. SATIR);
- *strategische Familientherapie* mit dem Schwerpunkt Struktur des familiären Interaktions-"Spiels" (vgl. z.B. SELVINI-PALAZZOLI).

Inzwischen sind die systemtherapeutischen Ansätze nicht mehr primär auf die Arbeit mit Familien ausgerichtet – systemisch arbeitet man heute auch mit Einzelpersonen bezogen auf das jeweilige System und mit Gruppen z.B. in pädagogischen Arbeitsfeldern, in Unternehmen und im Sozialmanagement.

Zusätzlich zu den oben genannten klassischen Ansätzen werden dabei neue Konzepte bzw. methodische Neuerungen praktiziert. Beispiele sind die lösungsorientierte Kurztherapie nach DE SHAZER und der Ansatz von HELLINGER, der seinen Schwerpunkt auf die Ursprungsordnung in der Familie legt (vgl. DE SHAZER 1989; HELLINGER 1994; SCHLIPPE/SCHWEIZER 1996, 35 ff.). ANDERSEN entwickelte seine Methode des Reflektierenden Teams, bei der die Klienten in die Diskussion des Teams über ihren Therapieprozess eingebunden werden (vgl. 1991).

Neben den jeweiligen spezifischen Arbeitsweisen der Vertreter der einzelnen Ansätze werden mehrere übergreifende Techniken und Interventionsformen praktiziert.

– *Joining*
Das Joining bezeichnet den Prozess, in dem der Therapeut den ersten Kontakt mit dem System herstellt und in dem Positionen festgelegt sowie gemeinsame Regeln aufgestellt werden. Charakteristisch für das Joining auf der Basis der systemischen Theorie ist die Erweiterung des Problemspektrums vom Symptomträger / von der Störung zum System.

– *Umdeuten (Reframing)*
Die Grundlage des Umdeutens bildet die Erkenntnis, dass Realität auf verschiedene Weisen betrachtet werden kann. Diese erkenntnistheoretische Basis systemischen Denkens wird von den Konstruktivisten, wie z.B. VON FÖRSTER, MATURANA, VARELA und VON GLASERSFELD ausführlich thematisiert (vgl. z.B. GUMIN/MEIER 1992). Über die Technik des Umdeutens in Form einer positiven Konnotation sollen festgeschriebene Wirklichkeiten in ihrer Starrheit erschüttert werden. So können über Fragen nach dem „Sinn des praktizierten Unsinns" die positiven Aspekte von bisher ausschließlich negativ bewerteten Verhaltensweisen sowie die Funktion des Symptoms für den Zusammenhalt des Gesamtsystems herausgestellt werden.

– *Zirkuläres Fragen*
Bei dieser Fragetechnik findet die kommunikationstheoretische Erkenntnis Berücksichtigung, nach der jedes gezeigte Verhalten eines Systemmitglieds, wie Symptome, verbale Äußerungen

und die unterschiedlichen Formen von Gefühlsäußerungen, als ein kommunikatives Angebot an die anderen verstanden wird. Anstelle einer ausführlichen Befragung der einzelnen Mitglieder nach den eigenen Empfindungen, werden Systemmitglieder z.B. nach der angenommenen Wirkung ihrer verbalen oder nonverbalen Mitteilungen auf die anderen befragt, oder es wird eine Person aufgefordert, sich zu ihrer Wahrnehmung der Beziehung zwischen zwei anderen Systemmitgliedern zu äußern. Bei allen Beteiligten werden über das zirkuläre Fragen neue Sichtweisen und Denkprozesse provoziert sowie Unterschiede und Beziehungsmuster verdeutlicht.

– *Genogramme*
In Genogrammen können komplexe Informationen eines Systems in übersichtlicher Form dargestellt werden. Neben Namen und Altersangaben werden die Daten wichtiger Ereignisse wie Heirat, Scheidung, Tod, Unfälle, Adoptionen, Abtreibungen, Fehlgeburten, Umzüge etc. aufgenommen, wobei sich die Erfassung je nach Fragestellung und Intention des Therapeuten auf bis zu drei Generationen erstrecken kann. Die Repräsentation erfolgt in einer Zeichensprache, für die sich bestimmte Symbole etabliert haben (vgl. MC GOLDRICK/GERSON 1990; HEINL 1988). Ergänzend zu der Ermittlung vielfältiger Daten soll bei der Erstellung des Genogramms verdeutlicht werden, dass alle Mitglieder des Systems – inklusive des Symptomträgers – in eine gemeinsame Familiengeschichte eingebettet sind.

– *Skulpturarbeit*
Bei der Skulpturarbeit handelt es sich um die pantomimische Darstellung von Beziehungen und Positionen innerhalb eines Systems. Wichtige Parameter sind u.a. Nähe/Distanz, Blickkontakt, Körperkontakt, Mimik und Gestik, insbesondere Handhaltungen. Mit dieser nonverbalen Ausdrucksform werden auch solche Beziehungsaspekte repräsentiert, die den Beteiligten nicht bewusst sind. Erste Veränderungen können auf dieser metaphorischen Ebene initiiert werden.

– *Symptomverschreibung (Paradoxe Intervention)*
Bei der Symptomverschreibung handelt es sich um eine paradoxe Anweisung, denn es wird genau das Gegenteil von dem gefordert, was eigentlich Ziel der Therapie sein sollte. Der Symptomträger wird explizit dazu aufgefordert, sein störendes Verhalten beizubehalten – jedoch unter veränderten, vom Therapeuten festgelegten Bedingungen. Dazu können beispielsweise Rahmenbedingungen wie der Zeitpunkt, der Ort oder die Häufigkeit der Störung vorgegeben werden. Diese Verschreibung bringt den Symptomträger in einen Zwiespalt: Indem er das Symptomverhalten zeigt, hat er der Anordnung des Therapeuten Folge geleistet. Bezogen auf die Symptomatik will er dies aber eigentlich nicht, weil das Symptom bisher ein ureigener Anteil seiner selbst war, der freiwillig und selbst bestimmt gehandhabt wurde. Widersetzte er sich jedoch der Anordnung, so hätte dies zur Folge, dass er sein Symptom ganz aufgeben müsste.

Die therapeutischen Techniken haben in der Systemischen Therapie mehrere Funktionen. So dienen sie in der Anfangsphase einer Therapie primär
– der Kontaktherstellung und Diagnose, während sie im weiteren Verlauf darüber hinaus
– zum Initiieren von Veränderungsprozessen,
– zur Überprüfung von Hypothesen,
– zur Blickfelderweiterung
– und/oder zur Ausleuchtung des familiengeschichtlichen Hintergrunds eingesetzt werden.

Zusammenfassend kann festgehalten werden, dass – ungeachtet der jeweiligen Schwerpunktsetzung der einzelnen familientherapeutischen Richtungen – alle Techniken langfristig das Ziel der Veränderung leiderzeugender Muster und Regeln sowie der Schaffung eines neuen Gleichgewichts verfolgen. Dieses neuentstandene Gleichgewicht kann/soll ohne die Funktionalisierung eines Mitgliedes als Symptomträger aufrechterhalten werden.

Unverzichtbarer Bestandteil ist, wie bei jeder Psychotherapie, auch in der systemischen Arbeit die Diagnose. Auf sie soll im Folgenden näher eingegangen werden.

3. Diagnostische Ableitungen

Wie bereits ausgeführt, dienen die genannten therapeutischen Techniken u. a. auch zur Diagnose. Zu diesem Zweck können sie folgendermaßen eingesetzt werden:

- *Joining*
  Für diagnostische Fragestellungen bieten sich in dieser Kontaktphase mehrere Informationsquellen an. Auf der visuellen Ebene können von der gewählten Sitzordnung und von der Körpersprache der einzelnen Systemmitglieder erste Hypothesen über bestehende Subsysteme oder Außenseiterpositionen abgeleitet werden. Weiterhin kommen bestehende Gesprächsregeln und grundsätzliche Verhaltensmuster häufig bereits bei der Beantwortung der einleitenden Fragen zum Ausdruck. Die Art der Beantwortung solcher Fragen, welche eine Erweiterung des Problemspektrums vom Symptomträger zum System intendieren, ist hier von besonderer Bedeutung. Aus ihnen können erste Rückschlüsse auf die potentielle Flexibilität bzw. Rigidität des Systems und einzelner Systemmitglieder in Hinblick auf Veränderungen, sowie über bestehende verdeckte oder offene Regeln gezogen werden.

- *Umdeuten (Reframing)*
  Ähnliche Möglichkeiten zur Erfassung der potentiellen Flexibilität bzw. Rigidität sowie zur Ermittlung innerer Bilder von individuell festgeschriebenen Wirklichkeitskonstruktionen bietet die Technik des Umdeutens. Sowohl die Art der Reaktion auf die vom Therapeuten angebotenen Umdeutungen als auch die Ausgeprägtheit der Fähigkeit, eigene Umdeutungen zu finden, können als Indikatoren für die mehr oder weniger rigide Wirklichkeitskonstruktion der Einzelnen bzw. des Systems gelten.

- *Zirkuläres Fragen*
  Über diese Technik lassen sich u. a. unterschiedliche Sichtweisen des Problems ermitteln. So können die einzelnen Familienmitglieder gefragt werden, welchen Grund es ihrer Meinung nach für den neben ihm Sitzenden gibt, zu dieser Therapie zu kommen oder welche Themen es neben dem Verhalten des Sym-

ptomträgers noch zu besprechen gäbe. Ganz abgesehen davon, dass durch diese Befragung häufig veränderungswirksame Interaktionsprozesse zwischen den Systemmitgliedern hervorgerufen werden, geben die Antworten dem Therapeuten wichtige Hinweise auf Muster und Regeln des Systems, auf mögliche Konflikt- und Tabuthemen sowie auf weitere intrafamiliäre Zusammenhänge, in die das Symptomverhalten möglicherweise einzuordnen ist.

– *Genogramme*
Im Rahmen der Anamnese bietet diese Repräsentationsform einen direkten Zugang zu einer Fülle von Daten und Informationen über das System. Dabei steht die Konzentration auf Sachinformationen im Mittelpunkt, was als Nebeneffekt in der Regel Angstreduzierung hervorruft. Zusätzlich zu den erhobenen Fakten, aus denen wichtige Hypothesen über das Gesamtsystem und den Sinngehalt des Symptoms ableitbar sind, können aus der Art ihrer Präsentation bestehende Gesprächsregeln und Verhaltensmuster abgeleitet werden.

– *Skulpturarbeit*
Mit der Technik der Skulpturarbeit lassen sich unter diagnostischen Gesichtspunkten wesentliche Informationen über bestehende Beziehungen und Positionen innerhalb des Systems sowie über vorhandene Subsysteme gewinnen. Weiterhin werden bei der Skulpturarbeit möglicherweise bestehende Unterschiede in Bezug auf die Sichtweisen des Systems bei den einzelnen Mitgliedern deutlich erkennbar. Von den jeweiligen Reaktionen auf die Verdeutlichung dieser Unterschiede sind wiederum Hypothesen über bestehende Regeln ableitbar.

Grundsätzlich bleibt zum diagnostischen Einsatzes der Techniken anzumerken, dass die Grenze zwischen Diagnose und Intervention fließend ist, da häufig bereits über das Beantworten der ersten Fragen des Therapeuten und über die Bewusstwerdung der unterschiedlichen Sichtweisen einzelner Systemmitglieder Veränderungsprozesse ausgelöst werden. Dies wird besonders deutlich bei der Technik der Symptomverschreibung:

– *Symptomverschreibung*
Eine quasi indirekte Form der Datenerhebung kann über die Symptomverschreibung erreicht werden. Aus den Reaktionen der Familienmitglieder auf die Verschreibung durch den Therapeuten können Informationen über Muster und Regeln zur Veränderung und über den Grad der Rigidität sowohl bezogen auf das Gesamtsystem als auch bezogen auf den Symptomträger gewonnen werden.

In dem vorliegenden Fall kämen bei einem Erstgespräch unter diagnostischen Gesichtspunkten vorrangig die ersten drei Techniken zur Anwendung. Das Genogramm und die Skulpturarbeit als aufwendigere Techniken, die eine gewisse Vertrauensbasis zwischen Berater und Familie voraussetzen, sowie die Symptomverschreibung, die z. B. VON SCHLIPPE als „machtvollste und zugleich gefährlichste" Interventionstechnik bezeichnet, können zu einem späteren Zeitpunkt der Beratung gegebenenfalls ebenfalls eingesetzt werden (vgl. 1988, 93). Exemplarisch werden in der folgenden Fallanalyse das Joining und das zirkuläre Fragen am Beispiel fiktiver Gesprächssequenzen skizziert.

4. Fallanalyse – Hypothese – Prognose

Systemtherapeutisch relevante Fragestellungen und Aspekte für eine Analyse des vorliegenden Falles lassen sich am besten verdeutlichen, wenn man zu einem früheren Zeitpunkt, nämlich bereits bei den Beratungsgesprächen der Klassenlehrerin mit der Mutter im September und Oktober systemtherapeutisch ansetzt, d.h. die ersten Beratungskontakte schon unter Einbezug des Systems beginnen.

In den Informationen über die Familiensituation und über das schulische Verhalten von Klaus sind zwei Systeme angesprochen, in die Klaus unmittelbar eingebunden ist: das Familiensystem und das System Schulklasse. In der Familie ist ungefähr parallel mit dem Beginn der Auffälligkeiten in der Schule durch den Berufsortswechsel des Vaters eine Veränderung eingetreten, die in der Regel starke Auswirkungen auf alle Familienmitglieder hat. Eine weitere deutliche Veränderung steht in unmittelbarer Zukunft durch die Geburt eines weiteren Kindes bevor. Aufgrund dieser beiden Ereignisse, die das Gleichgewicht des Familiensystems verändern und Kalibrierungen erforderlich machen, erscheint es sinnvoll, in der Beratung zunächst mit diesem System zu arbeiten.

Das oben erwähnte weitere System Schulklasse soll während der Arbeit mit dem Familiensystem ausgespart bleiben. Da in der Systemtheorie davon ausgegangen wird, dass sich die Veränderung EINES Systemmitglieds zwangsläufig auf das Gesamtsystem auswirkt, bleibt hier zunächst abzuwarten, wie sich Klaus Verhaltensweisen aufgrund der therapeutischen Arbeit mit der Familie verändern und ob sich die Probleme in der Schule dadurch ebenfalls lösen. Sollte dies nicht der Fall sein, wären entsprechende Interventionsstrategien für das System Schulklasse bzw. für das System Klassenlehrerin / Klaus zu überlegen, was im Rahmen dieses Textes jedoch zu weit führen würde. Somit beschäftigen sich die folgenden Ausführungen ausschließlich mit der beratenden und therapeutischen Arbeit im Familiensystem.

Mit Hilfe eines fiktiven Erstgesprächs, an dem die gesamte Familie teilnimmt, werden im Folgenden diagnostische Aspekte systemtherapeutischen Arbeitens skizziert.

Erster Gesprächsausschnitt aus dem fiktiven Erstgespräch mit der Familie

Anwesende: Berater (Bt); Mutter (M); Vater (V); Klaus (K)

Bt: Was glaubst Du, Klaus, warum wir hier zusammensitzen?
K: Ich weiß nicht.
Bt: Was glaubst Du denn, wer mir eine Antwort darauf geben könnte?
K: Mama!
Bt: Hast Du eine Idee, was sie mir antworten wird?
K: Na, das mit der Schule und so.
Bt: Stimmt das Frau X?
M: Ja. Seit Beginn des zweiten Schuljahres macht er große Probleme in der Schule. Die Lehrerin wird auch nicht mehr mit ihm fertig und zu Hause wird es auch immer schlimmer! Klaus war schon von kleinauf ein schwieriges Kind …

Bt: Glauben Sie, dass Ihr Mann mir dieselbe Antwort geben würde, wenn ich ihn frage, warum wir hier zusammensitzen?
M: Na ja, vielleicht zum Teil. Aber der kriegt ja sowieso nur einen Bruchteil von dem ganzen Ärger mit, weil er fast nie da ist.
V: Das ist ja wohl nicht meine Schuld! Ich habe mir das auch nicht ausgesucht, dass mein Fliegerhorst geschlossen wird! Und am Wochenende mache ich schließlich immer was mit Klaus …

Therapeutischer Kommentar: Aus dieser ersten Sequenz ließe sich die Hypothese ableiten, dass auf der Beziehungsebene der Eheleute Spannungen vorliegen könnten, die über Klaus als Symptomträger ausagiert werden. Diese Hypothese müsste – wie auch die weiteren Hypothesen – im Verlauf der Beratung überprüft werden. Doch zunächst noch ein zweiter Gesprächsausschnitt aus dem fiktiven Erstgespräch.

Zweiter Gesprächsausschnitt aus dem fiktiven Erstgespräch mit der Familie

Bt: Angenommen, Klaus Verhalten würde wieder so sein wie im 1. Schuljahr, was würde sich in Ihrer Familie verändern?
M: Ich hätte in der Woche nicht ständig so viel Ärger.
V: Und ich könnte endlich mal wieder nach Hause kommen ohne dass ich mir gleich wieder stundenlang die Berichte über die neusten Katastrophen anhören müsste.
Bt: Klaus, hast Du auch eine Idee, was dann anders wäre bei Euch?
K: Die würden nicht mehr soviel schimpfen.
M: Stimmt genau! Das wäre dann ja nicht mehr nötig.
Bt: Wenn das alles wegfallen würde, worüber würden Sie sich denn dann an den Wochenenden unterhalten?
M: Na, vielleicht könnten wir dann ja endlich mal darüber reden, wie das denn werden soll, wenn das Kind geboren ist.

Therapeutischer Kommentar: Mit Hilfe der hypothetischen Frage nach den Veränderungen bei einem Wegfall des Symptoms lassen sich mögliche Funktionen von Klaus Symptomverhalten erschließen. Die Gespräche über dieses „Problemthema" scheinen einen breiten Raum in der Familie einzunehmen. In der Regel dienen derart raumgreifende Themen der Vermeidung anderer, häufig für das

Systemische Konzepte 211

System existentieller Themen, die mit Angst oder Unsicherheiten verbunden sind. Der letzte Beitrag der Mutter gibt einen Hinweis auf ein solches Thema. Die zwangsläufig anstehenden Veränderungen durch die Vergrößerung der Familie besitzen sowohl auf der Handlungsebene im Sinne von Organisation des Alltags als auch auf einer abstrakteren Ebene im Sinne der Sicherstellung emotionaler Zuverlässigkeiten Relevanz. Die momentane Homöostase der Familie scheint dadurch gekennzeichnet zu sein, dass die „Standorte" der Familienmitglieder (insbesondere bei Klaus und bei der Mutter) nicht sicher sind. Diese Hypothese wird im weiteren Verlauf der Beratung ebenfalls zu überprüfen sein.

Dritter Gesprächsausschnitt aus dem fiktiven Erstgespräch mit der Familie

Bt: Klaus, wie ist das denn so bei euch in der Schule?
K: Blöd!
Bt: Was ist denn so besonders blöd dabei?
K: Die anderen aus meiner Klasse ... die sind alle blöd!
Bt: Und wie hast Du das bis jetzt geschafft, es trotzdem in der Klasse auszuhalten?
K: Wenn die ganz blöd werden, sage ich ihnen, dass ich sie alle totmache, mit Bomben und Messern und so. Dann kriegen die Angst.
Bt: Aber – wenn ich Dich richtig verstanden habe – hat es immer nur kurz geholfen; richtig gut geworden ist es dadurch nicht, oder?
K: *(Kopfschütteln)*
Bt: Glaubst Du, dass einer von Deinen Eltern anderen Menschen auch solche Angst machen könnte?
K: Papa natürlich! Der ist doch Soldat!
Bt: Hast Du mit ihm schon einmal über solche Sachen gesprochen?
K: Nö, mach' ich auch nicht.

Therapeutischer Kommentar: Klaus aggressive Verhaltensweisen haben eine inhaltliche Form, die über gewöhnliche Beschimpfungen und Bedrohungen deutlich hinausgeht. In diesem Gesprächsausschnitt deutet sich eine mögliche Erklärung dieser ungewöhnlich massiven kriegerischen bzw. militärischen Ausdrucksformen an. Da der Vater als Berufssoldat ein offizieller Vertreter des militärischen Bereiches ist, müsste im Folgenden überprüft werden, ob Klaus Ausdrucksform eventuell die Funktion hat, – in Ermangelung einer äußeren Nähe zum Vater- eine innere Nähe zu ihm herzustellen. Diese Überlegung steht auch in engem Zusammenhang mit der zweiten Hypothese, bei deren Überprüfung u.a. das Parameter Nähe bzw. Distanz der einzelnen Familienmitglieder thematisiert wird.

Sollte der Vater zu diesem ersten Gespräch nicht mitkommen, könnte er über die Technik des zirkulären Fragens zumindest indirekt einbezogen werden. Um ihn in den Beratungsprozess besser einzubinden, könnte es hilfreich sein, zum Ende der Stunde sowohl der Mutter als auch Klaus Aufgaben bezogen auf den Vater zu geben. So könnte Klaus z.B. beauftragt werden, dem Vater von diesem Gespräch zu berichten. Die Mutter sollte nach einer Möglichkeit suchen, ihren Mann zum Besuch der nächsten Sitzung zu motivieren.

5. Interventionsmöglichkeiten, Interventionsplanung, Intervention

Aus dem Erstgespräch ergaben sich zwei Hypothesen, die in der weiteren Arbeit zunächst überprüft werden müssen. Bei ihrer Bestätigung wird es ein Ziel der Interventionsplanung sein, Möglichkeiten zu finden, welche die Familie bei der Lösung der verschieden Problembereiche unterstützen, und die Systemmitglieder zur Veränderung von eingefahrenen Mustern und Regeln zu bewegen.

Am Beispiel einer weiteren fiktiven Gesprächssequenz soll eine Auswahl konkreter Interventionsschritte für die Arbeit mit dieser Familie aufgezeigt werden.

Bei dem Gesprächsausschnitt handelt es sich um eine Sequenz aus einer fiktiven Beratungsstunde, in der die Technik der Skulpturarbeit eingesetzt wird.

Eine im Erstgespräch eruierte Hypothese besagte, dass es in dieser Familie Unsicherheiten bezüglich der Positionen bzw. „Plätze" der einzelnen Familienmitglieder gibt, was noch durch die Tatsache

Systemische Konzepte

verschärft wird, dass in naher Zukunft ein weiteres Familienmitglied seinen Platz bekommen muss. Zur Bearbeitung dieser Thematik bietet sich die Technik der Skulpturarbeit an, deren genuine Möglichkeiten in der Verdeutlichung und Bewusstmachung von Positionen und Beziehungen liegen.

Für einen Außenstehenden hat Klaus als Symptomträger eine vergleichsweise exponierte Stellung im System inne. Um einen Einblick in seine Selbstwahrnehmung zu bekommen und um ihm die Möglichkeit anzubieten, mit Hilfe konstruktiver Veränderungsvorschläge aus der scheinbar festgeschriebenen Symptomträgerrolle herauszukommen, soll Klaus der Auftrag zur Erstellung der Skulptur erteilt werden.

Gesprächsausschnitt aus einer Familiensitzung mit Skulpturarbeit

Bt: Klaus, ich möchte Dich jetzt bitten, ein Standbild von eurer Familie zu bauen, so wie ein Bildhauer das machen würde, wenn ihr alle aus Stein wärt. Du darfst jetzt Deine Mutter und Deinen Vater und zuletzt Dich selbst so hinstellen oder hinsetzen, dass man sich gut vorstellen kann, wie es aus Deiner Sicht in eurer Familie so ist. Du hast dafür den ganzen Raum hier zur Verfügung. Deine Eltern müssen bei diesem Standbildbau ganz stumm bleiben und alles so machen, wie Du es haben willst ...

Klaus baut folgende Skulptur:

Klaus
◻◂

                      Mutter
                      ○◂

                                            Vater

(*Symbole:* ◻ = männlich; ○ = weiblich; *die Pfeile geben die Blickrichtung der Personen an*

Bemerkung: Bei den folgenden Fragen geht der Berater zu jedem Befragten.)

Bt: Wie fühlst Du Dich denn hier, wo Du jetzt stehst, Klaus?
K: Ganz blöd! ... Die hören mich nur, wenn ich ganz laut und böse bin; und dann schimpfen sie.
Bt: Frau X, wie geht es Ihnen auf Ihrem Platz?
M: Der Platz ist eigentlich gar nicht schlecht, aber ich habe keinerlei richtigen Kontakt. Mein Mann ist mir viel zu weit weg und Klaus kann ich noch nicht einmal sehen.
Bt: Herr X, wie ist es auf Ihrem Platz?
V: Ich finde meinen Platz überhaupt nicht gut, ich fühle mich hier hinten ganz alleine. Und Klaus kann ich auch nicht richtig sehen, weil meine Frau davor steht.
Bt: Gut. Das ist also das Standbild, das Klaus gebaut hat, so wie er Ihre Familie heute sieht. Standbilder haben die gute Eigenschaft, dass man sie jederzeit verändern kann, damit es den beteiligten Personen besser geht. Klaus, hast Du schon eine Idee, wo ein besserer Platz für Dich wäre?

Therapeutischer Kommentar: Die Skulptur wird im Folgenden so lange verändert, bis für alle drei ein besserer Platz gefunden ist, bzw. bis sich ein besseres Gefühl durch die Veränderung der Positionen eingestellt hat. Jede Veränderung wird vom Berater durch Fragen nach ihren Auswirkungen auf jedes Familienmitglied begleitet (Bsp.: „Ist es jetzt besser oder schlechter als vorher oder ist es gleich?"). Dadurch wird zum einen gewährleistet, dass alle Familienmitglieder einbezogen bleiben und zum anderen werden mögliche Differenzen und widersprüchliche Bedürfnisse deutlich und können bearbeitet werden (z.B. das Bedürfnis des Vaters, ganz nah neben Klaus zu stehen gegenüber Klaus Bedürfnis, mit beiden Eltern zwar Blickkontakt zu haben, sie jedoch in angemessener Entfernung zu platzieren).

In einem weiteren Schritt bietet es sich an, den Familienmitgliedern die Aufgabe zu geben, einen guten Platz für das zu erwartende Kind zu suchen. Zur Visualisierung sollte für das Kind ein Gegenstand (Kissen, Decke etc.) genommen werden, der dann in die bestehende Skulptur hineingelegt wird. Auch hier ist es von großer Bedeutung, die Wirkung der Veränderung bei allen zu erfragen.

In einem anschließenden Gespräch müsste weiterhin überlegt werden, wie die erarbeiteten besseren Positionen im Alltag konkretisiert werden könnten. Diese Überlegungen stehen in direktem Zusammenhang mit der dritten Hypothese, nach der Klaus über seine ungewöhnliche Ausdrucksform von Aggressivität eine innere Nähe zum Vater herzustellen versucht. Da aufgrund des Berufsortswechsels des Vaters eine äußere Nähe während der Woche real nicht gegeben ist, müssten Formen gefunden werden, die es Klaus ermöglichen, über konkrete Handlungen den inneren Bezug zum Vater zu erhalten. So könnte beispielsweise vereinbart werden, dass Klaus seine gemalten Kriegsbilder oder Bilder zu Alltagserlebnissen dem Vater zuschickt und der Vater einen kurzen Antwortbrief zurückschickt (nach Möglichkeit per Fax). Weiterhin könnte Klaus während der Woche bestimmte Vorbereitungen für verabredete gemeinsame Unternehmungen am Wochenende treffen. Eventuell auftretende Schwierigkeiten bei der Realisierung sowie Modifikationsmöglichkeiten könnten in weiteren Sitzungen besprochen werden.

Eine andere Überlegung zur Interventionsplanung soll sich abschließend mit der Hypothese zu Spannungen im ehelichen Subsystem beschäftigen. Zur Bearbeitung dieser Thematik bietet sich als Setting ein Paargespräch an, bei dem die unterschiedlichen Bedürfnisse, Vorstellungen und Erwartungen thematisiert, gemeinsame Ressourcen und Ziele ermittelt, sowie konkrete Veränderungsmöglichkeiten im Umgang miteinander erarbeitet werden.

Da sich jede Veränderung auf das Gesamtsystem auswirkt und eine neue Homöostase bewirkt, bleibt zunächst abzuwarten, welche Folgen die Auswirkungen dieser Intervention für Klaus haben. Danach können gegebenenfalls weitere Interventionsschritte geplant werden.

Eine denkbare Auswirkung der geschilderten therapeutischen Arbeit mit der Familie wäre z.B. die Reduzierung von Klaus aggressiven Verhaltensweisen in der Schule. Daraus könnte vorsichtig geschlossen werden, dass man mit der Positionsveränderung auf dem richtigen Weg ist und dies könnte gezielt weiterverfolgt werden. Im Zusammenhang mit der verringerten Aggressivität würden sich natürlich im Klassenverband neue Kontaktmöglichkeiten ergeben. Dabei wäre eine vorsichtige Unterstützung sinnvoll.

Eine weitere mögliche Auswirkung könnte in der Veränderung der Ausdrucksform des aggressiven Verhaltens liegen. So könnte Klaus z. B. seine Mitschüler nur noch mit „gewöhnlichen" Schimpfwörtern attackieren und bei den Bildern im Kunstunterricht andere Themen wählen. Hieraus könnte vorsichtig abgeleitet werden, dass es für Klaus nicht mehr notwendig ist, über die bisher gewählte indirekte Form innere Nähe zum Vater herzustellen. Die entwickelten alternativen Formen der Aufnahme und Intensivierung von Kontakt sollten in der weiteren therapeutischen Arbeit unterstützt werden. Parallel dazu müsste überprüft werden, welche Funktion aggressive Verhaltensweisen – auch in einer „abgemilderten" Form – für Klaus und für das Familiensystem haben, um dann gezielt weitere therapeutische Interventionen zu entwickeln.

Sollte sich das aggressive Verhalten nicht verringern, müsste überlegt werden, inwieweit die Funktion des auffälligen Verhaltens z. B. der Aufrechterhaltung der Ehe der Eltern dient. In diesem Fall wäre in einem Paargespräch zu klären, ob ein zweites Kind einen der beiden Ehepartner beispielsweise wider seinen Willen stärker in die familiäre Pflicht nimmt.

6. Schlussbemerkung

Systemische bzw. familientherapeutische Ansätze bieten vielfältige Möglichkeiten, Strukturen, Regeln, Positionen und Funktionen innerhalb des Systems aufzudecken und zu verändern.

Erfolgreich können die Interventionen allerdings nur sein, wenn alle Systemmitglieder zur Mit- und Zusammenarbeit bereit sind und wenn es gelingt, die Konzentration auf den Symptomträger dahin gehend zu relativieren, dass für alle Beteiligten die komplexen Vernetzungen in ihrer Bedeutung für Störungen innerhalb des Systems erkannt werden.

Gegenstand von Interventionen ist das System als ganzes, nicht ein einzelnes Element!

Bei der systemtherapeutischen Arbeit mit Einzelpersonen kann zwar davon ausgegangen werden, dass Veränderungen dort auch

Rückwirkungen auf das System haben. Im vorliegenden Fall jedoch, bei dem das Kind Klaus die Position des Symptomträgers hat, würde für eine Familientherapie die höhere Erfolgswahrscheinlichkeit zu prognostizieren sein.

Literatur

ANDERSEN, T. (1991[2]). Das Reflektierende Team. Dortmund.
BERTALANFFY, L. V. (1956). General System Theory. In: BERTALANFFY, L. V./RAPPAPORT, A. (Hrsg.). General Systems Yearbook I. Ann Arbor.
FOERSTER, H. v. (1981). Das Konstruieren einer Wirklichkeit. In: WATZLAWICK, P. (Hrsg.). Die erfundene Wirklichkeit. München, 39–60.
GLASERSFELD, E. v. (1981). Einführung in den radikalen Konstruktivismus. In: WATZLAWICK, P. (Hrsg.). Die erfundene Wirklichkeit. München, 16–38.
GUMIN, H./MEIER, H. (Hrsg.) (1992). Veröffentlichungen der C.-F.-v.-Siemens-Stiftung Bd. 5: Einführung in den Konstruktivismus. München.
HAKEN, H. (1984). Erfolgsgeheimnisse der Natur. Synergetik: Die Lehre vom Zusammenwirken. Frankfurt a.M.
HAKEN, H. (1987). Synergetik und ihre Anwendung auf psychosoziale Probleme. In: STIERLIN, H. et al. (Hrsg.). Familiäre Wirklichkeiten. Stuttgart, 36–50.
HEINL, P. (1988). Kontext und Kommunikation: Koordinaten des Genogramms. In: Integrative Therapie 14 (4), 365–375.
HELLINGER, B. (1994). Ordnungen der Liebe. Ein Kursbuch. Heidelberg.
HENNIG, C./KNÖDLER, U. (1987[2]). Problemschüler – Problemfamilien. München, Weinheim.
HENSLE, U./VERNOOIJ, M. A. (2002[7]). Einführung in die Arbeit mit behinderten Menschen I. Wiebelsheim, (Kap. 11).
HOFFMANN, L. (1987). Jenseits von Macht und Kontrolle. Auf dem Wege zu einer systemischen Familientherapie „zweiter Ordnung". In: Zeitschrift für systemische Therapie 5 (2), 76–93.
LUHMANN, N. (1984). Soziale Systeme. Grundriss einer allgemeinen Theorie. Frankfurt a.M.
MARC, E./PICARD, D. (1991). Bateson, Watzlawick und die Schule von Palo Alto. Frankfurt a.M.
MATURANA, H./VARELA, F. (1987). Der Baum der Erkenntnis. München.
MCGOLDRICK, M./GERSON, R. (1990). Genogramme in der Familienberatung. Stuttgart.

MOLNAR, A./LINDQUIST, B. (1993³). Verhaltensprobleme in der Schule. Paderborn.
PRIGOGINE, I./STENGERS, I. (1981). Dialog mit der Natur. München.
RATTNER, J. (1972). Alfred Adler. Reinbek.
SCHIEPEK, G. (1991). Systemtheorie der Klinischen Psychologie. Braunschweig.
SCHLIPPE, A. v. (1988). Familientherapie im Überblick. Paderborn.
SCHLIPPE, A. v./SCHWEITZER, J. (1996). Lehrbuch der systemischen Therapie und Beratung. Göttingen, Zürich.
SHAZER, S. de (1989). Wege der erfolgreichen Kurztherapie. Stuttgart.
VERNOOIJ, M. A. (1998). Systemische Aspekte in der Lernbehindertenpädagogik. In: ANGERHOEFER, U./DITTMANN, W. (Hg.): Lernbehindertenpädagogik: Eine institutionalisierte Pädagogik im Wandel. Berlin. 33–50.
VERNOOIJ, M. A. (2004). Systemische Aspekte in der Verhaltensgestörtenpädagogik. In: KANNENWISCHER, S./WAGNER, M. (Hg.): Verhalten als subjektiv-sinnhafte Ausdrucksform. Bad Heilbrunn.
WATZLAWICK, P./BEAVIN, J./JACKSON, D. (1969). Menschliche Kommunikation. Bern, Stuttgart, Toronto.
WIENER, N. (1948). Cybernetics: Or Control and Communication in the Animal and the Machine. New York. Deutsch: Kybernetik. Regelung und Nachrichtenübertragung im Lebewesen und in der Maschine. Reinbek 1968.

Handlungstheoretischer Ansatz zur Explikation, Erklärung, Diagnose und Intervention bei Verhaltensstörungen

Wolfgang Mutzeck

1. Einleitung

Mit diesem Beitrag soll ein handlungstheoretischer Ansatz dargestellt und soweit es die vorliegende Falldarstellung hergibt, angewendet werden. Die für den Einführungstext gebotene Kürze zwingt allerdings auf wissenschaftliche Hintergründe und entstehungsgeschichtliche Aspekte nur hinzuweisen und einzelne Bereiche in ihren grundlegenden Strukturen aufzuzeigen. Zunächst geht es um die Darstellung der theoretischen Grundlagen.

2. Grundlagen des handlungstheoretischen Ansatzes

Umgangsweisen in der Erziehung, Unterrichtung, Diagnostik, Beratung, und Therapie bei Menschen mit Verhaltensstörungen sollten auf dem Hintergrund der zugrunde gelegten Menschbildannahmen und Konzeption von Handlung und Störung (Abweichungen) gesehen werden.

Diese Offenlegung und Erklärung (Explikation) des Gegenstandsvorverständnisses lässt sich durch eine Rahmenkonzeption am deutlichsten veranschaulichen (s. Abb. 1).

Die Grundlagen auf denen alle weiteren Konzeptionen basieren, sind die Menschenbildannahmen.

Mit der nachfolgenden Konzeption muss die Frage geklärt werden, auf welcher Wirklichkeit menschliches Handeln geplant und ausgeführt wird. Die darunter liegende Konzeption ist die Handlungs- und Störungstheorie. Mit ihr soll menschliches Handeln in seiner normalen und abweichenden Vorkommnisweise erklärt werden können. Die drei Rahmen bilden die Metatheorie für die Kon-

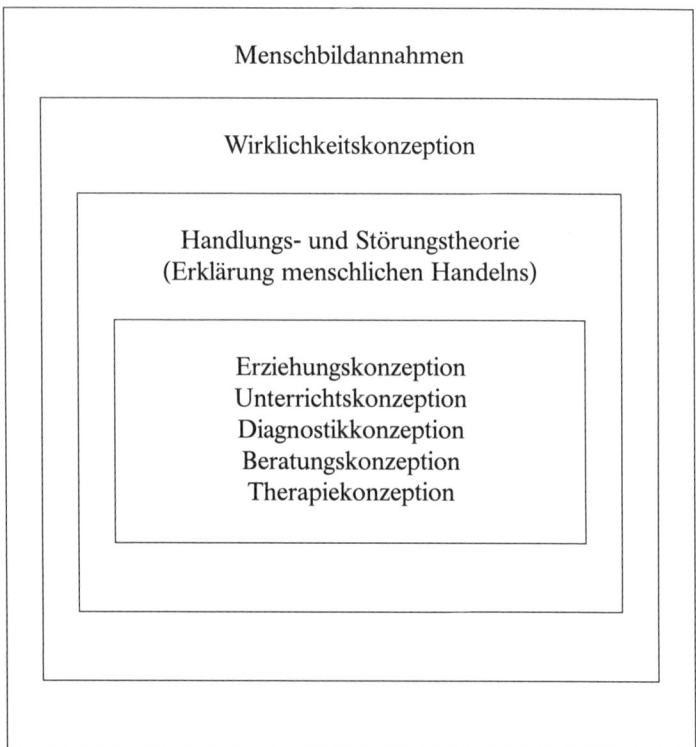

Abb. 1: Bezugsrahmen und Bestandteile des handlungstheoretischen Ansatzes

zeption von konkreten Handlungsbereichen, z.B. für Erziehung, Unterricht, Diagnostik, Beratung und Therapie.

Menschenbildannahmen und Handlungs- und Störungstheorien dienen als Orientierung für Entwicklung und Weiterbildung von Konzeptionen für die Alltagspraxis. Sie haben eine kreierende, eine regulative und eine korrektive Funktion. Diese grundlegenden Bezugsrahmen sollen nicht nur in sich, sondern auch zueinander stimmig sein, sodass sich eine Übereinstimmung (Kongruenz) und Widerspruchslosigkeit (Konsistenz) zu den Anwendungsbereichen (Erklärungs- und Umgangsweise) ergeben kann.

2.1 Menschenbildannahmen

Ob wir über Menschen forschen, ob wir sie diagnostizieren, unterrichten, erziehen, therapieren oder beraten, bei keiner dieser Tätigkeiten arbeiten wir ohne grundsätzliche Vorstellungen vom Menschen. Jedes Mal haben wir, zumindest implizit, Annahmen und Sichtweisen über die grundsätzlichen Fähigkeiten und das Funktionieren von Menschen. Der Zugang zum Gegenstand Mensch ist also nicht voraussetzungsfrei. Das Gegenstandsverständnis, m. a. W. die zu Grunde gelegte Menschenbildkonzeption, beeinflusst die Betrachtungs- und Umgangsweise auf vielfältige Art, z.B. wie der Berater das Gespräch strukturiert oder ob er bestimmte Beratungsbedingungen herstellt oder nicht. Personen, die eine Konzeption zur Erziehung, Unterricht, Diagnostik, Beratung oder Therapie erstellen, seien es Wissenschaftler oder Praktiker, sollten deshalb allen Anwendern, die mit dieser Konzeption arbeiten wollen, auch ihre zugrunde gelegten Menschenbildannahmen zugänglich machen. Das Gegenstandsverständnis, das jeweilige Menschenbild, gibt den Rahmen, in dem Konzeptionen formuliert werden (s. Abb. 1; Weiteres über die Konzeption von Menschenbildern s. HERZOG 1984; GROEBEN u.a. 1988; MUTZECK 1988; STANGL 1989).

Dieser handlungstheoretische Ansatz orientiert sich an einem humanistischen Menschenbild, welches seine Wurzeln in der „Psychologie des reflexiven Subjekts" (GROEBEN & SCHEELE 1977) und ferner in den Ansätzen der personenzentrierten, der systemischen und der kommunikationstheoretischen und der gestalttheoretischen Psychologie hat.

Der Mensch ist ein ganzheitliches Wesen, welches von seinen generellen Möglichkeiten her (potentiell) die Fähigkeiten des Denkens einschließlich des Entscheidens und Wollens, des Fühlens, des Sprechens und Handelns besitzt. Bezugssystem dieser potentiellen Fähigkeiten sind dessen Körperlichkeit und Spiritualität einerseits und die Umwelt, Sozialität und Historizität andererseits. Der Mensch kann zu sich selbst in Beziehung treten (Intra-Aktion) und zu seiner Umwelt, insbesondere zu seinen Mitmenschen (Inter-Aktion). Er ist ein potentiell aktives Wesen.

Zur Einordnung des Gegenstandsverständnisses:

Die im Folgenden explizierten Menschenbildannahmen sind die für diesen handlungstheoretischen Ansatz Wesentlichsten, geben aber noch kein vollständiges Bild des Menschen wieder, was auch nicht beabsichtigt ist. Es handelt sich um ein ideales Bild vom Menschen, welches als eine regulative Zielidee zu sehen ist. Diese dient zur Orientierung und zur Korrektur vor allem bei der Methodenkonzeption und -anwendung. Auch wenn die Grundannahmen menschlicher Fähigkeiten prinzipielle Möglichkeiten darstellen, so sind sie doch die Beschreibung von Faktischem. Es sind Fähigkeiten, die potentiell zum Selbst(-verständnis) des Menschen gehören und damit sowohl für den Lehrer wie auch für den Schüler konstitutiv manifestiert sind. Somit ist das Menschenbild, mehr als ein philosophisches Problem. Es entscheidet mit darüber, wie mit den an einer Diagnostik, Beratung, Unterricht, Erziehung oder Therapie teilnehmenden Personen umgegangen wird, d.h., welche Fähigkeiten ihnen zugestanden und welche genutzt und gefördert werden. Da gerade beim Menschen geistige und emotionale Fähigkeiten durch Wachstum und Reifung gekennzeichnet sind (MASLOW, ROGERS, TAUSCH), kommt es darauf an, Situationen zu schaffen, die ein Ausbilden und Weiterentwickeln seiner Fähigkeiten und Potentiale fördern.

Menschliche Fähigkeit: Reflexivität

Durch die Fähigkeit des Nachdenkens und Überlegens (Reflexivität) kann der Mensch sein Denken, seine Aufmerksamkeit und sein Bewusstsein von den Gegenständen, Situationen und Erfahrungen der Außenwelt abwenden und sich nach „innen", dem inneren Erleben zuwenden, sich auf Erfahrenes gedanklich zurückziehen und das Gedachte überdenken. Damit kann er nicht nur vergangene Erfahrungen verarbeiten, ihnen Sinn und Bedeutung beimessen. Der Mensch kann insbesondere auch zukunftsbezogen handeln; d.h. das menschliche Subjekt überlegt sich Ziele und Möglichkeiten zu deren Erreichung; es stellt Pläne auf. Es kann zu diesen Plänen und zu seinen Erfahrungen in Distanz treten, die Situation und die Bedingungen überdenken, neue Informationen einholen und einbeziehen und die Pläne und Bedingungen verändern. Somit ist der Mensch ein reflexives Subjekt, das Annahmen und Erklärungen bildet, überprüft und zur Handlungssteuerung anwendet. Die Möglichkeit zur Reflexivität setzt den Menschen dann in die Lage, auch die inneren Prozesse seines Handelns, die Ziele, Intentionen, Gründe etc. selbst zu interpretieren. Durch dieses Selbstbewusstsein und diese Selbstaufmerksamkeit kann das menschliche Subjekt sich selbst, seine inneren Erlebnisse und so auch sein Denken, Fühlen und Wollen zum Gegenstand seines Nachdenkens machen. Es kann Erfahrungen reflektieren und sie zur Bewältigung von Fragestellungen Problemen einsetzen. Mutzeck, W., Kinder in Not – Lehrer in Not, S. 18-27

Menschliche Fähigkeiten: Rationalität, Intentionalität, Sinnorientierung, Erkenntnisfähigkeit

Der Mensch als reflexives Subjekt verfügt über die Fähigkeit, rational zu handeln. Er ist in der Lage, sein Handeln unter Abwägung von Kosten und Nutzen, der Erwartungen künftiger Ereignisse usw. zu planen. Handeln ist somit begründbar, sinn orientiert und intentional. Ziele und deren Erreichung bzw. Unterlassung kommen absichtlich und vernunftorientiert zustande. Abwägen, Auswählen, Sich-Entscheiden und Begründen sind Teile dieses rationalen Prozesses. Diese überwiegend kognitiven Prozesse setzen Wissen, dessen Beschaffung und Aneignung voraus. Dieses Wissen ist aufgrund einer individuellen reflexiven Verarbeitung der Informationen ein subjektives Wissen.

Der Mensch versucht, seine durchdachte Welt- und Selbstsicht (subjektive Theorien) in der Realität anhand von Erfahrungen zu überprüfen und einzuordnen. Diese Fähigkeit zur Rationalität beinhaltet auch Intentionalität, die absichtlich aufmerksame Hinwendung zu einem Ziel oder zu einem Objekt. Das reflexive Subjekt Mensch handelt, da es sich intentional und rational verhält, aus seiner Sicht sinnvoll und vernünftig.

Die Potenz zur Rationalität hängt zusammen mit der Fähigkeit des Erkennens. Durch den Prozess des Erkennens, in den Wahrnehmung, Erinnern, Vorstellung, Denken, Zurückführen, Beurteilen einfließen, erwirbt das Individuum bewusste Kenntnis und Wissen von seiner Umwelt und von sich selbst und kann diese Erkenntnis in seine allgemeinen Lebenszusammenhänge einordnen und verändern. Der Mensch ist ein aktiv Erkennender und ein erkenntnisgeleitetes Subjekt (Epistemologe).

Auf einen besonderen Aspekt der Sinnorientierung soll noch eingegangen werden: der Wunsch und das Streben nach Bedürfnisbefriedigung. Diese Handlung besteht aus dem Erleben eines Mangels, der Absicht und dem Willen, diesen unangenehmen Zustand zu beseitigen bzw. einen gewünschten, angenehmen Zustand zu erreichen und aus der Umsetzung entsprechender Tätigkeiten (Verhaltensweisen). Dabei geht es nicht nur um physische Bedürfnisse, wie Hunger und Durst, sondern ebenso um psychische Bedürfnisse, wie Sicherheit und das Bedürfnis nach positiver (angenehmer) Erfahrung und Beachtung bzw. der Vermeidung von Unangenehmem. Die Bedürfnisbefriedigung ist meist der Zustand des subjektiven Wohlbefindens.

Menschliche Fähigkeit: Emotionalität

Der Einzigartigkeit des menschlichen Subjekts wird man aber nicht gerecht, wenn man dessen Handeln nur als eine Sache des Denkens sieht. Eine Konzentration allein auf die reflexive und rationale Potenz des Individuums stellt damit eine Reduktion des Menschen dar. Diese Kopflastigkeit, d.h. die Emotionalität des Menschen, nicht zu beachten bzw. zu vernachlässigen, bedeutet, ihn als Person nur teilweise ernst zu nehmen. „Mithin unterscheidet sich der Mensch also nicht nur durch das Vorhandensein von Sprache und Kognition von tierischen Spezies, sondern auch durch eine entsprechend stärker entwickelte Emotionalität" (SCHERER 1981, 312).

So kann weder ein behavioristisches noch ein rationalistisches Menschenbild menschliches Handeln adäquat beschreiben und erklären. Es hilft auch nicht weiter, wenn „viele Psychologen Emotion als bedauerliche Unvollkommenheit einer ansonsten perfekten kognitiven Maschine" (SCHERER 1981, 312) sehen. Das menschliche Subjekt ist ein vernunftbegabtes wie emotionales Wesen. Es gibt „keine emotionsfreie Informationsverarbeitung" (SEMBILL 1922).

Unter Emotionen sollen hier Bestimmungsmerkmale wie Gefühle, Selbstbetroffenheit, Erleben von Lust und Unlust, Stimmungen, Erlebnisse wie Freude, Ärger, Angst, Mitleid verstanden werden. Sie beeinflussen die kognitiven Prozesse der Reflexivität und Rationalität und manifestieren sich in Erwartungen, Überzeugungen, Wertungen, Beurteilungen etc. des Menschen.

So ist das Bild des Menschen als eines rein informationsverarbeitenden Problemlösers ein Artefakt (MAYRING 1980); „eine Analyse kognitiver Vorgänge ohne Berücksichtigung emotionaler Komponenten ist einfach wirklichkeitsfremd" (ULICH 1982, 75). Dieses bedeutet für ULICH (1982, 78), dass Emotionales nicht ignoriert bzw. nicht in „Kognitives" aufgelöst werden kann, ohne „dass Schaden für den gesamten Erkenntnisanspruch der Psychologie entsteht". Er kennzeichnet deshalb Emotionen als „subjektive Erfahrungstatsachen bzw. Bewusstseinsinhalte, die persönliche Betroffenheit und Engagement in unseren Beziehungen zur Welt ausdrücken" (80). Es wären Bewusstseinsinhalte zu ergänzen, die auf den Menschen selbst bezogen sind.

Emotionale wie kognitive (reflexive und rationale) Prozesse durchbrechen den Reiz-Reaktions-Mechanismus. Erst die Entkopplung ermöglicht menschliches Handeln (vgl. SCHERER 1981). Was nun vorausgeht, die Kognition den Emotionen oder umgekehrt, oder ob überhaupt eines dem anderen vorausgeht, ist theoretisch sehr interessant, aber noch ohne ausreichende Antwort (GROEBEN & SCHEELE 1983). Es ist aber davon auszugehen, dass beide aufeinander bezogen sind (SCHERER 1981; LAUCKEN 1983; DÖRNER 1985). Emotionen sind daher im Gesamt der mentalen Prozesse, vom Menschen „als Ganzes", als Einheit zu rekonstruieren (ULICH 1982; DÖRNER 1985).

Menschliche Fähigkeiten: Verbalisierungs- und Kommunikationskompetenz

Der Mensch kann sprechen (verbalisieren): d.h., er vermag gleich bleibende Zeichen (Lautketten) zur Verständigung einzusetzen und kann damit seine Gedanken, seine Gefühle und seinen Willen zum Ausdruck und zur Darstellung bringen. Als sprachbegabtes Wesen kann er mit Anderen in Kommunikation treten und sich über das Verstehen seiner sprachlich geäußerten Selbst- und Weltsicht verständigen (ASCHENBACH 1984). Sprache ist ein soziales Mittel der Verständigung. Der Ausdruck, die Darstellung bzw. die Rekonstruktion von internalen mentalen Prozessen (Informationen,

Gedanken, Gefühlen, Absichten etc.) vollzieht sich in Worten (Begriffen), Sätzen und Satzsystemen. Diese Verbalisierung geschieht meist in spontan-natürlichen Sprachäußerungen (z.B. wissenschaftliches Sprachspiel). Beides bezieht sich aber sowohl auf Äußeres, Beobachtbares (Verhalten, Gegenstände etc.) als auch auf Inneres, verbal Rekonstruierbares (Gedanken, Gefühle). Wird ein Sprachspiel einer Person in das einer anderen überführt, so können wir das als einen transformativen Verstehensprozess bezeichnen. Dieses aber bedarf einer Absicherung, einer Vergewisserung des Richtig-Verstehens des verbalisierenden Subjekts. Nur das erkennende reflexive Subjekt selbst ist in der Lage, über die nur ihm (direkt) zugänglichen mentalen und emotionalen Prozesse Auskunft (Selbstaussagen) zu geben (GRAUMANN 1984). Wenn nicht nur äußerlich beobachtbares Verhalten erfasst werden soll, sondern sinnhaftes, intentionales Verhalten, also das Handeln des menschlichen Subjekts, ist es den Fähigkeiten des Menschen unangemessen, ihn als Stimulus-Response-Gegenstand, als datenabrufbares Objekt zu behandeln. Das reflexive Subjekt Mensch kann die Inhalte seiner mentalen Prozesse, wie Ziele, Abwägungen Entscheidungen, Stimmungen etc. verbalisieren; insbesondere dann, wenn es in einer für es sinnhaften, vertrauensvollen Weise dazu Gelegenheit bekommt. Also fragen wir sie doch, die erkennenden, reflexiven und verbalisierungsfähigen Subjekte, und geben ihnen ausreichende Möglichkeit, ihre internalen mentalen Prozesse in ihrer Sprache selbst zu artikulieren und zu interpretieren (vgl. HARRE & SECORD 1972; SCHLEE 1977; GRAUMANN 1984, 1991).

Menschliche Fähigkeit: Handlungsfähigkeit

Der Mensch verhält sich nicht nur im Sinne eines Reagierens auf die Umweltreize, sondern er verhält sich zu seiner Umwelt und zu sich selbst; und dieses Verhalten ist dabei meist auf einen Sinn, auf ein Ziel hin orientiert: er handelt also. Die potentielle Handlungsfähigkeit des menschlichen Subjekts impliziert die Rationalität, die Reflexivität, die Emotionalität einerseits sowie das produktiv realisierende Tätigsein andererseits. So ist der Mensch potentiell als ein aktiv gestaltendes, sich selbst steuerndes und kontrollierendes, sinnsuchendes und -schaffendes Wesen zu sehen und von seinen

Möglichkeiten her nicht als ein Objekt, welches durch Triebe oder durch Umweltreize nur reagieren kann. Auch wenn sich ein Individuum wie eine Schachfigur geschoben oder wie eine Marionette gegängelt fühlt, potentiell ist es in der Lage, selbst bestimmt zu handeln (vgl. GROEBEN u.a. 1988).

Diese aktive Konstruktivität beinhaltet auch die prinzipiell mögliche bzw. erreichbare Fähigkeit, Intentionen, Anliegen und Wünsche in konkretes Handeln umzusetzen. Diese Fähigkeit soll als Wollen (Volition) bezeichnet werden (GOLLWITZER u.a. 1987). Die externen und internen Bedingungen der Realisierung bzw. Nichtrealisierung einer Handlungsabsicht sind, soweit dem Individuum bewusst, rekonstruierbar und damit verbalisierbar.

Menschliche Fähigkeit: Autonomie

Der Mensch als reflexives Subjekt ist in seiner Entscheidung für bzw. gegen eine zielgerichtete Planung und eine produktiv realisierende Tätigkeit (aktive Konstruktivität) potentiell autonom. Er kann von seinen prinzipiellen Möglichkeiten her seine Entscheidungen selbständig, ohne andere Personen, aus eigener Vernunft und Kraft treffen. Bevormundung und die Einschränkung seiner Entscheidungsfreiheit stellen eine Leugnung bzw. Reduzierung seiner möglichen Fähigkeiten dar und rufen Misstrauen und Täuschungen auf der Seite der Betroffenen hervor. Durch Gewährung und Schaffung von Situationen, in der eine nicht-bevormundende soziale Beziehung, z.B. durch Vertrauen und ein Sich-in-seinen-Fähigkeiten-ernst-genommen-Fühlen ermöglicht wird, ist ein kommunikatives autonomes Handeln eines reflexiven Subjekts möglich. Gemeinsame (gleichberechtigte) Vereinbarungen über das Umgehen miteinander schränken die Autonomie der beteiligten Subjekte (prinzipiell) nicht ein, sondern sind eher als förderlich zu sehen. Prozesse wie Erkennen, Mitteilen, Erklären, Zuhören, Interpretieren und Verstehen, die die Selbst- und Weltsicht eines Menschen implizieren, können erst durch die Anerkennung der potentiellen Autonomie des Menschen angemessen zum Tragen und Nutzen kommen.

Damit kein falscher Eindruck entsteht, sei noch einmal betont, dass die beschriebenen Fähigkeiten des Menschen potentielle

...eiten darstellen. Kein Mensch handelt immer bewusst und ...tiv vernünftig.

Auch wenn die wesentlichen Fähigkeiten des Menschen als Einzelne, hervorgehoben wurden, so bilden sie doch eine Einheit, ein Ganzheit, Weiterführungen zu den Menschenbildannahmen (vgl. MUTZECK 1988).

Salzmann

2.2 Wirklichkeitskonzeption   *Konstruktivismus*

Es wurde immer von der Welt- und Selbstsicht, den Gedanken und Empfindungen des Menschen gesprochen. Wie kommt aber das Subjekt zu seiner Welt- und Selbstsicht? Was für eine Wirklichkeit wird damit abgebildet? Jedes Individuum hat Zugang zur Welt und zu sich selbst allein durch seine Sinne und deren Qualität. Diese wiederum hängen zusammen mit den biochemischen und physikalischen Prozessen, insbesondere denen in den Nervenzellen des Individuums. Das letzte Produkt dieses Prozesses, die Welt- und Selbstsicht, ist ein Abbild der subjektiv wahrgenommenen und verarbeiteten Realität. Diese Wirklichkeit ist eine jeweils subjektiv konstruierte Realität. Jede Abbildung von Wirklichkeit ist die Konstruktion dessen, der diese Wirklichkeit erlebt. Es ist die Realität, die jeweils in unseren Köpfen besteht und sich ständig bildet. Ein Individuum kann nicht eine von ihm unabhängige, d.h. objektive, Wirklichkeit bilden, es ist eine ganz bestimmte Realität, seine individuelle Welt- und Selbstsicht.

Der Verhaltenstheoretiker unterliegt einer Illusion, wenn er meint, die Wirklichkeit objektiv (i.S. von unabhängig von sich selbst) erfassen zu können. VON FOERSTER (zit. nach ROTTHAUS 1987, 21) bringt die grundlegende Argumentation dieses konstruktivistischen Denkmodells auf den Punkt, wenn er sagt: „Objektivität ist die Wahnvorstellung eines Subjekts, dass es beobachten könnte ohne sich selbst!" Auch „... die Naturwissenschaft beschreibt und erklärt die Natur nicht einfach so, wie sie „an sich" ist. Sie ist vielmehr Teil des Wechselspiels zwischen der Natur und uns selbst. Sie beschreibt die Natur, die unserer Fragestellung und unseren Methoden ausgesetzt ist" (HEISENBERG, 1958, 1984, 66).

Menschen handeln also nicht aufgrund der Informationen, die

ihnen die soziale und situative Umwelt gibt, sondern aufgrund der internen Bilder, die sie sich von der Welt und sich selbst machen. Der Handelnde ist also der empirische Ort der Konstruktion von Wirklichkeit als auch von Sinnhaftigkeit seiner (subjektiv-individuellen) Handlungen. „Was wir erleben und erfahren, erkennen und wissen, ist notwendigerweise aus unseren eigenen Bausteinen gebaut und lässt sich auch nur aufgrund unserer Bauart erklären" (von GLASERSFELD 1981, 35).

Aus dem bisher Dargestellten ist es nur folgerichtig zu postulieren, dass in unserer Welt- und Selbstsicht das Gesehene, Gehörte, Gespürte etc. nicht als solches besteht (Inhaltsaspekte), sondern ihm durch die Verarbeitung des Wahrgenommenen ein Sinn, eine Bedeutung, ein Wert zugeschrieben werden (Beziehungsaspekt). Aufgrund dieser uns eigenen Sichtweise (Konstruktion) von Wirklichkeit treffen wir Entscheidungen und kommen zu Handlungen (vgl. WATZLAWICK 1988). Dieses häufig handlungsleitende Selbst- und Weltbild entsteht nicht nur aufgrund eines aktuellen, beschreibbaren Ereignisses, sondern im Gesamtkontext von Aktualität, Sozialität und Historizität des Individuums. Die Innensicht stellt keine lineare Informationssammlung dar, sondern sie ist ein vernetzter Informationsprozess. Sie befinden sich in Entwicklung und Weiterentwicklung, was nicht bedeutet, dass nicht auch Altes Bestand hat. Durch mündliche oder schriftliche Versprachlichung kann ein reflexives autonomes Subjekt seine Welt- und Selbstsicht direkt abbilden und rekonstruieren. Jedes Gesagte ist aber von jemandem gesagt, jede Handlung von jemandem gehandelt und damit von subjekthafter Bedeutung (vgl. STANGL 1989).

Mit diesem Kernsatz des konstruktivistischen Denkmodells wird in dem dargelegten Menschenbild ein wesentlicher Akzent gesetzt, der über die potentiellen Fähigkeitspostulate hinausgeht. Dabei ist anzumerken, dass der personenzentrierte Ansatz dieser Sichtweise recht nahe steht, wenn es heißt: „Jedoch ist die wahrgenommene Realität die für das Individuum eigentliche, die sein Verhalten beeinflusst" (ROGERS 1959, 1987, 48). Und WEINBERGER (1988, 90) sagt es noch deutlicher: „Nach ROGERS gibt es demz[ufolge keine] objektive Realität, sondern immer nur eine – gemäß d[er individu]ellen selektiven Wahrnehmung – subjektive Wirklichke[it, durch die] das Selbstkonzept einer Person strukturiert wird."

2.3 Konzeption eines Handlungsmodells

Der dritte, nachgeordnete Rahmen des handlungstheoretischen Ansatzes (s. Abb. 1) ist eine Handlungs- und Störungstheorie auf der Grundlage der explizierten Menschenbildannahmen und Wirklichkeitskonzeption. Der Mensch ist ein überwiegend handelndes Wesen. Handlung ist durch folgende Merkmale gekennzeichnet:

- Handlung geht über den Begriff Verhalten hinaus, da sie die mentalen Prozesse einbezieht und sie in Verbindung zur Umwelt in Aktualität, Sozialität und Historizität setzt.
- Für die Erklärung von Handlung sind die internen mentalen Prozesse, die Welt- und Selbstsicht einer Person in Beziehung zum Verhalten und zur Umwelt Ausschlag gebend.
- Handlung zeichnet sich dadurch aus, dass sie
  - bewusst,
  - zielgerichtet,
  - geplant bzw. planvoll,
  - absichtlich (willentlich),
  - interaktiv (Mensch-Umwelt-bezogen),
  - Normen- und Wert-orientiert,
  - aus mehreren Möglichkeiten gewählt, abgewogen und entschieden,
  - und damit subjektiv sinnvoll und mit Bedeutung versehen ist, und
  - dass der Handelnde (unter diesen Prämissen) mit den ihm als geeignet und sinnvoll erscheinenden Mitteln versucht, etwas zu verändern, zu erhalten oder eine Veränderung zu verhindern bzw. sie absichtlich zu unterlassen.

So gesehen ist davon auszugehen, dass das Verhalten von Menschen zu einem wesentlichen Teil auf Zielorientierung, Planung, Entscheidung und Sinnhaftigkeit beruht und damit eine Handlung darstellt. Die Zielorientiertheit und Sinnhaftigkeit von Handlungen kann ein Außenstehender, ein Beobachter aber nur erschließen, d.h. er interpretiert Beobachtetes. Der Handelnde selbst jedoch kann, soweit er sich der Inhalte seiner mentalen Prozesse bewusst ist, Auskunft über sie geben. Indem er sein Handeln in Verbindung setzt zu seinen Zielen, Plänen und Entscheidungen, interpretiert auch er, da er die Wirklichkeit nur so darstellen (konstruieren) kann, wie er sie sieht und erlebt.

Eine Interpretation geschieht also sowohl vom Außenstehenden, vom Beobachter als auch vom Handelnden selbst. Der entscheidende Unterschied ist aber: „Die Interpretation des Beobachters (hinsichtlich der Intentionen, Handlungsgründe etc.) kann nie unmittelbar in Richtung auf eine Handlungsentscheidung, -ausführung etc. wirksam werden; die Selbstinterpretation des Handelnden jedoch muss nicht, aber kann operativ wirksam werden." (SCHEELE & GROEBEN 1986, 5; s. LENK 1978)

Die Handlung einer Person ist als ein kontextgebundenes Geschehenssystem zu sehen, wobei die jeweilige Person mehreren Systemen gleichzeitig angehört. Ein Schüler z.B. lebt in den Systemen Familie, Schule, Freundeskreis, Sportverein etc. Seine jeweiligen Handlungen sind an den jeweiligen Kontext gebunden, beziehen aber entsprechend seiner Wahrnehmung und Informationsverarbeitung andere Systeme mit ein. Ein Handlungsmodell auf der Grundlage des Menschen als reflexives Subjekt in seinen systemischen Bezügen stellt somit keine gradlinige Ursache-Wirkung-Beziehung dar, sondern eher einen zirkulären Rückkopplungsprozess. Handlung ist ein wechselseitiges inter- und interaktives Geschehen (s. Abb. 5).

Nicht der Kontext an sich bestimmt die Handlung einer Person, sondern deren individuelle mentale Prozesse der Wahrnehmung, der Informationsverarbeitung, der Handlungsplanung und deren Einflussfaktoren in Bezug zum Kontext. Ein Individuum nimmt aus einem Kontext bestimmte Informationen wahr, andere nicht (Wahrnehmungsprozess). Die wahrgenommenen Informationen verarbeitet es, indem es Bedeutungszuschreibungen bewegt und Schlussfolgerungen und Interpretationen vornimmt (Informationsverarbeitung). Dabei kann es auch zu erschlossenen Informationen kommen, die nur zu einem kleinen Teil auf beobachteten Informationen beruhen (z.B. aufgrund nonverbaler Körpersprache oder Kleidung). Diese Prozesse werden von unterschiedlichen Faktoren beeinflusst, *genährt*. Diese Faktoren wiederum beruhen auf den Informationen der dargestellten Prozesse. Die inter- und intraaktiven Wahrnehmungs- und Informationsverarbeitungsprozesse führen dann zur subjektiv konstruierten Wirklichkeit, auf deren Grundlage eine Handlungsplanung und die Ausführung einer Handlung bzw. deren Unterlassung, Aufschiebung, Unterbrechung vorgenommen werden. Wird eine Handlung an einem anderen Ort geplant als am Handlungsausführungsort, kann es nach der Planung noch zu Veränderungen, Anpassungen und neuen Entscheidungen kommen, entsprechend den erneuten Bewertungen der Handlungssituation, z. B. den veränderten antizipierten Handlungsfolgen (s. MUTZECK 1988). Insbesondere können plötzliche starke Emotionen eine Handlungskonzeption völlig verändern (s. MUTZECK 1988; DANN 1989).

Aus Sicht der Handlungstheorie ist bei den meisten normalen wie *abweichenden* Verhaltensweisen davon auszugehen, dass die Person, die eine Handlung ausführt, sich etwas dabei gedacht hat oder sogar ganz gezielt und planvoll vorgeht. Ein von Gedanken und Empfindungen ausgehendes Verhalten wird als Handeln bezeichnet. Für das Zustandekommen einer Handlung ist zwar die soziale und gegenständliche Umwelt von Bedeutung. Letztlich entscheidend ist jedoch das, was die betreffende Person von der Umwelt und bei sich selbst wahrnimmt und wie sie das Wahrgenommene verarbeitet. M. a. W., das Handeln eines Menschen hängt von den Bildern ab, die er sich von seiner Umwelt und von sich selbst macht, also von seinen subjektiven Situationsinterpretationen, von seinen Vorstellungen, Motiven, Erwartungen, Abwägungsprozessen, Zielen und Entscheidungen. Der Einfluss von Umwelt, Kultur und Gesellschaft auf das Handeln wird damit von einer anderen Perspektive gesehen, nämlich von der Selbst- und Weltsicht des Individuums. *Verhaltensstörungen* sollten auch aus der Innensichtperspektive der Interaktionspartner betrachtet werden, d. h. aus der Sicht dessen, der eine Handlung als abweichend und störend erlebt, und aus der Sicht der Person, die diese Handlung überlegt und ausgeführt hat. Dabei ist zu fragen, welches Bild der jeweilige Interaktionspartner von seinem eigenen Handeln, vom Handeln des Anderen, von den situativen Bedingungen und von der Entstehungsgeschichte der Abweichung hat. Insbesondere geht es um die Normen, Regeln und Ziele, die die Interaktionspartner bei der Beurteilung und Planung einer Handlung anlegen. Dazu gehören Aspekte wie emotionale Befindlichkeit, Handlungs- oder Leidensdruck, die Funktionszuschreibung einer Handlung, Sicherung oder

Gefährdung des Ansehens, Anstrengungs- und Toleranzbereitschaft und die erwarteten Handlungsfolgen. Diese Aspekte können sich ebenfalls auf die Handlungssteuerung auswirken. Eine Handlung ist somit nicht an sich abweichend und störend, sondern sie wird vor dem Hintergrund einer Bezugsinstanz, der individuellen oder kollektiven Sichtweise als abweichend und störend definiert.

Um einem Missverständnis vorzubeugen, sei auch an dieser Stelle betont, dass der Mensch sich nicht nur bewusst, überlegt und sinnorientiert verhält, d.h. nur handelt. Viele seiner Verhaltensweisen geschehen unreflektiert (nicht bewusst, antriebs-unmittelbar, organismisch ausgelöst). Dieses Gewohnheits-, Spontan-, Zwangs-, Affektverhalten etc. kann man aufteilen in:
- Reflexe: als angeborene oder erworbene Reiz-Reaktionsverbindungen.
- Automatismus und Routine: als erlernte, aber unreflektiert automatisch ablaufende Reaktionen und Verhaltensweisen. Routinen sind meist aus einst reflektiertem Verhalten (Handlung) entstanden und haben sich dann zu weniger bewussten Prozessen (rück)entwickelt.

Bei vielen dieser unreflektierten Verhaltensweisen ist es oft nicht eindeutig und zum Teil strittig, ob sie dem einen oder anderen Phänomen zuzuordnen sind. Auch ist der Übergang zur Handlung mindestens im Alltagsleben eher fließend; m. a. W. reflektiertes Verhalten (Handlung) versus unreflektiertes Verhalten (Reflex, Automatismen, Routinen) sind die beiden Endprodukte eines Kontinuums. Handlung in ihrer dargestellten Explikation und Konzeptualisierung ist als ein Interpretationskonstrukt auf der Basis eines unreduzierten Menschenbildes, als eine „Fokussierung des Menschenmöglichen" (SCHEELE 1984, 123) zu sehen.

3. Konsequenzen für Konzeptionen zur Erziehung, Unterrichtung, Diagnostik, Beratung und Therapie

Die Konsequenzen aus den oben dargelegten Rahmen-(Meta-)theorien für Konzeptionen zur Erklärung, Planung und Handlung pädagogischer Situationen, sind vielfältig. Einzelne Folgerungen ergeben sich direkt aus dem Gesagten, einige Aspekte, die grundlegend für alle weiteren Ausführungen sind, sollen im Folgenden gesondert ausgeführt werden.

(1) Diagnostische Vorgehensweisen und Maßnahmen zur Modifikation und zur Prävention von Verhaltensstörungen sollten die handlungsleitenden subjektiven Sichtweisen (Subjektiven Theorien) ebenso einbeziehen wie wissenschaftliche Erkenntnisse über den gesellschaftlichen, geschichtlichen, systematischen und ökologischen Kontext und Wirkungszusammenhang, in dem das Handeln von Individuen und Gruppen steht.

(2) Eine als abweichend und störend erlebte Handlung ist aus unterschiedlichen Perspektiven zu betrachten:
1. Aus der Sicht dessen, der eine *abweichende* Handlung zeigt,
2. aus der Sicht des Interaktionspartners dieser Handlung und
3. aus der Sich der Person, die diese Handlung als abweichend und störend beurteilt
(Person und 3 können identisch sein).

Dabei ist die jeweilige Sicht und Bewertung sowohl von den Verhaltensweisen als auch von dem sozialen und situativen Kontext und ggf. der interagierenden Bezugssysteme zu erheben.

(3) Die aufgezeigten Menschenbildannahmen gelten prinzipiell für alle Menschen. So ist der „Störende", zumindest von der Struktur der potentiellen Fähigkeiten eines reflexiven Subjekts her, als ebenso kognitions-, emotions-, handlungsfähig etc. anzusehen wie der „nicht Auffällige". Es gibt in diesem Menschenbild- und Handlungsmodell keine *Us-und-Them*-Modelle (HERZOG 1984), d.h., es gibt keinen strukturellen Widerspruch zwischen den potentiellen Fähigkeiten von *uns*, den Beratern, Lehrern, Therapeuten etc. und *denen*, die auffällig abweichend handeln. Die prinzipielle *Strukturparallelität* von Fähigkeiten ist der eine Teil des potentiell symmetrischen Verhältnisses von Schülern mit Verhaltensstörungen und Lehrer, mit seinen Aufgaben des Erziehens, Unterrichtens, Diagnostizierens etc.

Der andere Aspekt der Symmetrie ist das *beidseitige Expertentum*. Der Lehrer ist Fachmann für Unterricht, Beratung etc., der Schüler ist Experte für sein Handeln und Erleben. Nur er kennt Einzelheiten und Zusammenhänge seines Alltags so genau, nur er kennt die Konstruktionen seiner Wirklichkeit. Auch hier bedarf das prinzipiell mögliche symmetrische Verhältnis der gegenseitigen Akzeptanz des zwar andersartigen aber gleichwertigen und gleich wichtigen Expertenwissens. Der Schüler wird als *gleichwertiges Subjekt* gesehen und in dieser Weise *mit* ihm und nicht an ihm gearbeitet. Ein solches Subjekt-Objekt-Verhältnis ist eine notwendige Voraussetzung für eine symmetrische, horizontale Beziehung.

Es ist hoffentlich deutlich geworden, dass es hier nicht um eine Gleichmacherei von Individuen oder eine Verflachung von Kompetenzen geht, sondern um das Ausnutzen und Optimieren von potentiellen menschlichen Bedingungen für eine tragfähige Beziehung. In einer asymmetrischen Relation ist nur der Lehrer der Informierte und arbeitet als aktiv gestaltendes und reflexives Erkenntnissubjekt; dem Schüler aber werden diese Fähigkeiten abgesprochen oder nur bedingt zugestanden und er wird als nur reagierendes, datenspendendes und Anweisungen oder Ratschläge entgegennehmendes Objekt behandelt.

Bei einer nicht gegenstandsangemessenen, die menschlichen Fähigkeiten nicht wertschätzenden Zugangs- und Kommunikationsweise werden erhebliche Potentiale und Ressourcen außer Acht gelassen.

(4) Die Umsetzung handlungstheoretischer Sichtweisen in konkretes Handeln, wird einem Lehrer aber nur gelingen, wenn er ein prinzipielles Vertrauen in den Schüler, in seine Fähigkeiten, Potentiale und Ressourcen hat. Er muss durch sein Handeln deutlich machen, wie eine vertrauensvolle Kommunikation und Wertschätzung aussehen kann. Obwohl das Schaffen von Vertrauen ein aktiver, gegenseitiger Prozess des Gebens und Nehmens ist, hat der Lehrer mit gutem Beispiel voranzugehen. „Die Wahrscheinlichkeit, dass, wenn ich jemandem Vertrauen entgegenbringe, er sich auch für eine verantwortungsvolle Haltung entscheidet, ist größer, als wenn ich ihm mit Misstrauen begegne." (KEBECK 1982, 97) „Vertrauensvolle Menschen wecken Vertrauen bei anderen, gehen positiv an Probleme heran und werden als verlässliche Partner geschätzt. Sie halten es für besser, ab und zu betrogen zu werden, als gar nicht erst zu vertrauen." (ROTTER 1981, 23)

Drei Aspekte sind beim Aufbau von Vertrauen zu beachten:
- Herstellen einer vertrauensfördernden Kommunikation,
- Vorbeugen und Abbau von vertrauenshemmenden Bedingungen,
- Sichern einer vertrauensvollen Beziehung,
- Feststellen und Einsatz vorhandener Kompetenzen (Stärken, Interessen, Ressourcen etc.).

Als Grundhaltungen sollten dabei Akzeptanz, Empathie und Echtheit (vgl. ROGERS 1983; TAUSCH & TAUSCH 1990) praktiziert werden, ebenso wie ein angenehmes Nähe-Distanz-Verhältnis.

4. Konzeptionen der Anwendung des handlungstheoretischen Ansatzes

Auf der Grundlage des handlungstheoretischen Ansatzes mit seinen Elementen „Menschenbildannahmen", „Wirklichkeitskonzeption" und „Handlungs- und Störungstheorie" können nun Konzeptionen, d.h. Grund- und Leitvorstellungen für konkrete Arbeitsbereiche entwickelt werden. So z.B. für die Bereiche Erziehung, Unterricht, Diagnostik, Beratung, Therapie und Forschung (s. Abb. 1). Die Erstellung einer solchen Konzeption ist sehr komplex und umfangreich. Sie kann trotz gleicher Ausgangsbasis, des o.g. handlungstheoretischen Ansatzes, unterschiedlich sein. Das ist vom „Konstrukteur" (Autor) und von dem konkreten Anwendungsbereich abhängig. In den Bereichen Forschung (GROEBEN u.a. 1988; MUTZECK 1988), Beratung (MUTZECK 1992, 1996; SCHLEE 1996), Diagnostik (MUTZECK 1998), Förderplanung (MUTZECK 2000) und Supervision (MUTZECK 1996) liegen bereits veröffentlichte Konzeptionen vor.

Es ist jedoch nicht notwendig, unbedingt auf vorhandene Konzeptionen zurückzugreifen um auf handlungstheoretischer Basis arbeiten zu können. Wer die Idee dieses Ansatzes verstanden hat und die Grundgedanken bejaht, d.h. sie für seine Arbeit für sinnvoll und nützlich hält, kann ohne weiteres Literaturstudium diese Sichtweisen in seinen Wissens- und Handlungskompetenzen implementieren und wirksam werden lassen.

Einige Beispiele handlungstheoretisch orientierten Vorgehens sollen anhand der Fallbeschreibung Klaus aufgezeigt werden.

Auch wenn bei diesem Fall schon einige Interventionen erfolgt sind bzw. eingeleitet wurden, sollen einige der möglichen handlungstheoretischen Vorgehensweisen am Beispiel Diagnostik und Beratung skizziert werden. Aufgrund der vorliegenden, geringen Informationen und der Tatsache, dass der Autor den Jungen nicht diagnostizieren konnte, können konkrete Hinweise, sofern diese überhaupt möglich sind, nur als Vermutungen und Denkrichtungen gesehen werden. Ein Förderplan mit konkreten Hinweisen für Erziehung, Unterricht und ggf. Therapie, kann allerdings nur nach einer ausführlichen Förderdiagnostik und Beratung erstellt werden.

Interventionen bei Kindern und Jugendlichen sollten in ihrer Gesamtheit gesehen werden, d.h. von der Diagnostik bis hin zur Überprüfung und Bewertung (Evaluation) der förderpädagogischen Maßnahmen.

Auch wenn nicht immer alle Schritte im konkreten Fall durchgeführt werden, so ist jedoch ein Wissen um Zusammenhänge und das Beherrschen von Kompetenzen in allen Bereichen erforderlich.

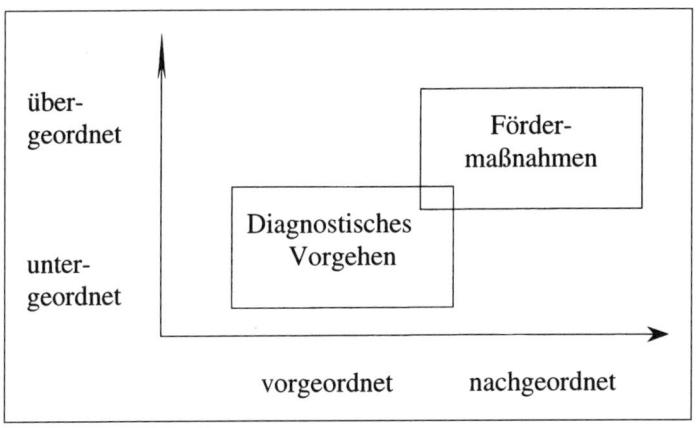

Abb. 2: Stellung von Diagnose und Förderung innerhalb der Förderdiagnostik

Die Diagnose darf allerdings nicht zum Selbstzweck erfolgen, als Alibifunktion oder gar als Schuldzuweisung. Sie muss der möglichst optimalen Planung und Durchführung von Fördermaßnahmen, der pädagogischen und pädagogisch-therapeutischen Interventionen, dienen.

Aus handlungstheoretischer Sicht ist es wichtig, dass nicht nur das äußere, beobachtbare Verhalten (Außensicht) Gegenstand der diagnostisch und modifikatorischen Vorgehensweise ist (s. Abb. 3), sondern insbesondere die *Innensicht*, die Gedanken, Empfindungen, Vorstellungen, Bewertungen etc., die Wahrnehmung und Informationsverarbeitung (s. Kap. 2), also die potentiell handlungsleitenden Aspekte erhoben werden. Die Methoden und Umgangsweisen sind darauf abzustimmen.

Ebenso ist es notwendig, ein abweichendes (störendes oder gestörtes) Verhalten aus unterschiedlichen Perspektiven zu erfassen. Die unterschiedlichen Konstruktionen von Wirklichkeit (s. Kap. 2.2) geben psychologische, subjektiv sinnvolle Erklärungen. Nicht immer wird es möglich und nötig sein, alle Sichtweisen (Innen- und Außensicht) zu erkunden. Es sollten jedoch möglichst viele der beteiligten Personen und möglichst ein Außenstehender „neutraler" Beobachter sein (z.B. der Sonderpädagoge als Ambulanzlehrer) Infrage kommen im Allgemeinen folgende Personen (s. Abb. 3):

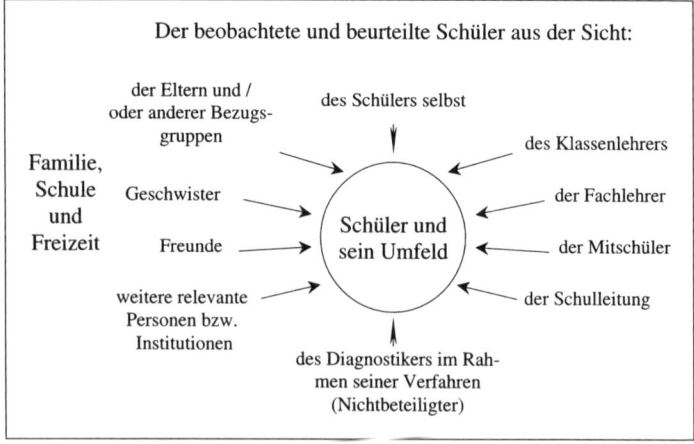

Abb. 3: Unterschiedliche Betrachtungsweisen des gleichen / selben Untersuchungsgegenstandes

Die grundlegende Richtung der Erkundung (Beobachtung, Befragung etc.) könnte z. B. so aussehen (Abb. 4):

Situation: ←── **Sicht des Schülers:**

- das Verhalten selbst (Wer hat was gemacht?)
- der situative und soziale Kontext
- örtliche, zeitliche, sächliche Bedingungen
- Aktionen und Reaktionen der beteiligten Personen und Instanzen sozialer Kontrolle

- Was nimmt er wahr? (von seinem Verhalten, dem Verhalten anderer, dem Kontext)
- Wie erlebt und bewertet er dieses?
- Welche Schlussfolgerungen zieht er?
- Welche Motive, Begründungen legt er seinem Verhalten zu Grunde?

←── **Sicht des Lehrers:**

- Was nimmt er wahr? (von seinem Verhalten, dem Verhalten anderer, dem Kontext)
- Wie erlebt und bewertet er das Wahrgenommene?
- Welche Schlussfolgerungen zieht er?
- Welche Motive, Begründungen legt er seinem Verhalten zu Grunde?

Sicht des Beobachters:

- Welche Verhaltensweisen, welchen situativen und sozialen Kontext nimmt er wahr?
- Wie erlebt und bewertet er das Wahrgenommene?
- Welche Schlussfolgerungen zieht er?

Situationsübergreifende Aspekte:
- Bezugssysteme des „Schülers" (Lebensverhältnisse, Freundeskreis, Medienkonsum etc.)
- Biographische Aspekte
- Personunabhängige Aspekte: Sozialität und Historizität des Geschehens, kulturelle Aspekte

Abb. 4: Aspekte zur Diagnose und Analyse von Handlungen

5. Hinweise zur Diagnose, Beratung und Intervention zum „Fall" Klaus

Vorbemerkung: Es wird davon ausgegangen, dass ein Sonderschullehrer den „Fall" übertragen bekommen hat. Dieser besitzt eine grundlegende Ausbildung auch in den Bereichen Diagnostik, Beratung und pädagogisch-therapeutische Maßnahmen. Er ist bereit, sich fortlaufend fortzubilden, so z.B. in dem handlungstheoretischen Ansatz.

Diagnosephase:

Nach dem Lesen der Fallbeschreibung des Regelschullehrers (wie z.B. der vorliegenden), einem ersten Gespräch mit ihm oder einer Beobachtung im Unterricht hat der Sonderschullehrer einen ersten Eindruck. Es haben sich Vermutungen (Hypothesen) und Fragestellungen gebildet, z.B.:

(1.) Bereich: *Schule*

– Welche konkreten Verhaltensweisen zeigt Klaus insb. in Bezug auf das Nachlassen seiner schulischen Leistungen, seinem aggressiven Verhalten und seiner zunehmenden Isolierung? In welchen Situationen, zu welchen Zeitpunkten, bei welchen Personen und Anlässen treten diese Verhaltensweisen auf? (Außensicht)
– Was geht in Klaus vor während und nach dem Auftreten dieser Verhaltensweisen? Was denkt und fühlt er? Wie sieht er sein Leben in der Vergangenheit, in der Gegenwart und in der Zukunft in Bezug auf bestimmte Aspekte? (Innensicht)
– Es gilt ferner zu überprüfen, in welchem Ausmaß und in welcher Weise Klaus überfordert ist, ob er zu wenig angemessene Förderung erhält, zuviel bzw. falsche Beachtung bei negativ auffälligem Verhalten und zu wenig individuelle und wertschätzende Rückmeldung und andere Formen der Zuwendung bekommt. (Außen- und Innensicht)
– Die Verhaltensauffälligkeiten von Klaus sind ein Signal für etwas. Was will er wem damit sagen? (Innensicht)

(2.) Bereich: *Familie*

- Wie äußert sich die erzieherische Überforderung der Mutter gegenüber Klaus; in welchen Situationen, unter welchen Bedingungen, zu welchen Zeiten etc.?
(Außensicht) Was geht dann in der Mutter vor? Wie häufig und in welcher Form erhält Klaus Zuwendung von seiner Mutter? Wie erlebt er die Zuwendung bzw. das Fehlen dieser? (Außen- und Innensicht) Wie sieht sie sich selbst, ihren Mann, Klaus in der Vergangenheit, Gegenwart und Zukunft? Wie erleben Klaus und der Vater/Ehemann die erzieherische Überforderung der Mutter? Wie sehen Sohn, Mutter und Vater die Geburt eines weiteren Kindes? Hat Klaus Befürchtungen oder Ängste, noch weniger positive Zuwendung zu bekommen und sein Kinderzimmer dann mit dem Geschwister teilen zu müssen? (Innensicht)
- Wie erlebt Klaus die „Wochenendbeziehung" zu seinem Vater? Was löst das Fehlen des Vaters in der Woche in ihm aus? Wie kann der Suche Klaus nach Identifizierung, der Auseinandersetzung und (körperlicher) Zuwendung durch einen Mann angemessen nachgekommen werden? (Innensicht)
- Wie ist die Beziehung der Eltern zueinander und zu Klaus? „Seinetwegen musste man damals heiraten. " (Innensicht)
- Wie lange und wie konzentriert spielt Klaus mit technischem Spielzeug? Kann er Vorhaben (Bauen eines bestimmten Gegenstandes) zu Ende bringen, erfolgreich abschließen? Wie geht er mit fertig gestellten Dingen um? Spielt er damit, zerstört er sie etc.? Wie reagiert er auf Misserfolg? (Außensicht)
Was bedeutet für Klaus das intensive Spielen mit technischem Spielzeug und was verbindet er damit? (Innensicht)

Bei diesen Fragen handelt es sich um Hypothesen und Fragestellungen für die Planung des diagnostischen Vorgehens, nicht aber um Fragen, die in dieser Formulierung in der Diagnose und Beratung gestellt werden sollen.

Zwei Fragen hat nun der Sonderschullehrer, der den „Fall" Klaus übernommen hat, zu klären:

(1.) Ist es notwendig und sinnvoll, weitere Fachdienste in den Fall einzubeziehen, um bestimmte Aspekte abklären zu lassen (z. B.

den Schulpsychologischen Dienst, den Schularzt, das Jugendamt oder Fachkräfte, bei denen ein Kind bereits schon in Behandlung ist)? Auskunft und Abklärung sind aber im Allgemeinen nur möglich, wenn die Eltern schriftlich ihre Einverständniserklärung geben. Diese Frage kann je nach Sachlage vor, während oder nach Abschluss der sonderpädagogischen Diagnostik entschieden werden.

(2.) Zu Beginn der Förderdiagnostik muss der Sonderschullehrer entscheiden, welche Methoden er zur Klärung seiner allgemeinen und speziellen Fragestellungen einsetzen will. Dabei ist es wichtig, dass die ausgewählten diagnostischen Methoden in Stimmigkeit zu den handlungstheoretischen Grundlagen (Menschenbild etc., s. Abb. 1) stehen. Um Widersprüche zu verhindern, ist es manchmal notwendig, Verfahren entsprechend umzugestalten (MUTZECK 1990, 1998).

Die wichtigsten diagnostischen Methoden und Verfahren sind:

- Diagnostisches Erstgespräch
- Verhaltensscreening
- kooperatives Diagnosegespräch zur Problembeschreibung, ggf. mit Perspektivewechsel sowohl bei Erwachsenen als auch Kindern und Jugendlichen
- kreative Explorationsmethoden wie Puppenspiel, Rollenspiel, Zeichnen (z.B. zeichne die Klasse oder Familie in Tieren), Collagen
- unsystematische und systematische Methoden der Verhaltensbeobachtung möglichst im natürlichen Umfeld (in der Klasse, auf dem Schulhof etc.)
- pädagogisches Tagebuch oder andere Verfahren zur Dokumentation von Langzeitbeobachtung
- Struktur-Lege-Technik zur Erfassung von subjektiven Theorien
- Verfahren zur Visualisierung von Beziehungssystemen in der Klasse, in der Familie etc. mit Hilfe von Figuren oder Symbolen
- pädagogisch-psychologische Anamnese, sofern die Langzeitentwicklung des Kindes von Bedeutung ist
- ggf. störungsorientierte Testverfahren

(Näheres s. MUTZECK 1990, 1998 und 2000a; FINGERLE & MUTZECK 1996)

Bei Auswahl und Einsatz der Methoden und Verfahren ist weiterhin zu beachten, wer Auskunft geben soll (Perspektive s. Kap. 4 und Abb. 4 und 5) und welche Sichtweisen (Innen- und/oder Außensicht, s. o. und Kap. 4) Gegenstand der Erhebung sein sollen. Ferner sollte eine förderdiagnostische Untersuchung nicht nur die Defizite und Schwächen des Probanden aufzeigen, sondern auch dessen Stärken, Vorlieben, Wünsche und Ressourcen. Planung und Durchführung haben bei Berücksichtigung dieser positiven Anteile eines Menschen mehr Chancen auf Erfolg. Die Diagnostik sollte in einer Förderplanung münden. Diese ist soweit wie möglich im Zusammenhang mit der/den Person/en durchzuführen, die den Schüler künftig unterrichtet/unterrichten bzw. pädagogisch-therapeutisch begleitet/begleiten. Auch eine Beteiligung des Schülers an der Förderplanung und an der Reflexion der Förderung ist anzustreben (MUTZECK 2000b).

Beratungsphase:

Je nach Nützlichkeit können Beratungsgespräche während oder nach der Diagnosephase durchgeführt werden. Die Beratung kann sowohl mit einem Schüler, einem Lehrer oder den Eltern einzeln oder auch gemeinsam geschehen. Auch bei der Auswahl der Beratungsmethode gilt es darauf zu achten, dass das beraterische Vorgehen in Einklang mit den Grundlagen des handlungstheoretischen Ansatzes steht (s. Kap. 2). Ebenso wie in der Diagnostik und Förderplanung gibt es in der Beratung Ansätze, die im Widerspruch zum Menschen als reflexivem Subjekt (s. Kap. 2) stehen. Zumindest sollte einem Fachmann wie dem Sonderschullehrer eine Diskrepanz zwischen Menschenbild und Diagnose- bzw. Beratungsmethode bewusst sein.

Die Kooperative Beratung (MUTZECK 1992, 1996) basiert auf dem dargestellten handlungstheoretischen Ansatz. Sie umfasst eine Problemerhebungs-, eine Lösungs- und eine Umsetzungsphase und ist in folgende Elemente und Schritte gegliedert (s. Abb. 5). Die Kooperative Beratung besteht aus den grundlegenden Elementen „Personenzentrierte Gesprächsführung" und „Kooperative Beratungsschritte zur Klärung und Lösung von Problemen":

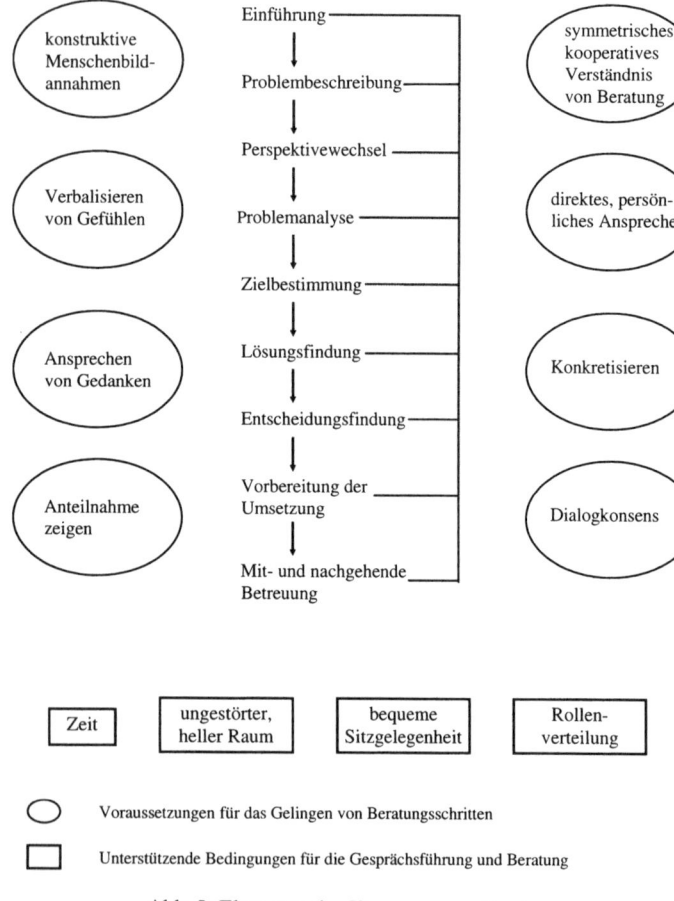

Abb. 5: Elemente der Kooperativen Beratung

Zum vorliegenden „Fall Klaus" liegen nur grobe Angaben vor. Somit können die Angaben zu Interventionen auch nur richtungsweisend sein. Es wäre es sinnvoll, wenn der Sonderschullehrer sowohl mit ihm, der Klassenlehrerin und den Eltern einzeln und ggf. abschließend gemeinsam eine Kooperative Beratung durchführt.

Es sollten zunächst Klaus „Verhaltensstörungen" im Kontext der erfolgten Aktionen und Reaktionen seines sozialen Umfeldes exploriert und beschrieben (rekonstruiert) sowie die oben aufgezeigten und die neu aufgeworfenen Fragestellungen beantwortet werden. Insbesondere sind bei der Problemanalyse die Zusammenhänge und Wechselwirkungen der Systeme „Familie", „Freizeit" und „Schule" aufzuzeigen.

Bei der Beratung von Klaus könnte es sehr hilfreich, das Medium „Sprache" durch das Medium „Motorische Handlung" zu unterstützen. Mit Hilfe von Puppen oder besser noch Figuren und Möbeln der Firma Playmobil (Playmo-Klassenzimmer, Küche, Wohnzimmer etc.) werden erlebte Problemsituationen im angeleiteten Rollenspiel rekonstruiert, die Innensicht exploriert. (MUTZECK 1990, 1998).

Die gemeinsame Suche des Beraters mit einem oder mehreren Gesprächspartnern nach Lösungen und deren Umsetzungsmöglichkeiten im Schul- und Familienalltag führt bei den Gesprächspartnern viel eher und stärker zur Akzeptanz von Einstellungs- und Verhaltensänderungen oder Interventionen, als wenn es sich nur um Ratschläge vom Berater handeln würde (MUTZECK 1996).

Die Ergebnisse aus der diagnostischen Untersuchung und aus der Beratung sowie ein Vorschlag zur Förderung werden einem Förderausschuss vorgelegt. Seit einigen Jahren ist der Förderausschuss in fast allen Bundesländern *das* Gremium, welches über Inhalt, Umfang und Ort der Förderung abschließend berät (Förderplanung). Mitglieder dieses Ausschusses sind meistens Vertreter der betreffenden Regelschule, ggf. der aufnehmenden Schule, der Förderschule bzw. des Förderzentrums, der Schulrat oder sein Vertreter, z.T. die Eltern und ggf. Experten aus der Medizin, der Psychologie oder dem Jugendamt.

Ein konkreter Förderplan für Klaus und Interventionsvorschläge für sein Umfeld könnten erst nach erfolgter Diagnose und Beratung erstellt werden. Anhand der vorliegenden Informationen ist aber schon die Aussage zu rechtfertigen, dass sich die Interventionen sowohl auf den Schulbereich als auch auf das Elternhaus und die Freizeit richten sollten, und dass zwar Klaus Mittelpunkt der Förderung ist, die Eltern und seine Lehrer jedoch sich aktiv an den Interventionen, die wahrscheinlich auf organisatorischer und pädagogisch-psychologischer Ebene liegen, beteiligen sollten.

Grundlegende Hinweise zu Interventionsmöglichkeiten der Verhaltensgestörtenpädagogik sind bei MUTZECK & PALLASCH 1994; MUTZECK 1994, 1997, 2000a; GOETZE & NEUKÄTER 1993; MYSCHKER 1993 und HILLENBRAND 1999 nachzulesen.

Ausführliche Beratungsgespräche und ein Sozialtraining oder eine therapeutische Maßnahme sind im Fall „Klaus" angezeigt. Vermutlich wird eine langfristige Begleitung notwendig sein.

Literatur

ASCHENBACH, G. (1984). Erklären und Verstehen in der Psychologie: Zur methodischen Grundlegung einer humanistischen Psychologie. Bad Honnef.

DANN, H. D. (1989). Was geht im Kopf des Lehrers vor? Lehrerkognitionen und erfolgreiches Handeln. Psychologie in Erziehung und Unterricht, 36, S. 86–90.

DÖRNER, D. (1985). Verhalten, Denken und Emotionen. In: ECKENSBERGER, L. H./LANTERMANN, E. D. (Hrsg.). Emotion und Reflexivität. München, S. 157–181.

FINGERLE, M./MUTZECK, W. (1996). Die Entwicklung eines Screening-Instruments für Verhaltensauffälligkeiten im Schulbereich. Sonderpädagogik, 26. Jg., Heft 4, S. 180–193.

GLASERSFELD, E. v. (1981). Einführung in den radikalen Konstruktivismus. In: WATZLAWICK, P., Die erfundene Wirklichkeit. München, Zürich.

GOETZE, H./NEUKÄTER, H. (Hrsg.) (1993). Pädagogik bei Verhaltensstörungen. Berlin.

GOLLWITZER, P. M./HECKHAUSEN, H./WEINERT, F. E. (1987). Jenseits des Rubikon: Der Wille in den Humanwissenschaften. Berlin.

GRAUMANN, C. F. (1984). Bewusstsein und Verhalten. Gedanken zu Sprachspielen der Psychologie. In: LENK, H. (Hrsg.). Handlungstheorien interdisziplinär, Bd. 3 II. München, S. 547–573.

GROEBEN, N./SCHEELE, B. (1977). Argumente für eine Psychologie des reflexiven Subjekts. Paradigmawechsel vom behavioralen zum epistemologischen Menschenbild. Darmstadt.

Das konstruktivistisch lösungs- und entwicklungsorientierte Denk- und Handlungsmodell

Suche nicht lange nach Ursachen, sondern gleich nach Lösungen!

Walter Spiess

1. Einführung

Man muss zuerst die Ursachen eines Problems möglichst objektiv diagnostizieren, um dann gezielt und wirksam handeln zu können.

Man kann gleich eine Vorstellung davon entwickeln, wie die betreffende Situation oder Interaktion ohne das Problem verläuft und dann herausfinden, inwieweit es aktuell schon derartige Momente gibt und unter welchen Bedingungen.

Wenn so: Tue mehr desselben!

Wenn nicht: Tue etwas ganz anderes!

Diese beiden Statements stehen für zwei unterschiedliche Strategien, die wir so oder ähnlich in unserem eigenen professionellen Denken und Handeln oder in dem von Kolleginnen und Kollegen vorfinden können. Dass man zuerst die Ursachen feststellen muss, um ein Problem zu lösen – das entspricht unseren Erfahrungen im Bereich der Technik, wie beispielsweise mit einem Automotor, der nicht anspringt. Ein derartiges Denken und Handeln wurde in der Theoriebildung – von Sigmund Freud als Psycho-„Analytiker" über Vertreter der Verhaltenstherapie bis in unsere heutige Zeit – auf den Menschen und seine „Funktionsstörungen" übertragen. Das geschah in der Regel jeweils zuerst für den Kontext der Psychologie und Psychotherapie und dann für den Kontext der (Sonder-)Pädagogik.

Diese Strategie „Suche zuerst nach den Ursachen!" wird seit Jahren in Lehr- und Handbüchern beschrieben und beispielsweise durch die Empfehlungen zur sonderpädagogischen Förderung in den Schulen der Bundesrepublik Deutschland (Kultusministerkonferenz 1994) propagiert: „Sonderpädagogische Förderung soll das Recht der behinderten und von Behinderung bedrohten Kinder und Jugendlichen auf eine ihren persönlichen Möglichkeiten entsprechende schulische Bildung und Erziehung verwirklichen. (...) Dabei ist es vordringliche Aufgabe, das *Bedingungsgefüge* einer Behinderung – *ihre Ausgangspunkte und Entwicklungsdynamik* – zu erkennen." (DRAWE et al. 2000; Hervorhebung durch W.S.)

Die Strategie „Suche gleich nach Lösungen!" oder – präziser ausgedrückt – „Man kann gleich eine Vorstellung davon entwickeln, wie die betreffende Situation oder Interaktion ohne das Problem verläuft ..." beginnt erst seit einigen Jahren langsam Verbreitung zu finden. Sie baut auf neueren Erkenntnissen zum menschlichen Problemlösen, auf neueren Erfahrungen aus dem Bereich der (Kurzzeit-)Therapie sowie auf Ideen der Erkenntnistheorie, insbesondere des so genannten Konstruktivismus auf.

2. Zur Entwicklungsgeschichte dieses Denk- und Handlungsmodells

Wie soll es möglich sein, dass wir anderen Menschen mit ihren Erlebnis- und Verhaltensweisen, unter denen sie selbst oder die soziale Umwelt leiden, helfen können, ohne die Ursachen dafür zu analysieren? Wie ist es zu verstehen, dass sich neben einem ursachen-orientierten Denken und Handeln offenbar zunehmend auch ein lösungsorientiertes als hilfreich und nützlich erweist?

Was wie ein Paradox erscheinen mag, könnte sich als solches auflösen, wenn wir die Forschungsergebnisse zur Erkenntnistheorie, zum menschlichen Problemlösen sowie zur (Kurzzeit-)Therapie einbeziehen und dann auf den Kontext der Pädagogik übertragen.

2.1 Erkenntnistheorie

Gewisse Forschungsergebnisse lassen folgende Annahme plausibel erscheinen: Unsere Wahrnehmung, unser Denken, unsere Sprache „bilden" „die Wirklichkeit nicht einfach ab"; vielmehr „konstruieren" wir (ohne dass wir das so genau merken) insbesondere mittels Sprache, was wir als Wirklichkeit erleben und bezeichnen. Die Plausibilität dieser Annahme können Sie beispielsweise anhand der folgenden sogenannten Vexier- oder Kippbilder überprüfen:

Konstruktivistisches Denk- und Handlungsmodell

Womit würden Sie dieses Tier in Abb. 1 füttern: Mohrrüben oder Schnecken?

Ob Sie dieses Tier mit Mohrrüben oder Schnecken füttern würden, dürfte insbesondere davon abhängen, ob Sie eine Ente oder ein Kaninchen wahrnehmen.

Enten-Kaninchen

Abb. 1

Welche Kleidung würden Sie mitnehmen, wenn Sie die Person besuchen wollten, die in Abb. 2 zu sehen ist?

Wiederum: Die Wahl Ihrer Bekleidung dürfte insbesondere davon abhängen, ob Sie einen Eskimo mit einem Parka (der seinen Schatten rechts an eine Wand wirft oder nach rechts auf den Eingang eines Iglu zugeht) oder ob Sie den Kopf eines Indianers, mit einer sehr markanten Nase und nach links blickend, wahrnehmen.

Eskimo-Indianer

Abb. 2

Wenn wir diese Kippbilder betrachten, können wir zunächst einmal davon ausgehen, dass wir alle (wegen möglicher „Sehfehler" und optischer Verzerrungen: fast) dieselbe Abbildung auf unserer Netzhaut haben. Wenn wir benennen, was wir wahrnehmen und das untereinander vergleichen, können wir feststellen, dass wir intersubjektiv übereinstimmen oder aber Dissens haben. Und indem wir unsere Wahrnehmungen mittels Sprache untereinander austauschen, können wir plötzlich dasselbe in einer Art und Weise wahrnehmen, wie es uns vorher nicht gegeben war und zu einem Konsens gelangen: Unsere Wirklichkeit hat sich somit verändert. Die Implikationen für den Entwurf von Lösungen und den gegenseitigen Austausch darüber dürften evident sein.

Die oben skizzierte Auffassung entspricht der erkenntnis- beziehungsweise wissenschaftstheoretischen Position des „Konstruktivismus" (z. B. von GLASERSFELD 1996). Sie steht im Gegensatz zum so genannten „Positivismus", der davon ausgeht, dass es eine Wirklichkeit außerhalb und ohne uns gibt, die mehr oder weniger objektiv abgebildet werden kann – eine Auffassung, die bereits von PLATO in seinem Höhlengleichnis vertreten worden war.

Wenn schon so einfache schwarz-weiß Bilder intersubjektiv als unterschiedliche sowie als gleiche Wahrnehmungen und Beschreibungen „konstruiert" werden, um wie viel ausgeprägter dürfte dieses Phänomen in der Wahrnehmung komplexer sozialer Situationen und Interaktionen wie beispielsweise in der Pädagogik bei Verhaltensstörungen/Erziehungshilfe sein?

Kinder und Jugendliche können von der einen Pädagogin beispielsweise als „aggressiv", von der anderen aber als „draufgängerisch" oder „durchsetzungsstark" wahrgenommen, erlebt und beschrieben werden. Wenn in so genannten pädagogischen Konferenzen von demselben Kind gesprochen wird, geben die Anwesenden mitunter ganz unterschiedliche Beschreibungen und Darstellungen. Gehen sie dabei – egal ob sie sich dessen bewusst sind oder nicht – von der Annahme des Positivismus aus, dann werden sie sich wahrscheinlich darüber „streiten", wer die „richtige", die „wahre" Version hat. Gehen sie stattdessen von der Annahme des Konstruktivismus aus, dann werden sie von einander solche unterschiedlichen Beschreibungen und Darstellungen erwarten und diese konstruktiv konstruktivistisch für den Entwurf neuer Möglichkeiten des Umgangs mit diesem Kind nutzen.

2.2 Menschliches Problemlösen

Wenn wir einmal davon ausgehen, dass so genannte Verhaltensstörungen den Versuch eines Menschen darstellen, ein aktuelles Problem zu bewältigen; wenn wir des weiteren davon ausgehen, dass dieser Versuch für die soziale Umwelt, insbesondere für Eltern und Lehrpersonen zum Problem wird, das diese ihrerseits (gegebenenfalls mit unserer fachlichen Hilfe) zu lösen versuchen, dann gewinnt die Forschung zum menschlichen Problemlösen an Relevanz.

Die Ergebnisse dieser Forschung (z.B. DÖRNER 1989) zeigen unter anderem:

„Gute" Problemlöserinnen und -löser unterscheiden sich von „schlechten" insbesondere durch zwei Merkmale:
- Sie entwickeln eine ganz konkrete Vorstellung von dem Zustand, den sie durch Veränderungen erreichen wollen.
- Sie behalten bei allen Veränderungen bei, was sich bislang offenbar bewährt hat.

Wie detailliert und umfassend sie ein Problem analysieren, darin scheinen sie sich – vielleicht entgegen unseren Erwartungen – nicht zu unterscheiden.

Dementsprechend könnte es eine Erfolg versprechende Strategie für unser professionelles Handelns sein, Kinder und Jugendliche, Eltern, Kolleginnen und Kollegen darin zu unterstützen, im Sinne DÖRNERS „gute" oder „bessere" Problemlöser zu werden.

2.3 (Problem-)Lösungsorientierung in der (Kurzzeit-)Therapie

Bei der Suche nach Methoden, wie man Menschen dazu verhelfen kann, „gute" oder „bessere" Problemlöser zu werden, haben sich für mich verschiedene Annahmen, Grundhaltungen und Techniken aus dem Bereich der (Kurzzeit-)Therapie als nützlich erwiesen (vgl. auch SPIESS 2000):
- die „Faust-Regel": Wenn etwas funktioniert, tue mehr desgleichen. Wenn etwas nicht funktioniert, tue etwas ganz anderes. (Mental Research Institute (MRI) in Palo Alto, Kalifornien; WATZLAWICK; WEAKLAND; FISH u.a.)
- die Grundannahme und -haltung, dass Menschen in der Lage sind, Lösungen für ihre eigenen Probleme zu finden, sowie die so genannte „Wunderfrage" (Brief Family Therapy Center (BFTC) in Milwaukee, Wisconsin; DE SHAZER; BERG; WALTER; PELLER; MOLNAR; LINQUIST u.a.)
- die so genannten Zirkulär-Fragen („Mailänder Schule": SELVINI-PALAZZOLI; BOSCOLO; CECCHIN; PRATA u.a.).

Die Annahmen, Grundhaltungen, Erkenntnisse und Techniken aus den drei genannten Bereichen habe ich im Sinne eines theoretischen und methodischen Eklektizismus sowohl für mich alleine (SPIESS 1998, 2000) auch als in Kooperation mit Kolleginnen und Kollegen (siehe Literaturverzeichnis) auf die Lösung von Problemen im Kontext der (Sonder-)Pädagogik angewandt. Dabei habe ich durch Versuch und Irrtum das konstruktivistisch lösungsorientierte Modell vor allem in Richtung der Qualitätskriterien „Effizienz" (weniger Zeitaufwand bei zumindest gleicher Wirksamkeit) und „Ethik/Moralität" (stärkere Mitwirkung der Beteiligten an der Zielformulierung und Prozessgestaltung) weiter entwickelt.

Meinen derzeitigen Erkenntnisstand kann ich folgendermaßen zusammenfassen:

Indem wir uns ganz konkret vorstellen, wie unsere Zukunft anders, „besser" aussehen könnte, erhöhen wir damit die Wahrscheinlichkeit, dass diese Zukunft auch so oder so ähnlich eintritt („self-fullfilling prophecy").

Indem wir uns fragen, unter welchen Bedingungen wir diese Zukunft in unserer derzeitigen Wirklichkeit schon ansatzweise vorfinden, können wir Hinweise erhalten über eben die Bedingungen, welche diese erwünschte Zukunft begünstigen, und diese gegebenenfalls auch beibehalten oder sogar verstärkt schaffen.

Indem wir mit kleinen Veränderungen beginnen, können wir große Veränderungen herbeiführen („der Flügelschlag des Schmetterlings, der einen Hurrikan auslöst").

Indem wir unsere Aufmerksamkeit auf das Positive, auf die Lösung und auf die erwünschte Zukunft lenken, begünstigen wir eine Veränderung in die gewünschte Richtung.

Indem wir diese Zukunft schon mehrmals durch dieselben Handlungen aber ohne Erfolg herbeizuführen versucht haben, wissen wir, was wir nicht mehr tun sollten.

Indem wir zu dem Schluss kommen, dass diese Zukunft von unserer derzeitigen Wirklichkeit so verschieden ist, dass sie auch in kleinen Schritten nicht zu realisieren ist, lernen wir möglicherweise, diese Wirklichkeit hinzunehmen.

Daraus ergeben sich weitreichende Konsequenzen für die Diagnostik und Intervention.

3. Diagnostik, Fallanalyse, Hypothesenbildung („Diagnose") und Prognose

Wenn wir in Orientierung am lösungs- und entwicklungsorientierten Denk- und Handlungsmodell an die Diagnostik – und dann weiter an die Fallanalyse, Hypothesenbildung und Prognosestellung heran gehen, dann ergeben sich im Vergleich zu einer positivistisch ursachen-orientierten Vorgehensweise markante Unterschiede.

Positivistisch ursachen-orientiertes Denken und Handeln (idealtypisch)

- Die Fachperson erhebt diagnostische Daten über Störungen und deren mögliche Ursachen.
- Sie zieht dabei „objektivierte" oder subjektive Ursachentheorien in Betracht, leitet daraus Hypothesen ab und überprüft deren Gültigkeit anhand der diagnostischen Informationen.
- Die gültigen Hypothesen setzt sie zu einem „idiographischen" (d.h. ein Individuum wie Klaus beschreibend) Ursachenmodell zusammen.
- Die Fachperson erhebt Informationen über die Zielvorstellungen.
- Aus dem idiographischen Ursachenmodell in Verbindung mit den Zielvorstellungen leitet sie die pädagogisch-therapeutischen Maßnahmen ab, die sie den betreffenden Personen vorgibt und für die sie eine Prognose abgibt.

Die Fachperson ist dementsprechend *Expertin für Verhaltensstörungen*. Sie besitzt Ursachenwissen und kennt die Ätiologie der jeweiligen Verhaltensstörung., beherrscht die entsprechenden diagnostischen Verfahren, kann im Einzelfall hinreichend objektiv feststellen, welche Ursachen tatsächlich vorliegen und hat entsprechendes Veränderungswissen.

Wie das professionelle Denken und Handeln einer Sonderpädagogin in Orientierung an einem positivistisch ursachen-orientierten Modell konkret aussehen kann, ist in mehreren Kapiteln dieses Buches beschrieben.

Konstruktivistisch lösungsorientiertes Denken und Handeln (idealtypisch)

- Die Fachperson animiert die Beteiligten dazu, sich ihre Zukunft in Form von ganz konkreten Situationen oder Interaktionen so vorzustellen, wie diese für sie aussehen, wenn das Problem gelöst ist. (*Entwurf einer erwünschten Zukunft*)
- Sie regt die Beteiligten dazu an, sich zu vergegenwärtigen, inwieweit es derzeit schon Momente gibt, in denen die erwünschte Zukunft zumindest ansatzweise Wirklichkeit ist. (*Suche nach den aktuellen Momenten der erwünschten Zukunft*)
- Finden die Beteiligten aktuelle Momente der erwünschten Zukunft vor, dann mögen herauszufinden versuchen, was in diesen aktuellen Momenten der erwünschten Zukunft anders ist als in den Problemsituationen (*Suche nach den Bedingungen, welche die erwünschte Zukunft begünstigen*)
- Wenn die Beteiligten *aktuelle Momente der erwünschten Zukunft* vorfinden und die entsprechenden Bedingungen dafür benennen können, wissen sie, was sie tun können, um die Verwirklichung der erwünschten Zukunft zu begünstigen: *Tue mehr desgleichen!*
- Wenn die Beteiligten *keine aktuellen Momente der erwünschten Zukunft* vorfinden, stellt die Fachperson die so genannte „Bewältigungsfrage" („Wie haben Sie das gemacht, dass Sie das (so lange) durchgehalten haben?" vgl. SPIESS 2000, 46) und lenkt damit die Aufmerksamkeit auf vorhandene Ressourcen.

Zugleich gilt: Wenn etwas nicht funktioniert, *tue etwas (total) anderes!*

Wie erkennbar wird, spart sich die Fachperson den Aufwand, diagnostische Informationen zur Ätiologie einzuholen (vgl. Qualitätskriterium der Effizienz). Sie erstellt auch kein idiographisches Ursachenmodell für ein Kind wie Klaus und sie leitet auch keine Maßnahmen ab, die sie anderen als Expertin – vielleicht sogar noch autoritativ – zur Umsetzung vorschlägt. Vielmehr regt sie in kooperativer Weise die Beteiligten zu gewissen Denkprozessen an (vgl. Qualitätskriterium der „Ethik/Moralität"), die in Richtung Lösung gehen – ohne „Umweg" über die Suche nach Ursachen. Selbst wenn sie Fragen stellt, tut sie das nicht, um diagnostische Informationen für sich einzuholen; vielmehr regt sie dadurch die Beteiligten zum Konstruieren von Lösungen für ihre derzeitigen Angelegenheiten an. Darüber hinaus vermittelt sie ihnen einen nützlichen Heurismus für die Bewältigung künftiger Probleme. Einer Prognosestellung enthält sie sich. Zugleich geht sie davon aus, dass – wie die Erfahrung mit diesem Modell zeigt – kleine Veränderungen zu großen Veränderungen führen.

Die Fachperson ist demnach *Expertin für die Anleitung zum Problemlösen im sozialen Bereich*. Sie ist zugleich Expertin für die Weiterbildung von Fachleuten (wie z.B. Lehrerinnen und Lehrern) und Laien (wie z.B. Eltern, Schülerinnen oder Schülern) in Sachen Problemlösestrategien. Inwieweit eine solche Fachperson dann überhaupt noch zielgruppen-spezifisches Fachwissen (wie beispielsweise über Kinder und Jugendliche mit so genannten Verhaltensstörungen oder mit Behinderungen) braucht, ist derzeit noch ungeklärt und Gegenstand unserer Forschungsarbeiten an der Universität Kiel.

Wie professionelles Denken und Handeln in Orientierung an diesem konstruktivistisch lösungs-orientierten Modell ganz konkret aussehen kann, will ich an zwei Ausschnitten aus dem Geschehen um Klaus nachvollziehbar machen.

4. Interventionsmöglichkeiten, Interventionsplanung, Intervention

Zunächst gehe ich davon aus, dass mit der Sonderpädagogin, die nach dem Vorfall mit dem Messer beim Förderzentrum angefragt worden war, Vereinbarungen in folgendem Leistungsumfang getroffen worden sind:
- Gespräch(e) mit der Klassenlehrerin, deren Kollegen, Klaus und der Mutter.
- Team-Teaching und Einzelstunden mit Klaus im Umfang von 2 Wochenstunden.

4.1 Beispiel 1: Fiktives Gespräch mit der Klassenlehrerin (in Ausschnitten)

Vorbemerkung: Während Sie dieses Gespräch „verfolgen", können Sie versuchen herauszufinden, an welchen der genannten konstruktivistisch lösungsorientierten Annahmen, Erkenntnissen und Techniken sich die Sonderpädagogin wohl orientiert. Sie können Ihre Vermutungen zunächst mit meinen Kommentaren vergleichen, die sich an verschiedene Abschnitte des Gesprächs anschließen, und dann mit meinem Gesprächsleitfaden, der abschließend das Wesentliche zusammenfasst.

Ausgangssituation: Die Klassenlehrerin (KL) hat dieses Gespräch mit der Sonderpädagogin (SP) vereinbart, und zwar für den Tag vor Klaus (K) Rückkehr.

SP: Sie hatten mich in der letzten Woche angerufen und für Ihre heutige Freistunde von 10:50–11:35 einen Termin mit mir abgemacht. (kurze Pause) Was müsste bis um 11:35 passiert sein, damit Sie sagen können, unser Gespräch hat Ihnen etwas gebracht?

Kommentar: Die Sonderpädagogin animiert die Klassenlehrerin dazu, ihre Erwartungen an das Gespräch zu konkretisieren – und zwar sowohl hinsichtlich des Ergebnisses als auch hinsichtlich des Verlaufs.

KL: Ich müsste wissen, wie das morgen gehen soll, wenn Klaus wieder zurückkommen darf. Schon der Gedanke daran macht mir Angst (blickt mit sorgerfülltem Gesicht vor sich hin und schweigt).

SP: (schaut die Klassenlehrerin an und wartet, bis ihr Blick zurückkommt)
 ... und was müsste dementsprechend in unserem Gespräch passiert sein, damit sie das wissen und dem morgigen Tag mit Zuversicht entgegen gehen können?

KL: Ich müsste wissen, dass ich Klaus zu unserem Schulleiter schicken kann, auch wenn es vielleicht noch nicht ganz so schlimm ist, aber wenn es gefährlich werden könnte – ohne dass er mich für inkompetent hält und mir Vorhaltungen macht, wie damals nach dem Vorfall ... (Pause) Ich müsste wissen, wie ich mit Klaus selber umgehen soll – und mit der Klasse. Und dann ist da noch die Mutter ...

SP: Das wären Ihre drei Anliegen für dieses Gespräch?

Konstruktivistisches Denk- und Handlungsmodell

Im weiteren Verlauf kommen die Klassenlehrerin und die Sonderpädagogin überein, sich in diesem Gespräch auf Klaus ersten Schultag nach dem Ausschluss aus der Schule zu konzentrieren.

SP: Woran würden Sie am Ende unseres Gesprächs erkennen, dass Sie wissen, wie das morgen mit Klaus gehen soll?

KL: Ich hätte ein klare Vorstellung, wie das morgen abläuft: wenn er zur Klassentür herein kommt, die anderen vielleicht komisch reagieren und so weiter ...

SP: Dass Sie zu einer solchen klaren Vorstellung kommen – in diese Richtung will ich unser Gespräch gerne lenken. (Pause) Ich hätte da auch einen ganz konkreten Vorschlag, wie wir vorgehen könnten. Er ist vielleicht etwas ungewöhnlich!?

KL: Ja – bitte!?

SP: Stellen Sie sich vor: Wir führen jetzt unser Gespräch. Sie kommen zu immer konkreteren Vorstellungen, wie das morgen aussieht ... Anschließend machen Sie sich auf den Nachhauseweg. Ab und zu kommt Ihnen die eine oder andere Vorstellung aus unserem Gespräch wieder in den Sinn. Es wird Abend. Sie werden müde. Und irgendwann legen Sie sich schlafen. (Pause, und dann mit geheimnisvoller Stimme weiter) Und während Sie schlafen, passiert ein Wunder. (Pause) Aber weil Sie schlafen, können Sie nicht merken, dass ein Wunder passiert. (Pause) Was ist morgen das erste, woran Sie merken, dass tatsächlich ein Wunder passiert ist?

Kommentar: Die Sonderpädagogin orientiert sich an einer Methode, deren „Entdeckung" Insoo Kim BERG, der Frau de SHAZERS zugeschrieben wird (vgl. EBELING/HARGENS 1996): an der sogenannten „Wunderfrage". Sie hilft nach meinen Erfahrungen, Menschen zu „guten" oder „besseren" Problemlösern zu machen, indem diese eine detailliertere Vorstellung entwickeln, wie die „Zukunft" ohne das Problem in der Form bestimmter Situationen oder Interaktionen aussehen wird.

KL: (Gesicht hellt sich ganz kurz auf) Daran, dass ich beim Aufwachen nicht gleich daran denke, dass Klaus heute zurück sein wird!

SP: An was denken sie stattdessen?

KL: Welche CD ich mir jetzt auflege ...

Kommentar: Bei starkem Problem- und Leidensdruck fangen die Ratsuchenden bei der Beschreibung des „Wunders" meinen Erfahrungen nach nicht erst in der ursprünglichen „Problemsituation" an, sondern schon beim Aufwachen.

SP: Woran merken Sie als nächstes, dass tatsächlich ein Wunder passiert ist?
KL: Klaus kommt morgen in der ersten Stunde zur Klassentür herein – und verhält sich ganz normal, d. h. es ist wieder so wie damals ganz am Anfang des Schuljahres.
SP: Wie sieht das ganz konkret aus?
KL: Klaus kommt zur Klassentür herein, schaut zu mir nach vorne und nickt freundlich. (Pause) Nein – er kommt zu mir her, schaut vielleicht ein bisschen betreten – und entschuldigt sich bei mir für seine Tat (blickt die Sonderpädagogin an).
SP: Und wie reagieren Sie auf Klaus – nach dem Wunder?
KL: Ich bin überwältigt und sage – ja, was sage ich? Schön, dass Du das sagen kannst.
SP: Wie geht es weiter – nach dem Wunder?

Im weiteren Verlauf beschreibt die Klassenlehrerin, dass sie sich kurz mit Klaus darüber austauscht, wie sie beide mit der Klasse über den Vorfall, die Zeit dazwischen und über seine Rückkehr reden. Dabei stellt die Sonderpädagogin auch so genannte Zirkulärfragen: Wenn Klaus das und das sagt, was denken und sagen dann wohl die einzelnen Schülerinnen und Schüler?

SP: Ist so etwas Ähnliches, das Sie eben als Wunder beschrieben haben, in den letzten Wochen zumindest ansatzweise schon einmal vorgekommen?
KL: Nein, er hat sich noch nie bei mir für etwas entschuldigt. (Pause)
SP: Oder so etwas Ähnliches – das er zu Ihnen kommt ...
KL: (Pause) Ja, wenn Sie so fragen: Er hatte kürzlich seine Hausaufgaben nicht gemacht. Er kam dann vor der Stunde ganz verlegen zu mir und hat mir gesagt, dass er sie vergessen hat. Sein Vater wäre auf einer Dienstreise am Nachmittag kurz vorbei gekommen. Ich hatte ihm gesagt, dass das keine Ent-

schuldigung sei, habe es dann aber doch akzeptiert, ohne ihn zu bestrafen. Er war dann den ganzen Vormittag eigentlich recht anständig.
SP: Was war da anders?

Im Weiteren hält die Sonderpädagogin die Klassenlehrerin dazu an, zu analysieren und zu benennen, was anders war. Alle Bedingungen, die anders waren, könnten dazu beigetragen haben, dass Klaus „den ganzen Vormittag eigentlich recht anständig war". Auf diese Weise findet die Klassenlehrerin selbst heraus, welche Bedingungen sie

1.	Begrüßung
2.	Erwartungen an das aktuelle Gespräch *Was müsste bis um* (vereinbarter Zeitpunkt für das Ende des Gespräches) *passiert sein, damit Sie sagen können: „Es hat sich gelohnt!"*
3.	Beschreibung des Anliegens *Wenn Sie jetzt vielleicht einmal damit beginnen, Ihr Anliegen zu schildern ...*
4.	Entwurf einer erwünschten Zukunft Wunderfrage
5.	Suche nach aktuellen Momenten der erwünschten Zukunft Wenn Sie an die letzten Wochen denken: Hat es da Momente gegeben, in denen die erwünschte Zukunft schon ansatzweise Wirklichkeit war? – Was war da anders? *Falls keine aktuellen Momente:* Bewältigungsfrage
6.	Abruf letzter wichtiger Informationen
7.	Individuelle Reflexion
8.	Würdigung von Stärken, Relativierung von Normen, Umdeutungen
9.	Anregungen
10.	Gute Wünsche

Abb. 3: 10 Regeln für ein lösungsorientiertes Beratungsgespräch in der Form von Leitbegriffen und Leitfragen (ein Gesprächsleitfaden; aus: SPIESS 2000, 53)

gegebenenfalls aktiv schaffen muss, damit das erwünschte Verhalten wahrscheinlicher wird.

Das konstruktivistisch lösungsorientierte Modell lässt sich – auf professionelles Handeln in der Beratung bezogen und in voller „Länge" – wie in Abb. 3 auf S. 261 darstellen.

4.2 Beispiel 2: Fiktives Gespräch mit Klaus (Ausschnitt)

Ausgangssituation: Am ersten Schultag nach seinem Ausschluss wartet die Sonderpädagogin (SP) in der Nähe des Klassenzimmers auf Klaus (K), um ihn zu sprechen, noch bevor er wieder in die Klasse zurückkehrt.

SP: Hallo, Klaus. Ich muss mit Dir reden. Kommst Du bitte mit in mein Zimmer!?
Wie Du gesehen hast, komme ich manchmal in Deine Klasse, wenn Deine Klassenlehrerin mich danach fragt. Diesmal hat zunächst sie mich – und dann auch Herr X, der Schulleiter – gebeten, ein Gespräch mit Dir zu führen. Sie wissen nicht, wie es weiter gehen soll nach dem Zwischenfall mit dem Messer. Sie, Deine Klassenlehrerin, der Schulleiter, der Elternbeirat – alle befürchten, dass es wieder passieren könnte und dass sie das verantworten müssten. Wenn Du nicht von der Schule fliegen willst, musst Du sie davon überzeugen, dass sie von Dir keine Gefahr befürchten müssen. – Willst Du an der Schule bleiben?
K: Klar will ich das!
SP: Also, dann musst Du sie davon überzeugen, dass sie von Dir keine Gefahr für sich, die Schüler und alle Lehrkräfte befürchten müssen. (Pause) Mit dem Messer, das Du dabei hattest, hätte es schlimm ausgehen können. Du hättest Deinen Klassenkameraden ja auch umbringen können.(Pause) Wie hast Du es geschafft, das nicht zu tun, sondern ihn nur leicht zu verletzen? Wie hast Du es gemacht, dass Du Dich so weit in Kontrolle hattest?

Kommentar: Kinder und Jugendliche suchen erfahrungsgemäß von sich aus seltener um ein Gespräch nach. Deshalb müssen wir sie, wenn wir einen Anlass dazu haben, mit einer für sie nachvollziehbaren Begründung ansprechen. Zugleich empfiehlt es sich, das Gespräch jeweils auf das momentan Dringlichste zu beschränken. Mit diesem Gesprächsausschnitt will ich insbesondere Momente veranschaulichen, wie sie in Schritt 8 des Gesprächsleitfadens formuliert sind: Die Sonderpädagogin deutet das Geschehen positiv um und würdigt es als Stärke und Ressource, dass Klaus sich zumindest zu einem gewissen Grad in Kontrolle hatte – ohne die tatsächlichen oder möglichen Konsequenzen seines Tuns zu verharmlosen. Im weiteren Gesprächsverlauf hilft sie ihm dabei, Vorstellungen zu entwickeln, wie er diese Stärke als Ressource künftig gezielt einsetzen und nutzen kann.

5. Ausblick

Manche Fachleute wünschen sich Ergebnisse von Wirksamkeitsuntersuchungen, um zu entscheiden, ob sie ein bestimmtes Denk- und Handlungsmodell „anwenden". Die oben erwähnten Forschungsergebnisse zum menschlichen Problemlösen sowie zur Kurzzeittherapie können erste Anhaltspunkte dafür liefern. Darüber hinaus sind wir an der Universität Kiel derzeit dabei zu untersuchen, inwieweit die Häufigkeit von Zurückstellungen, von Wiederholungen und von Überweisungen in Sonderschulen zurückgeht und wie zufrieden die „Kunden" sind, wenn Sonderpädagoginnen und Sonderpädagogen sich in ihrem professionellen Denken und Handeln an diesem Modell orientieren.

Andere Fachleute versuchen, sich entsprechend „guten" Problemlöserinnen und Problemlösern vorzustellen, wie es wäre, wenn sie sich an diesem Modell orientieren würden. Erscheint ihnen diese Vorstellung machbar, mit ihrem Menschenbild vereinbar und Erfolg versprechend, dann versuchen sie – vernünftigerweise durch die Teilnahme an Fort- und Weiterbildungskursen unterstützt – so nach und nach Elemente davon in ihrer Praxis auszuprobieren.

Inzwischen habe ich in der Zusammenarbeit mit Kolleginnen und Kollegen den Anwendungsbereich des Modells erweitert: Wir arbeiten stärker „entwicklungsorientiert". Ausgangspunkt sind dann nicht Probleme, sondern Kompetenzen, die jemand schon hat und weiter entwickeln will. Beispiele dafür sind das pädagogische Konzept an einer Grundschule (WEHRLI 2000), an einer Heimsonderschule (BAESCHLIN/BAESCHLIN 2000), Unterrichtsgespräche für den Förderschwerpunkt „Lernen" (BAESCHLIN/SPIESS 2003) und die Mathematikförderung von schulleistungsschwachen Kindern (SPIESS/WERNER 2001).

Interessant könnte es noch sein zu untersuchen, inwieweit die Ergebnisse der Resilienzforschung (z.B. OPP et al. 1999) für die Suche und Aktivierung von individuellen Ressourcen nutzbar gemacht werden können und umgekehrt.

Immer mehr Sonderpädagoginnen und Sonderpädagogen scheinen mit dem konstruktivistischen Denken und Handeln zu sympathisieren – wobei die einen eher lösungs- und entwicklungsorientiert denken und handeln („lösungsorientierte Konstruktivisten"), während sich die anderen eher für die subjektiven (Ursachen-)Theorien oder Interaktionsmuster ihrer Klientel interessieren („ursachenorientierte Konstruktivisten"). Als Zeichen für diese „Bewegung" können neuere Publikationen (z.B. PALMOWSKI 1996; WERNING et al. 2002) sowie die Gründung der Deutschen Gesellschaft für Systemische Pädagogik e.V. gewertet werden.

Literatur

BAESCHLIN, M./BAESCHLIN, K.(2000). Beratung von Jugendlichen und Eltern im Rahmen von Sonderschule und Heim. In: SPIESS, W. (Hrsg.). Die Logik des Gelingens. Lösungs- und entwicklungsorientierte Beratung im Kontext von Pädagogik. Dortmund.

BAESCHLIN, M./BAESCHLIN, K. (2001). Einfach, aber nicht leicht. Leitfaden für lösungsorientiertes Arbeiten in sozialpädagogischen Organisationen. Zentrum für lösungsorientierte Beratung, Wartstraße 66, CH 8400 Winterthur, www.zlb-winterthur.ch.

BAESCHLIN, K./SPIESS, W. (2003). Es kommt nicht darauf an, was der Lehrer sagt, sondern was der Schüler hört. Mit konstruktivistisch lösungs- und entwicklungsorientierten Unterrichtsgesprächen fit fürs Leben machen. Zeitschrift für Heilpädagogik, zum Druck eingereicht.

DÖRNER, D. (1989). Die Logik des Misslingens. Reinbek bei Hamburg.

DRAWE, W./RUMPLER, F./WACHTEL, P. (Hrsg.) (2000). Empfehlungen zur sonderpädagogischen Förderung. Allgemeine Grundlagen und Förderschwerpunkte (KMK). Würzburg.

GLASERSFELD, E. v. (1996). Radikaler Konstruktivismus. Ideen, Ergebnisse, Probleme. Frankfurt a.M.

OPP, G./FINGERLE, M./FREYTAG, A. (1999). Was Kinder stärkt. Erziehung zwischen Risiko und Resilienz. München.

PALMOWSKI, W. (1995). Der Anstoß des Steines. Dortmund.

SPIESS, W. (Hrsg.) (1998, 2000). Die Logik des Gelingens. Lösungs- und entwicklungsorientierte Beratung im Kontext von Pädagogik. Dortmund.

SPIESS, W. (1999). Die Logik des Gelingens. Theorie und Praxis der Lösungs- und entwicklungsorientierte Beratung im Kontext von Pädagogik. Lehrvideo (zu bestellen über www.uni-kiel.de).

SPIESS, W./WERNER, B. (2001). Mathematikförderung mittels konstruktivistischer lösungs- und entwicklungsorientierter Gespräche – Modellbeschreibung und Explorationsstudie. In: Zeitschrift für Heilpädagogik 52 (2001), 4–12.

WEHRLI, M. (2000). Beratung von Kindern und Jugendlichen im Rahmen der allgemein bildenden Schule. In: SPIESS, W. (Hrsg.) (2000). Die Logik des Gelingens. Lösungs- und entwicklungsorientierte Beratung im Kontext von Pädagogik. Dortmund.

WERNING, R./BALGO, R./PALMOWSKI, W./SASSENROTH, M. (2002). Sonderpädagogik. Lernen, Verhalten, Sprache, Bewegung und Wahrnehmung. München.

Ressourcen und Lösungen: der Ansatz von M. H. Erickson

Irene Pütter

Eine der Fragen bei einem Fallbeispiel, wie dem von Klaus, ist immer wieder: Wo eigentlich ansetzen? Wer ist zu „behandeln", mit wem ist zu arbeiten – Lehrerin, Kind, Mutter, Eltern gemeinsam? Geht es eigentlich um Erziehung oder um Therapie? Was legitimiert zu dem einen oder anderen, was legitimiert überhaupt einen Eingriff in das Leben der Familie? Und was erfordert vielleicht einen Eingriff? Die Fragen seien hier nur kurz angesprochen, da es im Folgenden primär um den Zugang zur Problematik von Klaus aus der Sicht eines bestimmten Theoriekonzeptes geht, nicht um grundsätzliche Abgrenzung von Erziehung, Beratung, Therapie. Zugleich lässt sich hier jedoch bereits ein Aspekt ERICKSONscher Arbeit erkennen – wenig dogmatisch vorzugehen und stattdessen in relativ hohem Maße an den Möglichkeiten der Situation orientiert.

Zunächst einmal ein ganz praktischer Aspekt: Pädagogen sind verantwortlich für die Kinder unter ihrer Aufsicht; wenn ein Kind mit einem Messer ein anderes Kind angreift, ist das angegriffene Kind zu schützen, und zugleich auch das angreifende vor sich selbst, vor den Folgen seines Tuns – das verdeutlicht zugleich einen Grundsatz ERICKSONscher Arbeit, wie ihn J. ZEIG immer wieder formuliert: „First things first!". D.h. grenzsetzendes Verhalten ist hier sicher nicht nur legitimiert sondern auch erforderlich (Das gilt entsprechend, wenn Pädagogen von Misshandlungen der Kinder durch die Eltern erfahren). Was gibt es, im Kontext des ERICKSONschen Ansatzes, darüber hinaus an therapeutischen oder pädagogischen Möglichkeiten zu einer guten Veränderung der Situation?

Gerade auch in der Arbeit mit Kindern stellt sich oft die Frage, wer eigentlich sinnvollerweise der Klient einer Beratung oder Therapie sein sollte, ob das Kind selbst oder nicht vielleicht eher die Eltern bzw. die ganze Familie gemeinsam. ERICKSON hat wohl in der Regel mit einzelnen Personen gearbeitet, seltener mit Familien, aber dabei in der Regel die Familienkonstellationen berücksichtigt. Zugleich zielten manche seiner Interventionen auf die Eltern, ihre

Einstellungen bzw. ihren Umgang mit dem Kind. Auch hier war er sehr offen und reagierte auf je bestimmte Situationen bei der Entscheidung, ob er z. B. mit einem der Ehepartner oder mit beiden arbeitete, mit den Eltern oder einem Kind etc. Teilweise hat er die Eltern oder ein Elternteil auch quasi als Helfer in die therapeutische Arbeit einbezogen, z. B. da, wo die Beziehung gut und tragfähig war.

Im vorliegenden Fall spricht manches dafür, dass eine Arbeit mit den Eltern sinnvoll wäre, dass eine Entlastung der Mutter, ggf. Verarbeiten eigener belastender Erfahrungen, mehr Akzeptieren von Klaus, Verzicht auf Schläge und statt dessen mehr an Aufmerksamkeit und Zuwendung für ihn, angemessenere Formen der Grenzsetzung etc. wahrscheinlich ein verändertes Verhalten Klaus rasch nach sich ziehen könnten. Hier wird jedoch davon ausgegangen, dass nach Lage der Dinge – Vater meistens weit weg, Mutter schwanger – trotz gutem Willen der Beteiligten Gespräche mit den Eltern derzeit nur punktuell möglich sind, so dass eine Chance zur Veränderung der Situation derzeit nur in der (pädagogisch-therapeutischen) Arbeit mit Klaus direkt liegt. Ergänzende Arbeit mit den Eltern und der Lehrerin sind, so wird weiterhin angenommen, allerdings möglich, da alle drei dazu bereit sind.

Dementsprechend werden hier im Folgenden Überlegungen und Interventionen in Hinblick auf die Arbeit mit Klaus selbst entwickelt und durch einige Überlegungen in Hinblick auf die Beratung von Eltern und Lehrerin ergänzt. Die Interventionen gegenüber Klaus könnten im Rahmen therapeutischer Arbeit mit ihm eingebracht werden; Teile davon aber ließen sich auch in einem (erzieherischen) Umgang von Eltern oder Lehrerin mit dem Jungen realisieren.

Sowohl für erste Beratungen der Lehrerin und der Eltern als auch für weitergehende Arbeit mit Klaus ist es sinnvoll, sich die Situation von Klaus zunächst einmal genauer zu betrachten. Der Leser des Fallbeispiels erfährt zwar einiges über das Verhalten Klaus (abnehmender Kontakt zu Mutter und Klassenkameraden, aggressive Attacken anderer Kinder mit dem Messer), und er erfährt einiges an äußeren und inneren Lebensbedingungen der Familie (berufsbedingte Abwesenheit des Vaters, Klaus als Grund für die Heirat und die problematische Beziehung der Mutter zu ihm, bis hin zu Schlägen; und ihre Angst, er könne auf eine „schiefe Bahn" geraten), die anstehende Geburt eines Geschwisters etc. Das sind allgemeine

Grundinformationen. Vieles von dem, was für eine gute Arbeit im Rahmen des ERICKSONschen Ansatzes wichtig zu wissen ist, bleibt hier noch zu ergänzen, sei es gesprächsweise, hörend, beobachtend, sei es im Verlauf von (therapeutischem) Spiel mit dem Jungen.

Zu fragen wäre zum Beispiel,
– wie Klaus selbst die Situation wahrnimmt, was die Messer-Attacken etc. für ihn bedeuten;
– wie sieht Klaus „Konfliktlösung" aus, sehr konkret;
– was hat Klaus an guten Vorerfahrungen und an Fähigkeiten (generell, und speziell, was an anderen Möglichkeiten, Konflikte zu lösen, selbst erprobt oder an anderen beobachtet);
– was braucht er, und,
– In welcher Welt lebt er, wen und was mag er, wer und was ist ihm wichtig.

Entsprechende Fragen wären in Hinblick auf Eltern und Lehrerin zu stellen, um ein genaueres Bild von (deren Bildern von) der Situation zu bekommen. Außerdem würde der Therapeut vermutlich, zur eigenen Realitätsorientierung, vorweg überlegen: Was wäre eigentlich ein altersgerecht angemessenes Verhalten des Jungen; und: Wie könnte eine gute Lösung aussehen (für Klaus selbst, seine Eltern, die Lehrerin ...). Die letzte Frage könnte u. U. auch den Beteiligten direkt gestellt werden, sobald es im Laufe des Prozesses angemessen erscheint.

Die Fragen lassen erkennen, dass dieser Ansatz, im Unterschied zu vielen anderen, nicht primär auf ein „Persönlichkeitsbild" abzielt oder gar ein Krankheitsbild, auf dem Hintergrund von Modellen zur Persönlichkeit und zum (Problem-)Verhalten. Vielmehr erscheinen im ERICKSONschen Kontext Defizitanalysen von Personen wenig hilfreich, der Therapeut orientiert sich statt dessen an möglichen Lösungen des Problems und an Ressourcen, die der Klient dafür hat oder vielleicht ergänzend braucht. Zu diesem Ansatz gehört u. U. auch, die „Leistung" des „Problemverhaltens" für die Person zu würdigen, auch wenn zugleich nach Alternativen dafür gesucht wird.

1. Zum Menschenbild Ericksons

ERICKSON hat kein spezifisches Persönlichkeitsmodell entwickelt und entsprechend kein Neurosenkonzept oder dergleichen. Wo er sein eigenes therapeutisches Tun erläutert, geht er für gewöhnlich mehr auf einzelne Verhaltensweisen der Klienten sowie auf seine darauf bezogenen methodischen Schritte ein, als auf allgemeine Persönlichkeitszüge o.ä. des Klienten (vgl. z.B. ERICKSON 1981). Das legt den Eindruck nahe, dass er sich stark an den Wahrnehmungs- und Handlungsmöglichkeiten des Klienten im Hinblick auf das je spezifische Problem orientiert, nicht aber an generellen Annahmen über die Persönlichkeit. Mehr noch, er betont gelegentlich, dass Vorannahmen über die Person und ihre Entwicklung(-smöglichkeiten), wie sie etwa im Kontext der Psychoanalyse zu finden sind, für therapeutische Prozesse hinderlich sein können (ZEIG 1986). Falls er Persönlichkeitsstrukturen etc. gesehen hat, so sind diese jedenfalls wohl nicht seine primäre Orientierung gewesen. Er ist offenbar mehr an der Art, wie Menschen die Welt und sich selbst wahrnehmen, wie sie Probleme lösen, orientiert. Allerdings muss man sicher im Sinn behalten, dass er eine herkömmliche psychiatrische Ausbildung hatte, Persönlichkeitstheorien kannte. Ob und wie weit das in seine Fallanalysen mit einging, muss wohl noch im Einzelnen untersucht werden.

Zugleich sind eine Reihe von Grundannahmen über Menschen von ihm benannt oder in seinen Fallbeschreibungen erkennbar, wie z.B. die folgenden: ERICKSON betont immer wieder die Einzigartigkeit jedes Menschen (die Vielzahl von möglichen Bedingungen, Erscheinungsformen, gegenwärtigen Verankerungen für Verhalten etc.) (GORDON, 1985; OHANLON 1987). Dazu gehört für ihn auch, den Sinn des Verhaltens einer Person im individuellen Kontext und auch im kulturellen Zusammenhang der Person zu sehen (vgl. etwa ZEIG, 1986). Dem entspricht in seinen Augen die Notwendigkeit, für jeden einzelnen, überhaupt und in seiner besonderen Lebenssituation, eine individuelle Therapie zu entwickeln. In seinen Lehrgeschichten wird viel davon deutlich, in den Reihen von Geschichten zum gleichen Thema bzw. Problem (ROSEN 1985; ZEIG 1986), oder auch in HALEYS Buch „Ordeal Therapy" (1989), in dem HALEY mit

Methoden ERICKSONs arbeitet (im Rahmen der Kindertherapie, vgl. MROCHEN/HOLTZ/TRENKLE 1993).

Eine weitere Grundannahme ERICKSONs ist, dass Menschen im Prinzip ihre Probleme lösen können, vorausgesetzt, sie haben Zugang zu ihrem Potential von eigenen Erfahrungen und Lernmöglichkeiten. Leitfrage ist weniger „Wie ist jemand" als vielmehr „wie macht der Klient das Problem und wie könnte er es angemessener lösen". Dabei ist zugleich die Perspektive wichtig, dass jedes Verhalten für eine Person, im Kontext ihres Lebens, ein für sie relevanter Versuch ist, Krisen zu bewältigen, Probleme zu lösen. von daher ist die Achtung solcher Lösungsversuche wichtig und der Ansatz verständlich, alles Verhalten (auch aus anderer Perspektive „falsches", unangemessenes) zu „utilisieren", als Teil von sinnvolleren Lösungsversuchen zu nutzen. Von daher erscheint nicht die Veränderung der Persönlichkeit als ein Ziel von Therapie, sondern vielmehr Veränderungen oder Erweiterung von Wahrnehmungen, inneren Bildern, Stimmungslagen, Handlungsmustern, das Ersetzen ungeeigneter Lösungsstrategien durch sinnvollere u.ä., und zwar in der Regel bezogen auf bestimmte Situationen, die der Klient mit seinen herkömmlichen Möglichkeiten nicht bewältigt. Dabei spielen im Prinzip bewusste und unbewusste Prozesse eine Rolle. Unbewusstes kann (für Probleme wie für Lösungen) relevant sein, kann bei Problemen z.B. gegenwärtiges Erleben, Denken, Verhalten einschränkend beeinflussen, aber eben auch Hilfen für die Lösungen finden lassen. Die Nähe seines Ansatzes zu Kognitiven Theorien wird hier deutlich (von daher ist sind die Versuche von HOLTZ und von VOGT, diesen Aspekt vertiefend aufzugreifen, plausibel; vgl. HOLTZ 1993; VOGT 1993).

2. Therapeutische Einstellungen

Ausgeprägter als ein Konzept von Personen und ihrer Entwicklung oder von problematischen Verhaltensweisen findet man bei ERICKSON ein Konzept der Therapie, bzw. Bündel von Möglichkeiten für gelingende Therapie. Dabei sind allgemeine Prinzipien, Einstellungen, Haltungen relevant, aber auch bestimmte einzelne Methoden, die hilfreich wirken können.

Zu den zentralen Einstellungen der Therapeuten gehört zum Beispiel: „Die Therapie leistet der Patient; der Therapeut sorgt nur für das Klima, für das Wetter." (ERICKSON in ZEIG 1986, 180). Er gibt die Anregungen; in seinem Blick für das, was der Klient braucht, was ihm helfen kann, diese eigene Arbeit zu leisten, liegt die Relevanz. Wichtig sind von daher, neben fachlichem Wissen, z.B. geschulte Intuition des Therapeuten, genaue Beobachtung, differenzierte Kommunikationsmöglichkeiten, Phantasie und die Fähigkeit, den Kern eines Problems zu sehen, ggf. die Perspektive zu wechseln und so die durch den Klienten ihm angebotene Problemsicht zu verändern.

Kontakt zum anderen („Rapport") ist eine wesentliche Voraussetzung für gelingende therapeutische Kommunikation. Und: mehr als die Orientierung an Problemen nützt die Orientierung an Ressourcen des anderen (HOLTZ 1996). Dabei sind nicht unbedingt fertige Handlungskonzepte notwendig oder auch nur sinnvoll – es kann auch sinnvoll sein, probehalber bestimmte Methoden einzusetzen oder Anregungen zu geben, und je nach der Reaktionen des anderen in derselben Richtung weiterzugehen oder andere Lösungen zu suchen und anzubieten. Zwar nicht explizit, wohl aber als Grundtenor seine Arbeit durchziehen eine ausgeprägte Achtung vor den Menschen, sehr viel Lebenswille und Lebensfreude und Kreativität seine Fallberichte und allgemeinen Ausführungen.

Und – manche seiner Lösungen vermitteln den Eindruck, er sei der Ansicht: es ist nicht unbedingt notwendig, alle etwa anstehenden Probleme in der Therapie zu lösen (oder eben gar die ganze Person zu verändern), der Patient brauche (zunächst mal) lediglich das anstehende Problem zu lösen, dann wisse er schon selbst weiter. So als ob es genüge, ihm zu zeigen, wo der Schlüssel liegt, oder wie man ihn gebraucht, oder wie man eine verklemmte Tür öffnen kann – die geöffnete Tür eröffnet den Weg in neue Räume und zu neuen Möglichkeiten des Lebens. Durch die Tür hindurchgehen allerdings muss der Klient selbst. Sollte er das nicht tun (können), wäre das nächste Lösungsangebot an der Reihe, einer neuen Anregung dazu, den nächsten Schritt zu tun. J. ZEIG berichtet von einem Anteil von trial and error im Vorgehen ERICKSONS („erst schießen, dann zielen"). Dieses schrittweise Vorgehen hat etwas mit den Grundannahmen zu tun. Wenn die Problematik von Lösungen u.a.

an der Art der Wahrnehmungsverarbeitung und den erreichbaren Lösungsmustern hängt, im Rahmen je individueller und kultureller Weltsicht, dann wird die Annäherung des Therapeuten, das Verstehen des anderen, selbst ein schritthafter Prozess sein, in dem auch zunächst unzureichende Angebote helfen können, die innere Landkarte des anderen besser zu erkennen (Grundgedanken, die sich übrigens ähnlich im Kern des Ansatzes von ROGERS finden). Wichtig an diesem Vorgehen ist außerdem eine hohe Orientierung an der Situation und der unmittelbaren Wahrnehmung der Person. Mehr noch – ERICKSON scheint mitunter theoriegeleitete Vorannahmen darüber, wie ein bestimmtes Problem behandelt werden sollte, eher als ein mögliches Hindernis betrachtet zu haben, im Anschluss an seine Annahme individueller Wahrnehmungs- und Problemgestaltung (vgl. z.B. seine Kommentare zu langen Therapien im Kontext der Psychoanalyse; in ZEIG 1986).

Dass hier bei weniger kompetenten Therapeuten als ERICKSON selbst eine Gefahr zu beliebigem, eklektischem Vorgehen bestehen kann, hat HOLTZ wohl zu recht betont. Er versucht, im Kontext der Kindertherapie, mit seinen „Entwicklungspsychologischen Überlegungen." (unter Rückgriff auf Kognitive Theorien und auf KEGANs Entwicklungspsychologie) gleichsam eine theoretische Fundierung für die Interventionsentscheidung in der Therapie zu skizzieren, mit dem zentralen Konstrukt „Entwicklung als Bedeutungsbildung" (HOLTZ 1993, 277; KEGAN 1986).

3. Zu den Methoden

Ein zentraler Bestandteil von ERICKSONs Therapie ist die Arbeit mit Hypnose. Dabei hat er bekanntlich die herkömmliche Hypnose in entscheidenden Punkten variiert. Am relevantesten ist wohl der Wechsel von stark dirigistischen Anordnungen des Hypnotiseurs (bei der Hypnoseinduktion oder bei Verhaltensanordnungen) hin zu Anregungen für den Klienten, Zugang zu eigenen Ressourcen und eigene Lösungen zu finden. Es geht also primär um eine Erweiterung des der Person zugänglichen Bereichs ihrer selbst. Mitunter ist das bei ERICKSON auch mit ergänzenden Eingaben für die Person verbunden, bis hin zu Ergänzungen im unbewussten Bereich, wie z. B. „Der Februarmann" erkennen lässt, mit der Einführung einer hilfreichen, Schutz gebenden und Lernen fördernden Person (ERICKSON 1991). Zeitregression kann dabei ein Mittel sein, tiefliegende, sehr alte Konflikte wieder erlebbar und therapeutisch zugänglich zu machen; sie gehört in der Regel in den therapeutischen Kontext. Zeitprogressionen können außerdem auch in pädagogischen Kontexten angemessen sein.

Zu den zentralen Mitteln ERICKSONscher Arbeit gehören zentral vielfältige Mittel, hypnotisches Erleben einzuleiten und therapeutisch zu nutzen, also Tranceinduktionen und Weiterführungen Hierbei, wie bei vielen anderen Interventionen, nutzt ERICKSON Möglichkeiten des Erlebens, der Wahrnehmung und des Verhaltens, wie sie nach seinem Verständnis als allgemeine Möglichkeiten im Menschen angelegt sind, gezielt für therapeutische Arbeit (GORDON 1981, O'HANLON 1987). Hierher gehört z. B. auch die Arbeit mit Dissoziationen, also Abspaltungen und ggf. Verdrängungen von Erleben, Bildern, etc. Dissoziationen können Teil des Problems sein. Zugleich aber können sie z. B. in der Verarbeitung schwerer Traumata oder in der Schmerzbehandlung sehr fruchtbar eingesetzt werden.

Charakteristisch für die ERICKSONsche Arbeit ist oftmals die Indirektheit der Arbeit. Sie dient unter anderem dazu, mögliche Widerstände des Klienten zu umgehen, oder auch vertraute aber hinderliche Formen der Wahrnehmungsverarbeitung oder des Reagierens, und so dazu, ihm zum Zugang zu eigenen Ressourcen zu verhelfen. Metaphern und Anekdoten, das Erzählen von Geschichten werden hier oft eingesetzt (BRETT 1993; FREUND o. J., GORDON 1985; PÜTTER 1991; TRENKLE 1986; WIRL 1993). Darin können z. B. Handlungsalternativen angeboten werden – sehr indirekt, eingekleidet in die Geschichten – oder Anregungen für den Klienten, danach zu suchen. Umdeutungen („reframing") können lösend wirken, wenn etwa die positive Seite eines problematischen Verhaltens sichtbar wird, oder überhaupt eine ganz andere Sicht der Situation. Damit eng verbunden sind oftmals „Muster-Unterbrechungen", d. h. Unterbrechungen automatisierter, nicht mehr reflektierter (Gedanken- und) Handlungsabläufe. Ein weiterer wichtiger methodischer Bereich ist die Arbeit mit Suggestionen vielfältiger Art, teils für sich genommen, teils auch verbunden mit Metaphern (PÜTTER

1996). Zur Klärung innerer Konflikte kann auch die Arbeit mit Teilen der Person genutzt werden, wie z.B. MROCHEN in der Kindertherapie anschaulich gezeigt hat (MROCHEN 1993, 25f.).

ERICKSON hat also eine Fülle von Werkzeugen bereitgestellt bzw. genutzt. Die Arbeit mit ihnen setzt neben dem entsprechenden Wissen eine geschulte Wahrnehmung voraus. Es gibt keine festen Zuordnungen von Problemen und Lösungswegen oder -mitteln; vielmehr ist charakteristisch für den ERICKSONschen Ansatz, dass HALEY für seine Arbeiten nach diesem Muster die Bezeichnung „uncommon therapy" verwendete. Den Einzelfall, die einzelne Situation sehen können und das „Werkzeug" kreativ für Problemlösungen nutzen ist ein Teil des Ansatzes (auch wenn es sicher auch hier typische Lösungen oder Lösungswegen gibt).

Aus dem Gesagten ergeben sich ansatztypische Fragen, die entsprechend weniger auf die Persönlichkeit oder Defizite des Klienten als vielmehr auf seine Art, Welt und die Probleme wahrzunehmen und innerlich oder äußerlich damit umzugehen. Diagnostische Fragen im Sinne des Konzepts können – um das eingangs Gesagte verallgemeinernd aufzugreifen –, z.B. die folgenden Punkte betreffen:

– die Wahrnehmung des Problems durch den Klienten
– generell seine wahrnehmungsmäßigen Zugänge zu Welt (bevorzugte Sinnesbereiche), inkl. seiner Wahrnehmungsverarbeitung, typischer innerer Bilder
– die Art der (bisherigen, versuchten) Konfliktlösungen
– die Ressourcen, die der Klient mitbringt, Ressourcen an Beziehungen, an inneren Bildern, an Wissen, an Handlungskompetenzen irgendeiner Art, an guten Erfahrungen, etc.
– Die Frage: ‚Was braucht der Klient?', wobei zu unterscheiden ist zwischen dem, was er zu brauchen meint (vielleicht Erfolg bei aggressiven Handlungen), und dem, was er tatsächlich braucht: Geborgenheit; die Fähigkeit, sich selbst zu steuern und Grenzen zu setzen; Verantwortung zu übernehmen etc.
– Insgesamt die Frage: Wie „macht" der Klient das Problem?
– Ergänzend: Was wäre eine gute Lösung (für ihn selbst, für die anderen Beteiligten)?

Ein weiterer Teil der leitenden Fragen betrifft Informationen, die hilfreich dafür sind, den Klienten therapeutisch gut zu erreichen (zugleich ergeben sie oftmals zusätzlich Relevantes auch zum Problemverständnis selbst). Es sind also Fragen, die helfen, die persönliche Welt des anderen gut zu erfassen wie z. B.:
- Fragen zu seinem Erfahrungsbereich (wo hat er gelebt und lebt er, was ist ihm wichtig, womit beschäftigt er sich überhaupt), und spezieller
- Fragen zu Lieblingsdingen, -Personen, -Tätigkeiten etc. des Klienten (MROCHEN 1993, WIRL 1993).

4. Fallanalyse, Hypothesen

Wie oben gesagt, ist aus der Falldarstellung bislang vieles Relevante (im Sinne des ERICKSONschen Ansatzes) noch nicht ersichtlich. Erkennbar sind die beobachtbaren Dinge (wenig Kontakt Klaus mit Klassenkameraden, aggressives Verhalten von ihm anderen gegenüber) sowie das, was die Mutter von ihrer Beziehung zu ihrem Sohn und der Familiensituation erzählt hat etc.

Darüber, wie Klaus, die Situation erlebt und interpretiert (und wie die anderen Beteiligten), was er selbst eigentlich will und im Sinn hat, enthalten die bisherigen Daten kaum Informationen; d. h. ein Teil der therapeutischen Arbeit bestünde zunächst einmal in einer guten, differenzierten Wahrnehmung des Kindes (der beteiligten Personen) im Sinne der oben erläuterten Sicht- und Zugangsweise. sie könnten gesprächsweise oder auch im Spiel etc. erfasst werden. Ein Teil dieses Erfassens kann zugleich ein Teil des therapeutischen Prozesses sein mit u. a. dem Ergebnis besserer Kenntnis und besserem Verständnis Klaus für das eigene Erleben und Verhalten.

Was Klaus Sicht der Situation angeht, so könnte man z. B. prüfen, ob ihm überhaupt die möglichen Folgen seines Agierens mit dem Messer hinreichend klar sind; ob sein Verhalten für ihn dazu dient, mehr an Aufmerksamkeit und Zuwendung zu bekommen, vielleicht auch Ausdruck der Identifikation mit dem (abwesenden) Vater ist oder auch ein Versuch, gleichsam die durch dessen Abwesenheit entstandene Leerstelle in der Kleinfamilie (grenz- bzw. generationsüberschreitend) auszufüllen, etc. Möglicherweise ist im Hintergrund auch eine Identifikation mit dem Vater, dem Soldaten, dem der Sohn vielleicht Durchsetzen seiner Wünsche mit Waffengewalt zuschreibt, ohne schon die Verantwortlichkeit des Erwachsenen im Umgang mit Waffen zu sehen.

Was braucht er? Der Fallbeschreibung nach vermutlich zum einen Zuwendung und Wärme, eine stabile Beziehung zur Mutter, Beendigung der Schläge, mehr Kontakt mit dem (viel abwesenden) Vater; und zugleich auch äußere und innere Grenzsetzungen.

Aus den Informationen des „Fallbeispiels" lassen sich zugleich einige Ressourcen ablesen, bzw. Bereiche, in denen man wahrscheinlich Ressourcen von Klaus finden könnte. Da ist zum einen der Vater als äußere Ressource, die vermutlich auch eine innere ist oder sein kann – zwischen Klaus und seinem Vater besteht ja offenbar eine gute Beziehung. Außerdem vieles, was der Junge schon erfahren und gelernt hat – überhaupt Kontakt aufnehmen und Beziehungen leben, Sprache, viele Regeln, Erfahrungen von guten Kontakten mit Klassenkameraden in der Anfangszeit der Schule, Freude an Technischem etc. – vieles davon Möglichkeiten, Selbstvertrauen wachsen zu lassen, Lösungen für Schwierigkeiten zu erinnern oder finden. Außerdem, auch wenn die Form der Aggressionsäußerung bei Klaus inakzeptabel ist und er sicher andere Formen lernen sollte, so lässt sich daran auch Energie (als Ressource) ablesen, die Fähigkeit, für eigene Interessen zu kämpfen, vielleicht Mut etc., was alles auch in einem therapeutischen Prozess genutzt werden könnte. D.h. es gibt, neben „Umfeld-Ressourcen" auch innere Ressourcen an Lernen, an guten Erfahrungen, die aufzugreifen wären; ob es auch entsprechende gute innere Bilder (auch Selbst-Bilder) gibt, oder ob Klaus eine Hilfe braucht, sie zu entwickeln, bleibt abzuwarten. Insgesamt aber legt die nach der vorliegenden Fallbeschreibung anzunehmende Fülle an Ressourcen bei Klaus und in seiner Umgebung, trotz des bedrohlichen Erscheinungsbildes (s. „Messer") eine gute Prognose für seine Entwicklung nahe.

Soviel zu Klaus. Mit zu betrachten ist hier, gerade auch in Hinblick auf die Frage, wie Klaus das Problem sieht und „macht", die Familiensituation insgesamt und seine Beziehungen zu den Eltern (bzw. die der Eltern zu Klaus).

Von den Beschreibungen der Situation in dem Fallbeispiel her lässt sich ein möglicher selbstverstärkender Kreislauf zwischen

Überlastung der Mutter (infolge Schwangerschaft und Abwesenheit des Ehemannes), deren wachsender Ungeduld mit Klaus, und Klaus problematischem Verhalten ablesen, das wiederum zur Überlastung der Mutter beiträgt (und möglicherweise ein paralleles Spiel im Unterricht mit der Lehrerin). Wie aber, konkret, das Ganze abläuft, wäre ebenfalls zu klären, und ebenso, ob primär die gegenwärtige Familiensituation für die aktuelle Entwicklung relevant ist (einschließlich des Schlagen Klaus durch die Mutter) oder ob eine enge Verbindung zwischen der frühen Einstellung der Mutter zu ihrem Sohn zu sehen (und ggf. zu bearbeiten ist), müsste ebenfalls geprüft werden.

Das gilt entsprechend für die Situation in der Schule. Zur Problemanalyse gehört hier auch die Lehrerin, für die das Verhalten des Jungen ein Problem darstellt, d.h. ihre Sicht der Situation und mögliche Verbindungen dieser Sicht mit eigenen früheren Erfahrungen, ihre Kenntnis der Normbildung in der Klasse, ihre Möglichkeiten im Umgang mit aggressivem Verhalten von Kindern etc. Was, konkret, spielt sich bei der wachsenden Eskalation zwischen ihr und Klaus ab, wie machen die beiden das; und natürlich ebenso – über welche Ressourcen verfügt die Lehrerin, mit Rückzugsverhalten, mit Aggressionen etc. umzugehen, welche brauchte sie eventuell zusätzlich.

5. Ziele und mögliche Interventionen

Aus dem Gesagten ergeben sich einige mögliche Ziele der Arbeit mit Klaus bzw. mit den anderen Beteiligten (verstanden als vorläufige Ziele, denn genauere Zielsetzungen erfordern natürlich ebenfalls genauere Kenntnis der Beteiligten):

- Kontakte zur Mutter und zu seinen Mitschülern zu verbessern bzw. neu zu knüpfen und Möglichkeiten zu entwickeln, diese Kontakte auch im Konfliktfall beizubehalten
- ein sinnvoller, angemessener Umgang mit seiner Wut; Wege sie angemessen zu verarbeiten, zunehmende Selbststeuerung und ein altersgerecht verantwortlicher Umgang mit gefährlichen Gegenständen wie z.B. Messern u.ä.

- Aufbau oder Verstärkung von Selbstvertrauen und einem guten Selbstbild
- die Fähigkeiten, Regeln und Grenzen (einschließlich der Generationsgrenzen) zu achten und einzuhalten
- Änderung der Interaktionsmuster (statt Rückzug und Aggression: Hinwendung und konstruktive Aktivität; etc.)

Da nur wenig über den „Fall" bekannt ist, können zwangsläufig auch nur mögliche Vorgehensweisen hier benannt werden. Welche davon zu realisieren sind und in welcher Reihenfolge (und ggf. mit welchen Ergänzungen) ist „life", in immer erneuter Abstimmung mit der Person, mit ihren jeweiligen Reaktionen in der Situation, zu entscheiden. Dabei sind im Rahmen der Arbeit von ERICKSON sowohl Interventionen auf der Ebene äußerer Realität möglich, wie auch Interventionen, die primär auf die Welt der inneren Bilder abzielen.

Beginn aller Interventionen Klaus gegenüber ist sicher zunächst, einen guten Kontakt („Rapport") zu ihm selbst herzustellen, innerhalb dessen er sich angenommen und geachtet fühlt; und Wege zu finden, ihn seine Sicht der Ereignisse erzählen oder (vermutlich eher) im Spiel darstellen zu lassen.

- Ein Mittel, ihn selbst in engeren Kontakt zu bringen mit seinem eigenen Tun und Erleben, und ihn eigenes, auch Verpöntes dabei wahrnehmen und akzeptieren zu lassen, wären Mittel zeitweiser Dissoziation in Verbindung mit Symbolen, etwa in Form einer „Arbeit mit Teilen". So könnte er zum Beispiel zu seinen ängstlichen, weichen, zärtlichen bzw. zu seinen wütenden und aggressiven Teilen Figuren erfinden und diese erzählen, vielleicht zugleich diese Figuren durch Tiere, Puppen o.ä. symbolisieren und Szenen spielen lassen. Vielleicht ergibt sich aus diesem Spiel eine Figur, die - stellvertretend für ihn - Ressourcen finden kann.
- Möglicherweise könnte so eine sympathische Figur seiner eigenen Erfindung (oder auch aus Märchen, Tierwelt o.ä.) einige der Schwierigkeiten erleben, die Klaus real hat, und Lösungen dafür entdecken; vielleicht könnte Klaus dabei helfen - in einer Verkehrung der Realsituation, in der er der Hilfsbedürftige ist. Zugleich kann er in der Phantasie Alternativen für sein Handeln

entwickeln und innerlich die Erfahrung einer guten Freundschaft zu Gleichaltrigen erinnern oder vorwegnehmen.
- Ein „innerer Helfer" könnte zur Verringerung von Einsamkeit beitragen, vielleicht inneren Schutz geben etc. Oftmals ist es sinnvoll, einen solchen „inneren Helfer" einen älteren Menschen sein zu lassen (z. B. einen Großvater, einen freundlichen Nachbarn, einen guten Geist o. ä.).
- Vielleicht kann der „innere Helfer" auch schützend dabei sein, wenn es darum geht, die Erfahrung, geschlagen worden zu sein, zu verarbeiten. Dabei kann z. B., dissoziative Methoden nutzend, in der real, sicheren Situation der Therapie ein Teil des Jungen, als „innerer Bote" ausgesandt, wahrnehmen, was geschah, von dem Helfer schützend begleitet, während ein anderer (wachbewusster) Teil einer gleichzeitig vom Therapeuten erzählten Geschichte zuhört. Der „innere Bote" kann vielleicht wahrnehmen, was an Kränkungen und für die Person Schlimmem dabei aufgenommen wurde (z. B. sich selbst die Schuld zuschreiben, ein negatives Selbstbild) und das beiseite legen, und er kann umgekehrt wieder auf- und mitnehmen, was unterwegs fälschlicherweise liegen gelassen wurde (z. B. Zorn, oder auch Vertrauen, Zuneigung, Sehnsucht zu anderen Menschen, etc.).
- In Hinblick auf den angemessenen Umgang mit Messern u. ä. bietet es sich an, Klaus (dem 7jährigen) Geschichten zu erzählen, vielleicht von einem Indianerjungen, der mit Pfeil und Bogen umzugehen übt, seinem Vater, dem großen Häuptling folgend. Und der zunächst sehr unvorsichtig damit hantiert, vielleicht versehentlich ein Tier verletzt, bis er lernt, damit angemessen umzugehen. Vielleicht erzählt der Stammesälteste den Heranwachsenden ein paar Geschichten, wie Stammesangehörige mit viel Mut und zugleich großer Selbstbeherrschung den Stamm geschützt haben. Vielleicht besteht der Indianerjunge eine entsprechende Prüfung in Selbstbeherrschung und bekommt dafür als Symbol von seinem Vater einen kleinen Tomahawk überreicht, Zeichen künftiger Häuptlinge. Oftmals ist es sinnvoll oder erforderlich, eine Reihe im Kern ähnlicher Geschichten zu demselben Thema zu erzählen, ehe die Anregung aufgenommen werden kann. Bei Klaus würden sich auch entsprechende Geschichten zum verantwortlichen Umgang mit gefährlichen Seiten von Technik

anbieten, sein Interessen an Technik aufgreifend. Zum Steuern eines Motorrads z. B. gehört sowohl, ordentlich Gas geben zu können, als auch das Gas zu dosieren, rechtzeitig bremsen oder ausweichen zu können etc.
- In solche Geschichten lassen sich vielfältige Suggestionen für angemessenes Selbstvertrauen, gutem Kontakt zu anderen, für verantwortlichen Umgang mit sich und anderen, etc. einbauen.
- Sobald er besser im Gleichgewicht ist, kann es außerdem sinnvoll sein, ihn auf die kommende Schwester vorzubereiten; möglicherweise wird er von sich aus davon anfangen, sobald er entlastet ist, so dass Entsprechendes vom Therapeuten aufgenommen und weitergeführt werden kann.

Es könnte sein, dass sich aus entsprechend veränderten inneren Bildern über sich selbst, die Eltern, die Situationen insgesamt, eine Veränderung der Interaktionsmuster zwischen Klaus und seiner Mutter (und entsprechend der Lehrerin) gleichsam ‚nebenher' ergibt, zumal wenn die Mutter auf Änderungen in Einstellung und Verhalten ihres Sohnes ihre gegenüber positiv reagieren kann. Ansonsten bieten sich ergänzende Gespräche mit der Mutter (den Eltern) an.

Die Beziehung der Mutter zum Sohn erscheint sehr problematisch. Wenn es möglich wäre, mit der Mutter intensiver zu arbeiten, könnte es angemessen sein, den Hintergrund ihrer Ablehnung Klaus genauer anzusehen und ggf. für dabei auftauchende Probleme Lösungen zu finden. Ansonsten dürfte es hier – nach dem Prinzip „first things first" (ZEIG) notwendig sein, erst einmal auf angemessene Hilfe für die schwangere Mutter, während der berufsbedingten Abwesenheit ihres Mannes, zu achten (vielleicht könnte Mutter, Schwester, eine Freundin o.ä. eine Zeitlang bei ihnen wohnen?). Dergleichen könnte z. B. in Beratungsgesprächen von einem schulischen Berater oder der Lehrerin vorgeschlagen werden, oder, falls die Beziehung dazu noch nicht tragfähig genug ist oder der Widerstand der Mutter/der Eltern zu groß, vielleicht auch indirekt angeregt werden (Geschichten, wie andere Eltern ähnliche Probleme gelöst haben).

Bei günstiger Gelegenheit ließe sich der Mutter vielleicht die Anfangsgeschichte dieses Kapitels erzählen, oder eher, etwas indirekter, den Eltern zusammen. Vielleicht, falls die Beziehung zu ihrem Mann sich als tragfähig und gut erweist, kann das ungeplante Kommen des Sohnes (die Möglichkeiten von „reframing" nutzend) nicht nur als Ende ihrer beruflichen Wünsche, sondern auch als Anfang ihres familiären Glücks, ihrer guten Beziehung zu ihrem Mann etc. – gedeutet werden, und damit der Sohn gleichsam als Glücksbringer. Wahrscheinlich allerdings könnte eine solche Intervention erst nach einer längeren Phase der Problemverarbeitung erfolgen.

Zu sinnvollen Interventionen auf der äußeren Ebene könnten außerdem, z.B., da Klaus zum Vater offenbar eine gute, vertrauensvolle Beziehung hat, mehr Verbindung zum Vater gehören (regelmäßige Telefonate, Besuche, Briefe etc.). Der Vater könnte ihm von den Regeln im verantwortlichen Umgang „richtiger Soldaten" mit Waffen in der Kaserne, erzählen, vielleicht ihn auch einmal dahin mitnehmen und ihm Entsprechendes zeigen, beiläufig von vielen Möglichkeiten erzählen, Konflikte abzufangen, Wut angemessen zu äußern etc. (also auch: ihm Geschichten erzählen); er könnte vielleicht auch, da Klaus an Technik interessiert ist, ihm Anregungen zum Verständnis für Technik geben, entsprechendes Tun unterstützen etc.

Damit ist die oben schon angesprochene Idee noch einmal aufgenommen, dass Teile der möglichen Interventionen auch von Eltern – oder auch von Lehrern – im Rahmen „normalen" Zusammenlebens, als Teile einer guten Erziehung und Pädagogik, realisiert werden können (entsprechendes Wissen und entsprechende Fähigkeiten vorausgesetzt).

Auch in Hinblick auf die Lehrerin kann es angemessen sein, ähnlich wie bei der Mutter, ihr Hilfestellung für ihre Beziehung zu Klaus zu geben. Auch bei ihr wäre es notwendig, zunächst einmal in Erfahrung zu bringen, wie sie die Situation wahrnimmt, ob ihre Probleme, der Aggression eines 7jährigen Kind Grenzen zu setzen, vielleicht mit eigenen Erfahrungen zusammenhängen. Möglicherweise kann eine Ermutigung, Grenzen zu setzen, helfen, vielleicht aber auch Anregungen für die Gestaltung eines guten Klima in der Klasse insgesamt, in Gestalt indirekten Erzählens. Und – man könnte ihr Anregungen an die Hand geben, selbst dem Jungen Geschichten zu erzählen, ihm (und der Klasse insgesamt) auf indirekte Weise

Möglichkeiten (z.B. mit Hilfe von Metaphern, Suggestionen etc.). erkennbar werden zu lassen, mit Wut und Aggression angemessen umzugehen, sich Wünsche, etwa nach Beachtung, Zuwendung etc. auf sozial akzeptable Weise zu erfüllen. Das kann zumindest teilweise auch im Rahmen des Unterrichts geschehen (PÜTTER 1991).

Vielleicht ließen sich damit – angenommen, man würde mit einer entsprechend ausgebildeten Lehrerin die Arbeit mit Klaus so beginnen –, zumindest im Rahmen der Schule das aggressive und das Rückzugsverhalten von Klaus bereits abfangen; die möglicherweise weiter nötige Bearbeitung von Problemen im Rahmen der Familie blieben dann in deren Verantwortung; Berater bzw. Therapeuten der Schule hätten ihrerseits angemessen die Grenzen der Familie respektiert und die schulischer Aufgaben und Zuständigkeiten. Wenn es nicht hinreicht, und wenn die Eltern selbst das wünschen, könnte dann eine weitere Arbeit mit Kind und/oder Eltern angezeigt sein, z.B. mit den oben genannten Möglichkeiten.

Auch hierin, in dem schrittweisen Vorgehen, wird ein pragmatischer Grundsatz ERICKSONscher Arbeit deutlich – eine (in erster Näherung sinnvoll erscheinende) Lösung anzubieten und sich danach erneut an den Reaktionen des oder der anderen zu orientieren. Es kann sein, dass die „kleine Lösung" bereits „die" Lösung ist, d.h. zu verändertem Erleben und Verhalten im gegebenen Kontext. führt. Wenn nicht, so geben in der Regel die Reaktionen des anderen Anhaltspunkte dafür, auf welche Weise sinnvoll weiter verfahren werden kann.

Literatur

BRETT, D. (1993). Anna zähmt die Monster. Therapeutische Geschichten für Kinder. Salzhausen.

ERICKSON, M. H. (1981). Hypnotherapie: Aufbau, Beispiele, Forschungen. München.

ERICKSON, M. H./ROSSI, E. L. (1991). Der Februarmann. München.

FREUND, U. (o.J.). Märchen als Metaphern in der Hypnotherapie. Heidelberg (Kassette).

GORDON, D. (1985). Therapeutische Metaphern. Paderborn.

GORDON, D./MEYERS-ANDERSON, M. (1981). Phoenix. Therapeutische Strategien von Milton H. ERICKSON. Hamburg.

HALEY, J. (1989). Ordeal Therapy. Ungewöhnliche Wege der Verhaltensänderung. Hamburg.

HELLE, Th. (1990). Hypnose für die Gesprächsführung. Suggestive Methoden in Theorie und Praxis. Tübingen.

HOLTZ, K. L./THIEL, D. (1996). Kompetenzen, Ressourcen, Lösungen-Entwicklungstendenzen in Beratung und Therapie. In: NEUKÄTER, H. (Hrsg.). Erziehungshilfe bei Verhaltensstörungen. Oldenburg: Zentrum f. päd. Berufspraxis, 271–282.

HOLTZ, K. L. (1993). Die vielen Facetten des M. H. ERICKSON. Entwicklungspsychologische Überlegungen zur Hypnotherapie mit Kindern und Jugendlichen. In: MROCHEN, S./HOLTZ, K. L./TRENKLE, B. (Hrsg.). Die Pupille des Bettnässers. Auer, Heidelberg, 275–315.

JERUSALEM, M. (1990). Pers. Ressourcen, Vulnerabilität und Stresserleben. Hogrefe.

KEGAN, R. (1986). Die Entwicklungsstufen des Selbst. München.

MROCHEN, S./HOLTZ, K. L./TRENKLE, B. (Hrsg.) (1993). Die Pupille des Bettnässers. Auer, Heidelberg.

MROCHEN, S./BIERBAUM, H. (1993). Einige Grundlagen der Kinderhypnose. In: MROCHEN, S./HOLTZ, K. L./TRENKLE, B. (Hrsg.). Die Pupille des Bettnässers. Heidelberg, 10–29.

O'HANLON, William H. (1987). Eckpfeiler. Grundlegende Prinzipien der Psychotherapie und Hypnose Milton H. ERICKSONS. Hamburg.

PÜTTER, I. (1991). Erzählen und erzählen lassen. Metaphern, Gedichte und Geschichten in der Erziehung. In: Ganzheitliches Lernen – Primäre Prävention im Schulalter; Tagungsbericht. (Hrsg.). Personenzentrierter Ansatz PCA, Hamburg, 82–97.

PÜTTER, I. (1996). Metaphern und Suggestionen in Erziehung und Beratung. Erickson'sche Methoden im pädagogischen Feld. In: NEUKÄTER, H. (Hrsg.). Erziehungshilfe bei Verhaltensstörungen. Oldenburg: Zentrum f. päd. Berufspraxis, 177–194.

ROSEN, S. (Hrsg.) (1985). Die Lehrgeschichten Milton H. ERICKSONS. Hamburg.

TRENKLE, B. (1986). Anekdoten und Metaphern: Indirekte Ericksonsche Techniken in der Psychotherapie etc. In: PETER, B. (Hrsg.). Hypnose und Hypnotherapie nach M. ERICKSON. München.

VOGT, M. (1993). Entwurf einer konstruktivistischen Hypnotherapie für die Behandlung von Kindern und Jugendlichen. In: MROCHEN, S./HOLTZ,

K. L./TRENKLE, B. (Hrsg.). Die Pupille des Bettnässers. Auer, Heidelberg, 30–47.

WIRL, Ch. (1993). Therapeutische Geschichten und Metaphern. Aufbau und Drei-Ebenen-Kommunikation. In: MROCHEN, S./HOLTZ, K. L./ TRENKLE, B. (Hrsg.). Die Pupille des Bettnässers. Auer, Heidelberg, 60–83.

ZEIG, J. (1986). Meine Stimme begleitet Sie überallhin. Stuttgart.

„Klaus": Verhaltensgestört!?

Ein Resümée

Manfred Wittrock & Monika A. Vernooij

Im Dezember 2002, d.h. acht Jahre nach den Ereignissen in der Grundschule, treffen wir wieder auf Klaus. Klaus ist ein 15;10 Jahre alter und 1,80 m großer, schlanker Jugendlicher geworden, der die 8. Klasse der Realschule besucht.

Offen lächelnd kommt er auf die Fachbesucher zu, die er durch die Einrichtung führen soll.

Seit dem Spätherbst 1995 lebt er nun in dieser kleinen stationären Einrichtung der Kinder- und Jugendhilfe in einer nach familienanalogen Prinzipien geführten, selbstständig haushaltenden Gruppe mit sieben anderen Kindern und Jugendlichen und den Bezugserzieherinnen und Erziehern.

Er fühlt sich wohl und er ist anerkannt in seiner „Ersatzfamilie", wie er sie nennt. Auch in der Schule kommt er seit Jahren recht gut mit. Er ist in seinen Leistungen auf befriedigendem Niveau außer im Fach Technik, in dem er gute bis sehr gute Noten hat.

An die Jahre 1994 und 1995 denkt er bis heute nicht gerne zurück und er spricht darüber auch wenig.

Seine Akten lassen die Hintergründe nur schemenhaft deutlich werden. Es finden sich Notizen, dass die pädagogische Förderplanung, die im Dezember 1994 in der Grundschule zwischen der Klassenlehrerin und der Sonderpädagogin vereinbart und auch durchgeführt worden war, zunächst merkliche Erfolge zeigte. Klaus schien mit Erfolg an der Grundschule verbleiben zu können.

Die theoriegeleitete Intervention verbesserte seine Stellung in der Klasse und in der Folge trat die verbale Androhung von Gewalt immer seltener bzw. ein gewaltsamer Akt nicht mehr auf, bis ...

... seine kleine Schwester geboren war und die Mutter Ende Februar 1995 mit dem zweiten Kind aus dem Krankenhaus wieder zu Hause war. Die Tochter wurde ohne jede Probleme geboren und stand dann sofort im Mittelpunkt der Familie.

Zu erst ganz unmerklich wurde Klaus motorisch immer unruhiger („zappeliger") und dann stetig aggressiver, insbesondere gegenüber Mitschülerinnen.

Auch mehrere Beratungstermine in der Erziehungsberatungsstelle führten nicht zu sichtbaren Erfolgen, auch da, so eine Notiz, die Mutter nur wenig Interesse an einer konkreten Mitarbeit zeigte.

Noch dürftiger sind die weiteren Angaben:

Bereits Mitte 1995 zog die ganze Familie um in die direkte Nähe des Arbeitsplatzes des Vaters bei der Bundeswehr. Klaus wurde dort erneut in die zweite Klasse der Grundschule eingeschult und sogleich zur Überprüfung des sonderpädagogischen Förderbedarfs gemeldet, da er kaum in der Klasse ohne Selbst- und Fremdgefährdung zu halten war. Keine Lehrerin kam mit ihm klar.

Da alle Ideen der Grundschule, der zuständigen Sonderschule und des Jugendamtes entweder nicht fruchteten oder sich als nicht durchführbar bzw. als „wirtschaftlich nicht vertretbar" erwiesen und da es wenige Wochen später wieder zu einer gewaltsamen Verletzung, dieses Mal einer Mitschülerin, in der Schule kam und Klaus zahlreiche weitere Drohungen ausstieß, stimmten die Eltern dem Vorschlag des Jugendamtes auf eine Heimunterbringung im Januar 1996 ohne großes Zögern zu.

Das erste Jahr in der heilpädagogischen Einrichtung muss für beide Seiten (Klaus und seine Bezugserzieher) sehr schwierig gewesen sein, da Klaus sich sowohl über längere Zeiten in sich zurückzog, um dann plötzlich und unerwartet aggressiv „auszubrechen".

Da Klaus das „Glück" hatte in eine kleine heilpädagogische Einrichtung mit einem theoriegeleiteten Handlungskonzept zu kommen, verstand es das Team der Gruppe in Kooperation mit einem klinischen Psychologen und einer Sonderpädagogin Klaus immer mehr in die Arbeit mit Tieren (vgl. VERNOOIJ/SCHNEIDER 2008) und in ein Bootsbauprojekt zu „involvieren". Die Rate der selbst- und fremdschädigenden Handlungsmuster nahm in der Folge immer mehr ab und Klaus konnte nach einem kurzen Besuch der Schule für Erziehungshilfe bald in der Orientierungsstufe bzw. der Realschule beschult werden, wobei sich die Übergangsbegleitung aus dem Heim als sehr wichtig erwies.

Auch der nie völlig abgerissene Kontakt zu den Eltern verbesserte sich stetig. Da sich seine Eltern aber vier Jahre später trennten, stand eine dauerhafte Rückkehr von Klaus nie ernsthaft zur Debatte.

Ein Resümée

Klaus verbringt seit 2001 aber die größte Zeit der Ferien bei seinem Vater oder bei seiner Mutter. Im Juni 2005 beendet Klaus die Realschule mit dem Abschlusszeugnis der Sekundarstufe I („Mittlere Reife"). Seine Noten sind allgemein „befriedigend". Klaus ist nun angemeldet für die zweijährige Berufsfachschule Technik. Er lebt in einer Jugendwohngruppe und erhält nur noch sehr begrenzt, d.h. bei Bedarf, Unterstützung durch „seine" Heimeinrichtung. Er hat regelmäßigen, aber nicht engen Kontakt zu seinen Eltern. Sowohl seine Erzieher als auch seine Lehrer in der Realschule geben Klaus für seinen weiteren Lebensweg nur die besten Prognosen.

Alle in diesem Beispielfall wirksamen theoriegeleiteten Förderplanungen/Interventionskonzepte als auch das Konzept der heilpädagogischen Einrichtung basieren auf in diesem Band beschriebenen theoretischen Ansätzen.

Diese zwölf verschiedenen theoretischen Ansätze sind in einführender Form dargestellt, jeweils orientiert an der realistischen Falldarstellung von Klaus, einem Kind in Not, einem Kind das Sorgen hat und Sorgen macht. Die Verhaltensweisen und Handlungsmuster von Klaus und seinen Bezugspersonen, aber auch die jeweiligen Systeme, in denen sie eingebettet sind, fordern unser professionell reflektiertes Handeln heraus.

Theorien werden hier verstanden als lösungsorientierte Konstrukte, die in unterschiedlichen Wissenschafts- und Sprachsystemen dieselben Phänomene betrachten, im analytischen Prozess aber vielfältig unterschiedliche Facetten beleuchten. Auf der konkreten Handlungsebene wird dabei deutlich, dass die jeweils bevorzugten Interventions-/Handlungsmöglichkeiten in je spezifischer Weise vergleichbare Ziele ansteuern und auch erreichen.

Trotz unterschiedlicher theoretischer Standorte bestehen weitgehende Übereinstimmungen in der Gesamtschau des vorgestellten „Falles". Die Betrachtung aus verschiedenen Blickwinkeln wird der Mehrdimensionalität und Komplexität des (psychischen) Lebens am ehesten gerecht. Die mehrperspektivische Sichtweise gestattet es dem Praktiker über seine Grenzen hinauszuschauen und die Gefahren der „blinden Flecken" zu minimieren. Selbstverständlich ist die fachliche Herangehensweise von EINER (explizierten) theoretischen Basis (im Sinne einer Grundposition) her sinnvoll und notwendig. Das darf jedoch nicht dazu führen, dass andere theoretische Aspekte außer Acht gelassen bzw. vernachlässigt werden.

Da alle hier vorgestellten Ansätze für die Arbeit in schwierigen pädagogischen Handlungsfeldern im Prinzip geeignet sind, ist die Entscheidung für eine theoretische Perspektive auch eine Frage der individuellen Sozialisation und der professionellen Ausbildung, der persönlichen „Passung" und Wertentscheidung des jeweiligen Pädagogen.

Die eigene theoretische Grundlage ist dabei als eine Art „Filter" zu verstehen, der einerseits für die eigene theoretische Handlungskonzeption ungeeignete, unverträgliche bzw. ethisch unvertretbare Vorschläge reflektiert und begründet ablehnt und andererseits das eigene professionelle Handeln mit verträglichen Elementen aus anderen Konzepten anreichert.

Betrachtet man die Geschichte des Falls Klaus vor dem Hintergrund der zwölf unterschiedlichen handlungsleitenden Konzepte, so könnte man versucht sein, resignierend zu konstatieren, dass der beste Interventionsplan „nichts nützt", wenn bei den Eltern nicht eine maximale Bereitschaft zur Mit- und Zusammenarbeit vorhanden ist. Die Aufstellung in Abb. 1 (S. 291 ff.) macht dies zusammenfassend sichtbar.

Die aus der jeweiligen theoretischen Grundposition abgeleiteten Interventions- bzw. Lösungsvorschläge zielen, wie die Aufstellung zeigt, fast alle auch auf eine mehr oder weniger intensive Zusammenarbeit mit den Eltern ab. Dabei ist zu unterscheiden zwischen im schulischen Rahmen durchführbarer Elternberatung und außerhalb der Schule durchzuführenden psychologisch-therapeutischen Gesprächen (vgl. DIOUANI-STREEK/ELLINGER 2007).

Ist die Bereitschaft zur Mitarbeit der Eltern nur minimal oder fast nicht gegeben, verbleiben alle mit dem Kind durchgeführten Maßnahmen bruchstückhaft. Resignation wäre allerdings nur dann gerechtfertigt, wenn pädagogisch-therapeutische Maßnahmen ausschließlich auf Familien-/System*erhaltung* ausgerichtet wären. Wenn (sonder-)pädagogische Arbeit unter dem Motto stattfände: Die schlechteste Familie ist in jedem Fall besser als das beste Heim.

Der Fall Klaus zeigt sehr deutlich, dass heilpädagogische Einrichtungen, die auf der Basis theoriegeleiteter Konzepte arbeiten und in der Lage sind, eine „Ersatzfamilien-Situation" zu schaffen,

Ein Resümée

Theoretisches Konzept	Interventionsvorschläge	Notwendigkeit elterlicher Mitarbeit
1. Psychoanalyse (Vernooij)	– Fehlverhalten als Signal betrachten – Maßnahmen zur psychischen Stabilisierung – Beziehungsverbesserung zur Lehrerin und zur Mutter – Übertragungssituationen beachten – therapeutische Beratung der Mutter zusätzlich zu pädagogischer Beratung	**sehr hoch**
2. Individualpsychologie (Vernooij)	– Verhaltens*ziel*betrachtung – konsequentes Erziehungsverhalten – erhöhte positive Zuwendung für Klaus – Maßnahmen zur Stärkung seines Selbstwertgefühls und zur Verbesserung des Realitätsbezuges im Wahrnehmen und Erleben – Kontaktprogramm Klaus / Vater	**sehr hoch**
3. Interaktionspädagogischer Ansatz (Myschker)	– Rollenspiel – Pädagogische Spiel-, Moto-, Kunst- oder Musiktherapie – Beratung der Eltern ⇒ Verbesserung der Eltern-Kind-Beziehung, ⇒ Veränderung des Erziehungsverhaltens, ⇒ mehr Einbeziehung von Klaus in die Schwangerschaftssituation	**hoch**
4. Kognitive Verhaltensmodifikation (Neukäter †)	– systematische modifikatorische Intervention zur Verstärkung, zum Ab- bzw. Aufbau von Verhalten – Einbezug der Mutter in die Interventionspläne ⇒ Vernetzung schulischer und familialer Interventionen – Einstellungs- und Verhaltensänderung bei der Mutter	**eher niedrig**
5. Personenzentrierter Ansatz (Goetze)	Non-direktive Spieltherapie außerschulisch durchführbar	**niedrig**

6. Gestaltpädagogischer Ansatz (Stein)	– Beratung der Eltern ⇒ aktuelle Problematik klären ⇒ Erweiterung der Handlungsmöglichkeiten ⇒ Bewusstmachen der Hintergründe elterlichen Verhaltens ⇒ Beziehungsproblem Klaus / Mutter ⇒ Erprobung von Lösungsvarianten	hoch
7. Lebensproblemzentrierte Pädagogik (Wittrock)	– Beziehungsneugestaltung zu Mutter und Vater – Gestaltung von Umgangsformen mit Frustrationen – Haltvermittlung bei Klaus *und* Mutter – Erprobung neuer Verhaltensformen bei Klaus *und* Mutter – Päd.-Psych. Beratung und Unterstützung der Mutter	hoch
8. Feldtheoretischer Ansatz (Schulze)	– Wechselwirkungen im familialen Feld beachten ⇒ Lebensfeldanalyse – Beratung der Mutter / Eltern zur Beziehungsverbesserung	hoch
9. Familientherapeutischer Ansatz (Vernooij/ Winkler)	– Familiensitzungen für alle Familienmitglieder – Aufdecken von Systemungleichgewichten, die einen Symptomträger notwendig machen – mähliche Systemveränderungen (außerschulisch durchzuführen)	sehr hoch
10. Handlungstheoretischer Ansatz (Mutzeck)	Bereich: Familie – Beratung der Mutter ⇒ Problemerhebung mit „Innensicht" – Erfassung der „Innensicht" von Klaus sowie der Wechselwirkungen intrafamiliär – ggf. außerschulische Fachdienste hinzuziehen – langfristige sozialpädagogische Betreuung	hoch
11. Lösungs- und Entwicklungsorientierter Ansatz (Spiess)	– Beratungsgespräche mit Mutter in lösungsorientierter Form – Konkretisierung der Vorstellungen zu Zukunftsperspektiven – Gespräche mit Klaus in aktuellen Situationen	hoch

12. Ansatz von Milton H. Erickson (Pütter †)	– Veränderung des Selbstbildes – Veränderung der Interaktionsmuster – Schaffung von Eigenweltfiguren ⇒ innere Helfer – Vorbereitung auf Geschwisterzuwachs – intensive Arbeit mit Mutter ⇒ Hintergründe der Beziehungsproblematik – Entlastung / konkrete Hilfe im Alltag von außen – mehr Verbindung mit Vater	**hoch**

Abb. 1: Interventionsvorschläge nach unterschiedlichen theoretischen Konzepten mit Blick auf die Notwendigkeit elterlicher Mitarbeit

eine echte Alternative zur Familienerziehung darstellen können, insbesondere in Fällen, in denen die Beziehung eines Kindes zu einem oder beiden Elternteilen nachhaltig gestört ist.

Es bedarf in jedem Einzelfall sorgfältiger diagnostischer Erhebungen, unter Einbezug der elterlichen Sichtweisen und Einstellungen, sowie wohlerwogener Prognosen hinsichtlich zukünftiger Möglichkeiten und Grenzen von Maßnahmen zur Problemlösung, bevor eine relativ einschneidende Maßnahme wie eine Heimerziehung vorgeschlagen werden kann.

Der Fall Klaus jedoch ist ein Beispiel dafür, dass es in manchen Fällen ein Glück sein kann, dass es auch Möglichkeiten der „pädagogischen Adoption" (MÜCKE 1957/VERNOOIJ 2007) in unserem subsidiären Fördersystem gibt.

Den Leserinnen und Lesern, die durch die Beiträge dieses Readers ein Interesse zur Vertiefung und Erweiterung gewonnen haben, sei zur weiteren Lektüre besonders GOETZE & NEUKÄTER, Handbuch der Sonderpädagogik Bd. 6: Pädagogik bei Verhaltensstörungen (1993), hierin als erster Zugang der Beitrag von BENKMANN, und die jeweiligen Literaturangaben am Ende der einzelnen Beiträge in diesem Reader empfohlen. Zusätzliche Hinweise auf Veröffentlichungen mit einführendem Charakter in die Allgemeine Sonder- und Heilpädagogik und in die Pädagogik bei Beeinträchtigungen im Lernen und Verhalten finden sich in der folgenden Literaturzusammenstellung.

Anhang

Grundlagen und weiterführende Literatur (Auswahl)

1. Literatur zur Einführung in die Allgemeine Sonder- und Heilpädagogik

BORCHERT, J. (Hrsg.) (2007). Einführung in die Sonderpädagogik. München
SPECK, O. (2003). System Heilpädagogik: eine ökologisch reflexive Grundlegung. München.
VERNOOIJ, M. A. (2005). Erziehung und Bildung beeinträchtigter Kinder und Jugendlicher. Paderborn.
VERNOOIJ, M. A. (2007). Einführung in die Heil- und Sonderpädagogik. Wiebelsheim

2. Literatur zur Einführung in die Pädagogik bei Verhaltensstörungen

GASTEIGER-KLICPERA, B./JULIUS, H./KLICPERA, C. (Hrsg.) (2007). Sonderpädagogik der sozialen und emotionalen Entwicklung. Göttingen.
GOETZE, H./NEUKÄTER, H. (Hrsg.) (1993[2]). Pädagogik bei Verhaltensstörungen. Handbuch der Sonderpädagogik, Bd. 6. Berlin.
MYSCHKER, N. (2002[4]). Verhaltensstörungen bei Kindern und Jugendlichen. Erscheinungsformen – Hilfreiche Maßnahmen. Stuttgart.

3. Weiterführende Literatur zu einer Pädagogik bei Beeinträchtigungen im Lernen und Verhalten / zu pädagogisch-therapeutischen Erklärungs- und Handlungsansätzen

BENKMANN, K. H. (1993). Pädagogische Erklärungs- und Handlungsansätze bei Verhaltensstörungen in der Schule. In: GOETZE, H./NEUKÄTER, H. (Hrsg.). Pädagogik bei Verhaltensstörungen. Handbuch der Sonderpädagogik. Bd. 6. Berlin, 71–119.
BETTELHEIM, B. (1997[11]). Liebe allein genügt nicht: die Erziehung emotional gestörter Kinder. Stuttgart.

DEUTSCHER BILDUNGSRAT/EMPFEHLUNGEN DER BILDUNGSKOMMISSION (1974). Zur pädagogischen Förderung behinderter und von Behinderung bedrohter Kinder und Jugendlicher. Stuttgart.

DIOUANI-STREEK, M./ELLINGER, S. (Hrsg.) (2007). Beratungskonzepte in sonderpädagogischen Handlungsfeldern. Oberhausem.

DRAWE, W./RUMPLER, F./WACHTEL, P. (Hrsg.) (2000). Empfehlungen zur sonderpädagogischen Förderung. Allgemeine Grundlagen und Förderschwerpunkte (KMK). Würzburg.

GOETZE, H. (Hrsg.) (2000). Handbuch der personenzentrierten Spieltherapie. Göttingen.

GOETZE, H. (2001). Grundriss der Verhaltensgestörtenpädagogik. Berlin.

GOFFMAN, E. (1975). Stigma. Über Techniken zur Bewältigung beschädigter Identität. Frankfurt a.M.

HENNIG, C./KNÖDLER, U. (1998[5]). Problemschüler – Problemfamilien – Ein praktisches Lehrbuch zum systemischen Arbeiten mit schulschwierigen Kindern. Weinheim.

KMK (1994). Sekretariat der Ständigen Konferenz der Kultusminister der Länder in der Bundesrepublik Deutschland: Empfehlungen zur sonderpädagogischen Förderung in den Schulen in der Bundesrepublik Deutschland. Beschluss der Kultusministerkonferenz vom 6.5.1994.

LAUTH, G. W./SCHLOTTKE, P. F. (2002). Training mit aufmerksamkeitsgestörten Kindern. Weinheim.

LAUTH, G.W./GRÜNKE, M./BRUNSTEIN, J. (Hrsg.) (2004). Intervention bei Lernstörungen. Göttingen.

MÖRTL, G. (1989). Der Präventionsaspekt in der Sonderpädagogik. Frankfurt a.M.

MOLNAR, A./LINDQUIST, B. (2006[8]). Verhaltensprobleme in der Schule. Paderborn.

MUTZECK, W./PALLASCH, W. (1992[4]). Integration von Schülern mit Verhaltensstörungen. Praktische Modelle und Versuche. Weinheim.

MUTZECK, W. (2000). Verhaltensgestörtenpädagogik und Erziehungshilfe. Bad Heilbrunn.

NEUKÄTER, H./WITTROCK, M. (Hrsg.) (1993). Verhaltensstörungen. Erziehung – Unterricht – Beratung. Oldenburg.

NEUKÄTER, H. (Hrsg.) (1996). Erziehungshilfe bei Verhaltensstörungen – Vernetzung der sozialen, pädagogischen und medizinischen Dienste. Oldenburg.

NEUKÄTER, H./WITTROCK, M. (2002). Verhaltensstörungen. In: Teilhabe durch berufliche Rehabilitation, hrsg. von der Bundesanstalt für Arbeit. Nürnberg, 254–267.

NOLTING, H. (2005²). Lernfall Aggression. Reinbek.
PETERMANN, F./JUGAT, G./TÄNZER, U./VERBEEK, D. (1999). Sozialtraining in der Schule. Weinheim.
PÜTTER, I. (1996). Metaphern und Suggestionen in Erziehung und Beratung. Erickson'sche Methoden im pädagogischen Feld. In: NEUKÄTER, H. (Hrsg.). Erziehungshilfe bei Verhaltensstörungen. Oldenburg, 177–194.
REDL, F. (1987). Erziehung schwieriger Kinder: Beitrag zu einer psychotherapeutisch orientierten Pädagogik. München.
SCHULZ VON THUN, F. (2007). Miteinander reden 1. Störungen und Klärungen – Allgemeine Psychologie der Kommunikation. Reinbek bei Hamburg.
SPECK, O. (Hrsg.) (1990). Sonderpädagogik und Sozialarbeit, Handbuch der Sonderpädagogik, Bd. 10. Berlin.
SPIESS, W. (2000²). Die Logik des Gelingens. Lösungs- und entwicklungsorientierte Beratung im Kontext von Pädagogik. Dortmund.
STEIN, R./FAAS, A. (2006). Unterricht bei Verhaltensstörungen. Neuwied.
VERNOOIJ, M. A./SCHNEIDER, S. (2008). Handbuch der tiergestützten Intervention. Wiebelsheim
WACHTEL, P./WITTROCK, M. (1994). Schüler und Lehrer handeln in der Wirkungseinheit Unterricht. In: SCHRÖDER, U. (Hrsg.). Entwicklungen und Haltepunkte. Oldenburg, 45–55.
WATZLAWICK, P./BEAVIN, J. H./JACKSON, D. D. (1969, 2000¹¹). Menschliche Kommunikation. Formen, Störungen, Paradoxien. Bern, Stuttgart.
WINKEL, R. (Hrsg.) (1994). Schwierige Kinder – Problematische Kinder. Hohengehren.
WINKEL, R. (1996⁶). Der gestörte Unterricht: diagnostische und therapeutische Möglichkeiten. Bochum.
WITTROCK, M./WACHTEL, P. (1994). Zentrierung um Lebensprobleme als schulisches Gestaltungsprinzip. In: SCHMETZ, D./WACHTEL, P. (Hrsg.). Erschwerte Lebenssituationen: Erziehung und pädagogische Begleitung. Würzburg, 98–112.
WITTROCK, M./ELLINGER, S. (Hrsg.) (2005). Sonderpädagogik in der Regelschule. Stuttgart.

Die Autorinnen und Autoren

GOETZE, Herbert, Prof. Dr.	Universität Potsdam
MUTZECK, Wolfgang, Prof. Dr.	Universität Leipzig
MYSCHKER, Norbert, Prof. a. D. Dr.	Universität FU Berlin
NEUKÄTER, Heinz, Prof. Dr. †	Universität Oldenburg
PÜTTER, Irene, Dr. PD †	Universität Hannover
SCHULZE, Gisela, Prof. Dr.	Universität Oldenburg
SPIESS, Walter, Prof. Dr.	Universität Flensburg
STEIN, Roland, Prof. Dr.	Universität Würzburg
VERNOOIJ, Monika A., Prof. Dr.	Universität Würzburg
WINKLER, Ursel, Dr.	Gießen
WITTROCK, Manfred, Prof. Dr.	Universität Oldenburg